3/19

DATE DUE

MAY 2 7 2004			
JUL 1 5 2004			
APR 1 5 2005			
SEP 2 8 2005			
OCT 0 9 2006			
MAY 2 9 2007			
APR 1 5 2008			

Cómo trabajar
con gente difícil

Si está interesado en recibir información sobre libros empresariales, envíe su tarjeta de visita a:

Gestión 2000
Departamento de promoción
Comte Borrell, 241
08029 Barcelona
Tel. 93 410 67 67
Fax 93 410 96 45
e-mail: info@gestion2000.com

y la recibirá sin compromiso alguno por su parte.

VISITE NUESTRA WEB
www.gestion2000.com

Cómo trabajar con gente difícil

Muriel Solomon

 **GESTIÓN 2000**

La edición original de esta obra ha sido publicada en lengua inglesa por Prentice Hall, NJ,
con el título: *Working with Difficult People*
Autor: *Muriel Solomon*

Traducido por: *Aida Santapau*
Diseño cubierta: *Jordi Xicart*
© 1990, Muriel Solomon
y para la edición española
© Ediciones Gestión 2000, S. A., Barcelona, 2002
ISBN: 84-8088-799-0
Depósito legal: B. 41.765 - 2002
Fotocomposición: Zero pre impresión, S. L.
Impresión: Romanyà Valls, S.A. - Verdaguer, 1. 08786 Capellades (Barcelona)
Impreso en España - *Printed in Spain*

Dedicado a Susan Solomon y Nancy y Bernard Goldberg,

quienes siempre han sido un punto de apoyo clave.

Índice

Introducción 13

PRIMERA PARTE
Cómo tratar a la gente que es hostil o que siempre está furiosa ... 15

Capítulo 1 Cuando su jefe es de los que buscan guerra 17
Los espías informáticos 18
Los que amedrentan 20
Los sádicos 22

Capítulo 2 Cuando los que buscan guerra son sus colegas 25
Los perros rabiosos 25
Los que atacan y derriban al adversario 28
Los envidiosos 30
Los que apabullan 32
Los que intimidan 34

Capítulo 3 Cuando los que buscan guerra son sus subordinados .. 37
Los guerrilleros o francotiradores 37
Los extremistas 39
Los vengadores 42
Los que abandonan 44

SEGUNDA PARTE
Cuando se trata con gente arribista o presuntuosa 47

Capítulo 4 Cuando su jefe es arrogante 49
Los usurpadores 50
Los que se llevan la fama 52
Los bloqueadores 54

Lista de comprobación para cuando desee ofrecer ideas
y propuestas que no se le han solicitado   55

Capítulo 5   Cuando los arrogantes son sus colegas   57
Los gorrones   57
Los arietes   59
Los fanáticos   61
Los competidores   63

Capítulo 6   Cuando los arrogantes son sus subordinados   67
Los que adaptan las normas a su conveniencia   68
Los que forman un clan   70
Los comandantes   72

TERCERA PARTE
Cuando se trata con gente mentirosa, falsa o solapada   75

Capítulo 7   Cuando su jefe es falso y engañoso   77
Los hipócritas   77
Los que no cumplen lo prometido   80
Los especialistas en echarse atrás   81
Las «lenguas viperinas»   84

Capítulo 8   Cuando sus colegas son falsos y engañosos   87
Los ladrones de ideas   87
Los traidores que apuñalan por la espalda   89
Los que socavan su posición   91

Capítulo 9   Cuando los falsos y engañosos son sus subordinados . .   95
Los saboteadores   96
Los zorros   98
Los fanfarrones   100
Los instigadores   102

CUARTA PARTE
Cuando se trata con gente astuta o manipuladora   105

Capítulo 10 Cuando su jefe es un explotador   107
Los que hacen chasquear el látigo   107
Los que hacen la vista gorda   110
Los que se camuflan   113
Los aduladores   115

Capítulo 11 Cuando los explotadores son sus colegas 119

Los que cautivan con la oratoria 120

Los que se imponen 122

Los que se escaquean 125

Los timadores 127

Capítulo 12 Cuando los explotadores son sus subordinados 131

Aduladores (pelotas) 131

Soplones 134

Los que propagan rumores 136

QUINTA PARTE

Cuando se trata con gente ruda o abrasiva 139

Capítulo 13 Cuando su jefe es descortés 141

Los zoquetes insensibles 141

Los que ridiculizan 143

Los condescendientes 145

Capítulo 14 Cuando los descorteses son sus colegas 149

Los que interrumpen 149

Los que halagan falsamente 152

Los que insultan 154

Capítulo 15 Cuando los descorteses son sus subordinados 157

Los espíritus libres 158

Los mordaces 160

Los desafiadores 162

Los aguijoneadores 164

SEXTA PARTE

Cuando se trata con personas egoístas o egocéntricas 167

Capítulo 16 Cuando su jefe es egoísta 169

Los que desperdician talentos 169

Los que se quitan a la gente de encima 172

Los negligentes 174

Los creídos 175

Capítulo 17 Cuando los egocéntricos son sus colegas 179

Los que siempre dicen la última palabra 179

Los sabelotodo 181

Los que funcionan como poleas 183

Capítulo 18 Cuando los egocéntricos son sus subordinados   187
    Los constructores de imperios   187
    Los prima donna   189
    Los exagerados   191

SÉPTIMA PARTE
Cuando se trata con personas morosas o vacilantes   195

Capítulo 19 Cuando su jefe causa retrasos   197
    Los que posponen las cosas   197
    Los que actúan sin orden ni concierto   200
    Los que se comprometen excesivamente   203
    Los camaleones   204

Capítulo 20 Cuando los que causan retrasos son sus colegas   209
    Los que hacen mucha vida social   209
    Los perfeccionistas   212
    Los tardones   214

Capítulo 21 Cuando los que causan retrasos son sus subordinados .   219
    Lista de comprobación para enfrentarse a los morosos .   219
    Los que están pendientes del reloj   221
    Los inútiles   224
    Los rebeldes   226

OCTAVA PARTE
Cuando se trata con personas rígidas u obstinadas   231

Capítulo 22 Cuando su jefe es inflexible   233
    Los que cuentan las comas   234
    Los rígidos   235
    Los obstinados   238

Capítulo 23 Cuando los inflexibles son sus colegas   241
    Los aguafiestas   241
    Los «capítulo y versículo»   243
    Los cabezotas   245

Capítulo 24 Cuando los inflexibles son sus subordinados   247
    Los que lo estropean todo en silencio   247
    Los que son tozudos como mulas   249
    Los que se aferran a las cosas   252

NOVENA PARTE
Cuando se trata con personas calladas, poco comunicativas o taciturnas 255

Capítulo 25 Cuando su jefe no es comunicativo 257
    Los icebergs 257
    Los que no dicen ni pio 259
    Los que se evaden 261

Capítulo 26 Cuando los no comunicativos son sus colegas 265
    Los escépticos 265
    Los que retienen información 267
    Los que se quedan mirando fijamente 269

Capítulo 27 Cuando los no comunicativos son sus subordinados ... 271
    Los que hacen muecas 271
    Los pusilánimes 273
    Los que se quedan mudos 276

DÉCIMA PARTE
Cuando se trata con gente que critica o se queja 279

Capítulo 28 Cuando su jefe es un criticón 281
    Los que se fijan en pequeñeces 281
    Lista de comprobación para mejorar sus habilidades como oyente y sus respuestas 283
    Los que descargan su culpa sobre los demás 285
    Los jueces de la horca 287
    Las máquinas de picar carne 289

Capítulo 29 Cuando los criticones son sus colegas 293
    Los chivatos 293
    Los supersensibles 296
    Lista de comprobación para tratar con los supersensibles 297
    Los chistosos 299
    Los aguafiestas 301

Capítulo 30 Cuando los criticones son sus subordinados 305
    Los que traspasan la culpa 306
    Los quejicas 308
    Los que se reprenden a sí mismos 310
    Los mártires 313

Resumiendo
Veintiséis frases diplomáticas para ayudarle a enfrentarse a gente difícil 317
Diez directrices importantes que debe recordar 319

Sobre la autora 323

Introducción

Espías informáticos, perros rabiosos, espíritus libres, los que se echan atrás (te dejan en la estacada), todos estos son sólo unos cuantos de los nuevos transgresores con los que tendrá usted que trabajar en la actualidad. A pesar de que los tipos de gente difícil siguen siendo constantes, su lugar de trabajo está patas arriba. Las innovaciones electrónicas y las reglas, actitudes y agenda actuales presentan unos problemas a los que no nos enfrentábamos cuando escribí este libro por vez primera, hace ya una década.

Ahora las preguntas que se hace el lector giran en torno a unas agresiones mucho más vulgares y que recibe en su propia cara; a unas normas y reglas relajadas; o, con el incremento del *outsourcing*, a los problemas que los asesores, los que trabajan por su cuenta y los proveedores tienen a la hora de intentar conectar con los que toman las decisiones. Luego, está el hecho de que algunas empresas acepten el teletrabajo, la semana de trabajo de cuatro días y el horario flexible, y que otras se resistan a estas opciones.

Los extraordinarios adelantos de la tecnología nos han llevado a una demanda de producción más rápida. Si le añadimos esto al ritmo de contratación y despido que existe en el mercado laboral, el estrés puede hacerse abrumador. Incluso las personas más pacientes pueden parecer estar al borde de una apoplejía.

Este libro está diseñado como una herramienta de referencia instantánea. El índice traza un rápido esbozo de cada trabajador, colega o jefe «problemático», lo que le permitirá a usted buscar una estrategia que le proporcione el resultado deseado con la misma facilidad con que buscaría el significado de una palabra en un diccionario.

Las partes que van de la 1 a la 10 tratan de los diez tipos básicos de personas difíciles y cada tipo se comenta en tres capítulos separados, ya que sus objetivos son diferentes cuando trata con gente para la que trabaja, con gente con la que trabaja y con gente que trabaja para usted. Tiene que adaptar sus tácticas de acuerdo con el resultado que quiere obtener. En cada capítulo encontrará los culpables más frecuentes.

Por muy brillante que sea usted, el hecho de que se enfade y se sienta dolido o desilusionado bloqueará su buen juicio. El propósito de este libro es sugerirle una acción lógica en lugar de una reacción emocional. En cada capítulo encontrará frases exactas que puede utilizar para transmitir y llevar a cabo la estrategia y las tácticas que se sugieren.

A pesar de que este libro está enfocado a la comunicación en el trabajo, recuerde que la gente no se desprende de sus modales y comportamientos vejatorios cuando sale de la oficina. También puede utilizar el libro cuando la descripción encaje con un vecino insoportable, un falso amigo o un pariente manipulador. Lo que le ofrece este libro es una manera práctica de ayudarle a que consiga que una mala situación se vuelva en favor suyo y en su beneficio.

MURIEL SOLOMON

Primera parte

Cómo tratar a la gente que es hostil o que siempre está furiosa

¿Qué es lo que hace la gente que tiene problemas personales cuando va al trabajo? Meten todos sus problemas en un viejo maletín de ejecutivo y gruñen, gruñen, gruñen.

Algunas de esas personas son agresivos crónicos que descargan su enfado y su ira en usted. Están tan abrumados y agobiados por los celos, la rabia y el resentimiento que sólo consiguen el alivio que necesitan para seguir adelante si lanzan piedras a otras personas. Para superar su inferioridad y su ansiedad se comportan de una manera superior y agresiva. En realidad, a fin de poder aumentar su propio sentimiento de autoestima y valor *necesitan* intimidarle, despreciarle y tratarle a usted como si no fuera una persona.

No importa que sea usted su jefe, su colega o su subordinado, ellos encontrarán sus áreas vulnerables y le darán justo en su talón de Aquiles.

¿Y qué es lo que va a hacer usted cuando eso suceda? También se enfadará y pensará en lo mal que le han tratado, pero mientras usted se queda ahí parado, lamiéndose las heridas, no se está concentrando en la manera de enfrentarse con estos tiparracos tan agresivos y no consigue los resultados que quiere.

1

Cuando su jefe es
de los que buscan guerra

- **Los espías informáticos**
- **Los que amedrentan**
- **Los sádicos**

Lo primero que hemos de hacer es admitir que todos hemos intentado llevar a cabo maniobras estúpidas y cuando nuestro jefe arremete contra nosotros por culpa de esos desastres, francamente nos lo merecemos. Los directivos corrigen las equivocaciones. Están en su derecho.

Pero nadie puede darle derecho a nuestro jefe para que nos llame ignorantes, sobre todo en público. De algún modo tiene usted que reducir los insultos y malos tratos que reparten esos villanos sádicos, que espían, abusan o intimidan. Echárselo en cara y salir corriendo lleno de indignación no le servirá de nada. La satisfacción pasajera que le proporcionará darle un vapuleo verbal es un lujo que no puede usted permitirse.

Vamos a examinar un método mejor de librarse del dolor y de ir tras lo que *realmente* es importante para usted: progresar en su trabajo. Podrá elegir entre varias estrategias, dependiendo de si su jefe es intencionadamente hostil o no. Sea lo que sea y como sea, no puede usted permitirse *asumir* que sabe lo que quieren de usted los jefes, sino que ellos mismos en persona son quienes deben decirle lo que tienen en mente.

Sin embargo, vaya con cuidado porque no se puede razonar con aquellos que están encolerizados y llenos de ira. Espere a que el jefe se tranquilice y luego vuelva a sacar el tema a relucir y, por lo menos, pónganse de acuerdo en los objetivos. Escuche atentamente, prepare su estrategia y piénselo bien antes de hablar. Ésa es la manera de manejar a un jefe hostil.

LOS ESPÍAS INFORMÁTICOS

Los espías informáticos están comprobando constantemente la manera en cómo utiliza usted su ordenador y a menudo, sin que usted se entere.

Cada vez son más las empresas que ahora, después de haber colocado un ordenador en cada mesa, utilizan vigilancia electrónica para monitorizar, en secreto, su actividad. Y cada vez son más los trabajadores que exclaman: «¡Están invadiendo mi intimidad!».

Los jefes investigan o contratan a empresas para que comprueben sus mensajes electrónicos. Se están enterando de sus pensamientos personales y actividades que no son de negocios, así como del trabajo que está usted produciendo. Por lo tanto, a usted le parece que sus derechos están siendo violados y se siente especialmente insultado y molesto porque nadie le avisó de que la KGB iba a hacer su aparición.

Está bien, de acuerdo; puede admitir que la dirección tiene derecho legal a averiguar qué es lo pasa con el material de la empresa durante el tiempo de trabajo. Pero esos jefes a veces se pasan de la raya. Usted esperaría que leyeran sus e-mails si tuvieran alguna indicación de que se dedica a actividades dudosas, pero espiarle diariamente sin avisarle es ser hostil, rebajarle y desmoralizarle.

Lo que está usted pensando

Hay indicios de que nuestro e-mail, las conexiones con la Web y las llamadas telefónicas están siendo monitorizadas. Enterarme de que alguna otra persona está examinando los borradores preliminares que hay en mi ordenador, mis luchas encarnizadas o mis viejas enemistades con mis colegas e incluso la manera en que soluciono, quién y de qué modo cuida de mis hijos, es algo que me saca de mis casillas. ¿Y luego qué? ¿Pondrán cámaras de vídeo en los lavabos? ¡El jefe ha ido demasiado lejos! ¿Por qué está tan furioso con nosotros?

Los pensamientos de un espía informático

Soy responsable de que no se dé un mal uso a los ordenadores, o sea, por ejemplo, que no se utilicen para hacer sabotaje o para acosar sexualmente a alguien, o cualquier otra cosa que pueda dar por resultado una demanda legal. Y tenemos que saber la cantidad de trabajo y de «no trabajo» que se hace con los ordenadores. Los empleados deberían darse cuenta de que la propiedad de la empresa no se compró para que la utilizaran para su uso o entretenimiento personal.

ESTRATEGIA

Su objetivo es que le traten con respeto y para ello debe reducir la hostilidad y desarrollar una confianza mutua.

1. *Respétese a sí mismo.* Usted es capaz de hablar y expresar sin acobardarse o mostrarse insubordinado.

2. *Deje bien clara la política en vigor.* Solicite que se redacte y se comunique a todos los empleados la política de monitorización electrónica.

3. *Destaque las prioridades.* Recalque lo que es importante para la empresa, o sea, que el trabajo asignado se realice bien y se termine a tiempo; no la manera en cómo los empleados utilizan el ordenador durante su tiempo personal.

CONVERSACIÓN TÁCTICA

USTED: *¿Es cierto que ha hecho instalar vigilancia electrónica?*

SU JEFE: *Sí, ¿cuál es el problema?*

USTED: *Nunca nos dijeron que iban a vigilarnos a escondidas. De hecho, nunca nos informaron de para qué podíamos o no utilizar el ordenador, especialmente después de que hubiéramos terminado el trabajo.*

SU JEFE: *Mire, usted dispone de recursos on-line y puede acceder al boletín de la empresa, así que si no está haciendo nada malo, ¿qué es lo que tiene que ocultar?*

USTED: *Estoy seguro de que no se ha dado usted cuenta de la sensación de degradación que esta vigilancia causa en los trabajadores. No podemos hacer el trabajo lo mejor que podemos hacerlo cuando nos parece que nos están castigando o que no se fían de nosotros.*

SU JEFE: *Tengo que saber lo que sucede para proteger a la empresa de cualquier demanda legal. Y tengo que saber la cantidad de trabajo que están ustedes llevando a cabo.*

USTED: *No hay duda de que tiene usted que hacer comprobaciones si sospecha que se está llevando a cabo alguna fechoría, pero por lo que respecta a nuestra actuación estoy seguro de que el trabajo que entregamos habla por sí solo.*

SU JEFE: *¿Está sugiriendo que deje de vigilarles?*

USTED: *No, de ningún modo. Comprendo que lo utiliza para mejorar el trabajo, así que, ¿qué le parece si fijara una política clara sobre la utilización de Internet, los e-mails, los buzones de voz y el teléfono? En ocasiones tenemos que hacer llamadas que sólo pueden hacerse en horas de trabajo. Además, ¿su preocupación principal no es conseguir que el trabajo se haga bien y a tiempo?*

SU JEFE: *Sí, claro.*

USTED: *En ese caso si demuestra usted que tiene fe en nuestra capacidad de cumplir las reglas que fije, estoy seguro de que todos seremos más felices y más productivos.*

Consejo: La tecnología del espionaje está tan avanzada que es probable que no pueda usted saber si está siendo vigilado, pero preguntarlo es bien sencillo. Aunque tenga cuidado: Si visita usted un sitio Internet que pueda avergonzarle no se fíe de que la tecla «borrar» eliminará las pruebas de su visita. Lo más probable es que ya haya quedado almacenado.

LOS QUE AMEDRENTAN

Son personas que acostumbran a ser crueles y que amenazan su presente y su futuro porque la pérdida de control es algo que les asusta.

Son abusones que creen que si utilizan el odio y el miedo como armas podrán mantener el control. Aparentan tener confianza, en ellos mismos y ser fuertes porque intimidan a las personas más débiles, y si usted se somete, o se comporta como si tuviera miedo, o reacciona con furia y rabia, eso les demuestra que usted es inferior y merece ser despreciado.

Cuando estos jefes le menosprecien, destrozando la confianza que tiene usted en sí mismo con sus amenazas autoritarias, su mejor defensa es un ataque. Tiene usted que enfrentarse resueltamente al abusón.

Lo que está usted pensando

Mi jefa me tortura haciéndome chantaje emocional. Si no hago exactamente lo que ella quiere y cuando ella quiere, jamás voy a conseguir un aumento de sueldo o un ascenso. Incluso podría hacer que me quedara sin
trabajo, y como no puedo permitirme hacer que se enfade tengo que ocultar mi ira, pero se me hace un nudo en el estómago por tener que trabajar
con esta especie de ogro. Estoy siempre tenso, nervioso e irritable.

Los pensamientos del amedrentador

Esta gente me vuelva loca. Son tan débiles y estúpidos que ni siquiera
son capaces de pensar en nada. Bueno, les dije cuál era la manera correcta
de hacerlo y sí, *era* la manera correcta, así que voy a enseñarles quién es el
jefe y quién manda aquí. En cualquier caso, la cuestión no es negociable y
tengo que demostrarles que tengo razón. Si les asusto y les demuestro lo
débiles que son, verán lo fuerte que soy yo.

ESTRATEGIA

Su objetivo es proteger su trabajo redimiendo su autoestima y en consecuencia, ganándose el respeto del amedrentador. Ármese de cordialidad y
de confianza en sí mismo y evite un choque de voluntades.

1. *Haga prácticas de confrontación en casa.* Lo que usted quiere es parecer
   firme, fuerte y nada impresionable, incluso si está usted temblando
   como un flan.

2. *Deje que los amedrentadores den rienda suelta a su ira sin interrumpirles y
   luego concéntrese en lo que les preocupa.* Utilice un tono agradable para
   hacerles preguntas que pongan al descubierto lo que realmente le
   está molestando. Es posible que sean abusones, pero también son se-
   res humanos, así que no se sorprenda si reaccionan de manera positiva cuando usted muestra preocupación por sus sentimientos.

CONVERSACIÓN TÁCTICA

SU JEFE: *No tiene usted razón. Cállese y escúcheme y luego haga lo que se le
           dice, o de lo contrario ya puede ir recogiendo sus cosas y pasar a la
           historia. La puerta de salida es muy grande y está siempre abierta.*

USTED: *Está bien, jefe, ya veo que no está usted de acuerdo. Ya sé que tiene la úl-*
          tima palabra y haré lo imposible —bueno de hecho todo lo que pueda—
          para poner en práctica su decisión. Pero no le parece que... (El jefe le in-
          terrumpe, pero usted sigue interrumpiendo al que le interrumpe.)

USTED: *Perdone, no he terminado. Concédame treinta segundos para termi-*
          nar de exponerle mi idea. Si (x) es lo que causa el problema, ¿qué
          sucedería si cambiáramos el...?

Consejo: Los amedrentadores pierden su poder si usted no se acobarda. En el fondo, ellos dudan que se merezcan su respeto. Le admiran porque habla usted con seguridad y confianza en sí mismo. Así que cuando le bombardeen, no les devuelva el golpe sino que gáneselo con su comportamiento fuerte, firme y cortés.

LOS SÁDICOS

A los sádicos les complace causarle dificultades.

Los jefes sádicos también son hostiles, pero lo que les hace más felices es pillarle en una equivocación y hacer que usted se retuerza para intentar salir del aprieto. Con una mirada de esas que dicen «¡Ajá, te pillé!» experimentan un placer especial atacándole o amenazando con despedirle, y lo que aún les deleita más es poder darle la reprimenda delante de sus colegas o clientes.

Los sádicos exigen obediencia ciega, pero cambian las reglas constantemente según su capricho. Le pondrán verde por equivocaciones que ellos han causado y luego no sólo negaran cualquier responsabilidad al respecto, sino que tampoco le enseñarán una manera mejor de hacer las cosas.

Los sádicos, sin excepción, son personas deliberadamente malvadas. Es imposible no estar de acuerdo con ellos sin que las cosas empeoren y por lo tanto, ha de encontrar la manera de impedir que le desmoralicen y le dejen sin ego.

Lo que está usted pensando

Mi jefe no es feliz a menos que degrade a su personal. Intenta deliberadamente que yo parezca tonto o inepto y estoy especialmente enfadado porque me pidió que si tenía algún problema en mi departamento hablara francamente con él, pero cuando lo hice utilizó la información que le ofrecí voluntariamente para darme una mala evaluación. ¡Me humilla por los errores que cometo y me castiga si hay problemas! He empezado a ocultar las cosas en lugar de hablar con él porque creo que me utiliza como chivo expiatorio para proteger su propio puesto.

Los pensamientos del sádico

Tengo que sacudir a la gente para sacarla de su complacencia. Si consigo que se avergüencen podré motivarles para que trabajen más deprisa, pero esto está ocupando parte del tiempo que había planeado utilizar para desarrollar el nuevo sistema. Creo que tendré que presionarles un poco más y no me importa nada tener que infringir algunas de las normas de la empresa en el proceso. Lo que importa es sobresalir de mis colegas y tener buenas relaciones con los de arriba.

ESTRATEGIA

Su objetivo inmediato es reducir el estrés que padece cada día en el trabajo. Puede usted avanzar a la vez por dos pistas.

1. *Pruebe con un tratamiento de choque.* Dé la cara por usted mismo y pídale por favor a su jefe que se siente, mírele a los ojos fijamente y dígale tranquilamente que quiere usted que le traten con el respeto que se le debe a cualquier ser humano. Esa acción inesperada suya puede que haga que él le vea como una persona en lugar de como un saco de arena de los que se usan para boxear.

2. *Entérese de los recursos de que dispone en su empresa.* El director de personal de su empresa sabe las posibilidades de traslado de que dispone y puede explicarle el procedimiento que debe usted seguir para presentar una queja. Si su jefe cree que su comportamiento puede tacharse de «no profesional» querrá hacer algo para evitar esa especie de «juicio». Es posible que afloje un poco.

3. *Puede que lo mejor sea una carta anónima.* Si no dispone usted de un procedimiento de presentación de quejas, escriba al jefe máximo. Destaque la gran rotación de personal, la moral baja y otros problemas que se van extendiendo por la empresa y recomiende que se forme mejor a los supervisores. Solicite que se nombre a un defensor del empleado para que escuche los temores de éstos y solucione sus

quejas. Proponga la implantación de un sistema formalizado que permita que los trabajadores hagan sugerencias a directivos que estén por encima de sus supervisores inmediatos.

CONVERSACIÓN TÁCTICA

SU JEFE: *Tonto, imbécil, estúpido. ¿Es que no es capaz de cumplir ni la orden más sencilla? ¿Cómo puedo dirigir una división cuando me proporcionan incompetentes como usted?*

USTED: *Sí, jefe, pero ¿qué orden es la que quiere que cumpla, la ejecutiva que aparece en el manual o esa de la que me está hablando ahora? Si he cometido un error, dígamelo. Me alegraré de hacer lo que usted crea que es mejor. Pero no hay necesidad de que me insulte.*

> **Consejo:** Si la tortura continúa y se está usted convirtiendo en una ruina física o emocional, tome en consideración la posibilidad de cambiar de empresa mientras todavía sigue siendo capaz de trabajar en algo.

Hay muchas variedades de jefes de los que buscan guerra. Cuando un jefe hostil le ataque, si guarda sus sentimientos dentro suyo puede incluso llegar a ponerse enfermo. Aprenda a dar la cara y a defenderse a sí mismo y exprese su enfado de una manera positiva. Eso es bueno tanto para usted como para su jefe. Como Eleanor Roosevelt escribió: «Nadie puede hacer que usted se sienta inferior sin su consentimiento». Si la hostilidad se vuelve abrumadora y no es capaz de cambiar el clima, no deje que le vuelvan loco y busque trabajo en otra parte. Si ése es el caso, no se queje, márchese.

2

Cuando los que buscan guerra son sus colegas

- **Los perros rabiosos**
- **Los que atacan y derriban al adversario**
- **Los envidiosos**
- **Los que apabullan**
- **Los que intimidan**

Reaccionar airadamente cuando un colega se muestra hostil con usted e incluso es agresivo sin una animosidad obvia, es normal. Ahora tiene usted una posibilidad de elección. ¿Cómo va a utilizar esta ira cuando tenga que enfrentarse a los perros rabiosos, los que atacan al adversario, los envidiosos, los que apabullan y los que intimidan?

Si no hace otra cosa más que lamentarse por ello, su cerebro se oxidará. Pero si admite ante sí mismo cómo se siente, ya habrá comenzado a poner a trabajar esa ira y empezará a imaginar maneras de librarse de su rencor.

Después de eliminar las tácticas de vapulear físicamente a los agresores o de ungir sus cabezas «de manera accidental» (u otras partes del cuerpo especialmente sensibles) con café caliente, libere su mente y concéntrese en alcanzar unos objetivos que *sean* los que más le convienen.

LOS PERROS RABIOSOS

Los perros rabiosos explotan de manera inesperada, casi como en una erupción que desata un ataque violento de rabia burocrática.

Colegas que siempre habían sido pacientes y agradables, ahora pierden los estribos. Son como niños que se regodean en una pataleta y cuando algo no marcha de la manera que ellos habían previsto parece que no puedan controlar su ira y su enfado.

El problema se va intensificando. Los horarios cada vez más amplios y los plazos límite más reducidos han aumentado la tensión presente en la oficina. Los trabajadores están abrumados por una velocidad acelerada y que no se detiene jamás. Los adelantos tecnológicos —busca personas, teléfonos moviles y correo electrónico, entre otros— dan lugar a que, en realidad, nunca puedan abandonar su trabajo. Aunque estén en sus casas, sólo se encuentran a un momento de distancia.

Si a esta mezcla le añadimos las distracciones ocasionadas por los ruidos, las interrupciones, el estrés de tener que preocuparse por mantener el empleo e intentar manejar varios trabajos al mismo tiempo para cumplir con programaciones nuevas… ¡bummm!, se produce la explosión.

Lo que está usted pensando

¿Por qué está Jaime tan inquieto últimamente? Tiene aspecto de cansado y frustrado, y no necesita mucho para convertir una conversación en una discusión y empezar a gritar. Si esta mañana no me hubiera agachado a tiempo me hubiera dado con el libro que ha tirado contra la pared. Me ha trastornado tanto que en lugar de dedicarme a hacer mi trabajo me he pasado el resto del día preocupado y pensando en lo que puedo hacer la próxima vez que pierda el control.

Los pensamientos de un perro rabioso

Antes yo solía disfrutar con mi trabajo, pero eso era cuando tenía algo de tiempo libre. Ahora no hay satisfacción ni tiempo para nada que no sea el trabajo. Me paso las noches sin dormir preocupándome por si me encontraré en la próxima hornada de despidos, a menos que sea capaz de cumplir con las demandas de productividad. Y por si eso no fuera bastante, tengo que soportar a esos compañeros tan odiosos. Ya sé que tengo que controlar mis arranques, pero también tengo que vigilar mi espalda.

ESTRATEGIA

Su objetivo es desactivar la ira del perro rabioso, o sea conseguir que se calme y ganar su confianza.

1. *Si empieza a tirar cosas, márchese inmediatamente.* Debe usted protegerse a sí mismo. Limítese a decir «Ya hablaremos de eso más tarde», y ponga pies en polvorosa. Su colega se comporta como un crío, usted como una persona mayor.

2. *Una vez que el perro rabioso se quede sin resuello, o casi, interrúmpale.* Con una voz tranquila y amistosa repita su nombre hasta que él le oiga y demuestre que le está escuchando.

3. *Tenga preparadas unas cuantas sugerencias prácticas para reducir el estrés que esa persona está sintiendo.* No analice su comportamiento; limítese a mencionar lo que usted ha observado. Hable de maneras en que él podría alterar las responsabilidades de su trabajo o disfrutar más. Hágale saber que usted quiere apoyarle.

4. *Anímele a hacer alianzas.* De ese modo habrá menos posibilidades de que él se vea a sí mismo como una víctima.

5. *Si su comportamiento continúa, sugiérale que busque consejo de un profesional.*

CONVERSACIÓN TÁCTICA

USTED: *Jaime, veo que últimamente lo estás pasando mal y hace poco a mí me sucedió algo parecido. Si quieres, puedo decirte lo que consiguió sacarme de ese bache.*

JAIME: *No creo que tengas ni idea de lo explotado y agobiado que me siento. Lamento que ayer estallara de ese modo contigo.*

USTED.   *Lo comprendo, pero hay cosas que puedes hacer para recuperar el control. Por ejemplo:*

Insiste en dedicar quince minutos, cada día, a relajarte. De lo contrario, puedes enfermar físicamente. Establece una hora fija para cerrar tu puerta y cerrar tus ojos, y luego podrás volver más relajado al trabajo.

Realiza ejercicios de respiración para aumentar el autocontrol. Te ayudará a concentrarte en el problema e impedirá que actúes mientras estás furioso.

Haz una lista de las responsabilidades de trabajo que puedes cambiar. ¿Puedes repartir alguna de ellas entre todos nosotros de manera rotatoria? ¿Hay algunas tareas administrativas que puedas delegar? ¿Deberías pedirle al jefe que te dé más autoridad para tomar decisiones?

Tranquilízate tomándotelo como un desafío. Si adquieres una habilidad nueva, no te quedarás rezagado ante los constantes adelantos tecnológicos.

Habla de lo que sabes y de lo que necesitas fuera de la empresa. Aumenta tu networking *y entérate de lo que pasa en su área de especialización.*

> **Consejo:** Es necesario controlar a los perros rabiosos, no sólo por su propio bien sino también porque sus acciones afectan de manera adversa a toda la organización. Cuando un colega le trate duramente, puede usted quedarse sentado y tranquilizarse mientras hace ver que está trabajando o haciéndolo a un ritmo mucho más lento del habitual. Hay otros trabajadores que se van de la empresa para escapar a la rabia burocrática.

LOS QUE ATACAN Y DERRIBAN AL ADVERSARIO

Son aquellas personas que mientras se está discutiendo un problema le atacan a usted de manera personal.

Estos colegas están tan decididos a ganar puntos ante el jefe que bloquean cualquier cosa que presenta para que la tomen en consideración y le atacan a usted en lugar de al problema. Retuercen todo lo que usted dice para convertirle en el oponente al que hay que derribar y superar.

En el momento en que le ataquen, usted se dará cuenta de que le han dado y que no se van a detener. Se siente herido, pero está más preocupado por las consecuencias que esa actitud va a tener, ya que esa persona ha dejado su credibilidad por los suelos. ¿Cómo puede impedir que esas personas perjudiquen su carrera?

Lo que está usted pensando

Victoria es incapaz de discutir un problema que tenga que ver con sus méritos y de algún modo, es culpa mía por no estar de acuerdo con sus conclusiones. Después de que el jefe me pidiera que dirigiera el grupo de estudio, repartimos el trabajo y todos los demás hicieron lo que les había correspondido. Victoria no hizo el trabajo y luego, cuando se lo pedí me acusó de atormentarla. Yo me veo obligado a esquivar sus ataques mientras que ella holgazanea y se sale con la suya. Si sigue así, es posible que los demás pierdan la confianza en mi capacidad de liderazgo.

Los pensamientos del atacante

Si él no fuera tan estúpido vería que otro enfoque conseguiría que el trabajo se hiciera en mucho menos tiempo y sin tener que dedicarle tanto esfuerzo. Sólo quiere darme una lección, pero yo me saldré con la mía. Me aseguraré de que todo el grupo vea lo incompetente que es.

ESTRATEGIA

Su objetivo es mantener su profesionalidad siempre que lleve a cabo el trabajo que se le asigne, y a su vez, reducir al mínimo cualquier daño que esos atacantes puedan causar a su reputación y posición.

1. *Siga con su plan de juego.* No permita que un compañero abyecto le aparte del juego. En lugar de eso, cuestiónele para demostrar que está decidido a hacer el trabajo sin rebajarse a su nivel. Eleve la discusión apartando el énfasis de las personas y devolviéndolo al problema que tienen entre manos.

2. *Si esa persona sigue atacándole hable con ella en privado.* Dígale que le gustaría tener una relación mejor y pregúntele cuál cree que sería la mejor manera de solucionar sus diferencias.

3. *Entérese de cuándo puede y no puede esperar que le apoyen.* Averigüe, gracias a los rumores, si ese atacante tiene amigos «en las alturas». Si es así, una enemistad o una lucha encarnizada podría perjudicar sus posibilidades de ascenso y, créame, no merece la pena. Concéntrese en su trabajo y en hacer más amigos.

CONVERSACIÓN TÁCTICA

USTED: *Victoria, cuando repartimos el trabajo dijiste que te gustaría realizar la investigación. Si te está resultando un problema, todavía puedes entrar en otras tres áreas...*

VICTORIA: *(Interrumpiendo.) Estás realmente en mi contra, ¿verdad? ¿Por qué eres así conmigo? Te gusta impresionar a todo el mundo demostrando que eres tú quien dirige este grupo de estudio y...*

USTED: *(Interrumpiendo.) Victoria, es obvio que has interpretado erróneamente mi papel. Las tres áreas en las que necesitamos más concentración son 1)..., 2)..., y 3)... ¿Cuál prefieres?*

> **Consejo:** No busque una armonía al cien por cien. Será muy difícil que usted y su atacante canten la misma melodía. Sólo necesita llegar a un cierto entendimiento que le permita seguir adelante con su trabajo. Para conseguir una tregua, maneje el conflicto mediante una confrontación directa, clara y cara a cara, en lugar de fríos e-mails o memorándums escritos que suelen enturbiar más el ambiente.

LOS ENVIDIOSOS

Los envidiosos contemplan de mala gana y con celos las alabanzas que usted recibe.

Son personas que están resentidas y que quieren lo que usted tiene. En realidad es más que eso, ellos creen que *deberían tener* lo que usted tiene. Tenga presente que no se puede tener engañada a toda una empresa durante mucho tiempo y que, casi siempre, más pronto o más tarde, todos recibimos lo que nos merecemos.

Lo peor de la envidia es que erosiona el espíritu y malgasta una energía que podría haberse dedicado a cosas mejores. Pero hasta que los envidiosos puedan dejar de lado los celos y la ira que sienten porque usted tiene lo que les corresponde a ellos por derecho, puede consumirles su obsesión de venganza. Aunque usted sea completamente inocente, sin embargo, puede encontrarse con que es víctima de ese comportamiento infantil, rencoroso y malévolo.

Lo que está usted pensando

Me he pasado cuatro semanas trabajando día y noche en ese proyecto para conseguir que fuera un éxito y todo el mundo me ha estado dando golpecitos en la espalda felicitándome y diciéndome que he hecho un trabajo sensacional. Excepto Carlos. Es demasiado egoísta para estar contento por mí. Me dijo «Felicidades», pero puedo notar su hostilidad y su envidia.

No sé por qué me considera un adversario, pero mi instinto me dice que debo estar en guardia contra un posible ataque enmascarado.

Los pensamientos de un envidioso

No puedo comprender porqué todo el mundo está haciendo tantas alharacas por lo que ha hecho. Si me lo hubieran encargado a mí yo podría haberlo hecho mejor y, además, no creo que haya sido sólo cuestión de suerte que le encargaran a él ese proyecto. Me pregunto qué habrá tenido que hacer para conseguirlo. Tengo que sacar a relucir toda la basura que encuentre sobre él porque estoy seguro de que ha contado mentiras sobre mí o de lo contrario, ese trabajo me la hubieran dado a mí. Pero me vengaré y él no sabrá nunca qué es lo que le ha golpeado.

ESTRATEGIA

Su objetivo es protegerse y, si es posible, ayudar a su colega a pensar de una manera más positiva.

1. *Sus conversaciones deben tener siempre un nivel elevado y amistoso.* No permita que los envidiosos le arrastren a una discusión, especialmente si hay otras personas delante.

2. *Transmítale que el esfuerzo de cada persona se juzga de acuerdo con sus propios méritos.* El trabajo de una persona no es bueno porque el de otra sea malo, o valioso porque el de otra no lo sea. El trabajo de cada persona es malo o bueno por sí mismo.

3. *Anime a los envidiosos.* Ayúdeles a definir sus objetivos personales y a desarrollar sus propias habilidades especiales y pericia. Eso aumentará su autoestima.

CONVERSACIÓN TÁCTICA

USTED: *Venga, Carlos, no quiero discutir contigo de este tema. Seamos civilizados, así que si no puedes hablar ahora de esto de forma calmada, hagámoslo más tarde. (Y luego, márchese.)*

O: *Carlos, tienes verdadero talento para el dibujo con ordenador. ¿Has pensado en pedirle al jefe que te envíe a uno de esos cursos especiales de formación de los que estuvo hablando la semana pasada?*

> **Consejo:** Desarme a los envidiosos con un cumplido honesto. Precisamente cuando estén decididos a odiarle, consiga gustarles. Exprese admiración por cualquier cosa que hagan bien, hábleles de lo que les interesa y ofrézcales sugerencias que pueden serles de ayuda y que posiblemente no se les hayan ocurrido a ellos.

LOS QUE APABULLAN

Los apabulladores aplastan cualquier opinión que no sea suya.

Resulta bastante molesto que esté usted intentando hablar de un problema de negocios y los apabulladores intervengan con una réplica o una crítica que hace que usted enmudezca.

Todavía es más profundamente problemático e inapropiado cuando se dedican de forma flagrante a hacer proselitismo religioso o campañas políticas en la oficina. Lo que hace que tenga usted ganas de dar alaridos suplicando misericordia, es la fuerza de su incansable e incesante esfuerzo. Las amables observaciones que usted les expone para hacerles saber que no está interesado, pasan completa y absolutamente desapercibidas.

Enfréntese a ello: está tratando con abusones verbales y a menos que les replique y les pare los pies con todas sus fuerzas, creerán que se merece usted ser menospreciado.

Lo que está usted pensando

¿Cómo puedo conseguir que Tomás se calle de una vez? Se pasa las horas intentando hacernos tragar sus convicciones políticas. Si mencionamos algún candidato al que él se oponga nos interrumpe y lo aplasta como si fuera una apisonadora y luego se pone a cantar las alabanzas de su elegido. Los demás no queremos utilizar la oficina para discusiones políticas, pero no sabemos cómo detener esas andanadas incesantes.

Los pensamientos de un apabullador

Si consigo influir en la mayoría de los que trabajan aquí, eso ayudará a nuestros candidatos. Los argumentos de la oposición son triviales y sólo he de limitarme a seguir insistiendo hasta que consiga llevarlos a mi terreno.

ESTRATEGIA

Su objetivo es reducir y eliminar, si es posible, las campañas políticas en el lugar de trabajo.

1. *Aúne fuerzas con otras víctimas.* Juren que ninguno de ustedes volverá a caer en la trampa del apabullador. Lo único que deben hacer es unirse para declarar su desinterés y negarse a pronunciar ni una palabra más sobre el tema prohibido.

2. *Explíquele claramente las consecuencias.* Si el baqueteo continúa y su trabajo se ve afectado, explíquele al apabullador que no le queda a usted más remedio que acudir al jefe.

CONVERSACIÓN TÁCTICA

USTED: *Mira, Tomás, de verdad, no estoy interesado. Por favor, no me hables más de política.*

TOMÁS: *¿Cómo es posible que no te interese? Lo que sucede en cada una de las elecciones nos afecta a todos.*

USTED: *Es cierto. Sin embargo, yo hablo de política con mis amigos y no en la oficina. Aquí yo tengo trabajo que realizar y tú estás haciendo que no pueda concentrarme.*

TOMÁS: *Pero tienes que darte cuenta de que...*

USTED: *(Interrumpiéndole.) ¡Tomás, déjalo ya! Si no lo haces me obligarás a que vaya a ver al jefe para explicarle que el motivo de que no haya terminado mi trabajo son tus arengas constantes. No quiero hacerlo, pero lo haré si es necesario. Así que no me obligues a ello.*

> **Consejo:** Todo el mundo tiene derecho a hablar, pero no a fastidiar a los demás. Los apabulladores utilizan una fuerza incesante que mueve el motor de su boca para aplastar la resistencia de los demás. Debe usted, individual y colectivamente, hablar claro y enfrentarse a estos abusones verbales.

LOS QUE INTIMIDAN

Los intimidadores consiguen que les apoyen dando a entender, de forma implícita, que pueden hacerle daño o avergonzarle.

Estos colegas hostiles no hacen su aparición ni le amenazan de una manera declarada, pero usted puede oír sus advertencias muy claramente. Sabe que si no accede a lo que ellos quieren de usted recibirá alguna forma de castigo.

Un jefe intimidador que puede despedirle tiene un poder real sobre usted; un colega intimidador tiene un poder *percibido*. De todos modos, también puede ser una amenaza peligrosa. Cada vez que tenga contacto con alguno de ellos tenga precaución.

Lo que está usted pensando

Hace que me sienta inferior a pesar de que sé que hago el trabajo tan bien o mejor que él. Pero he estado accediendo a todas sus ideas porque tengo miedo de que, si no lo hago, ponga a los demás en mi contra.

Los pensamientos de un intimidador

¡Tengo que conseguir que esa mujer se calle! Siempre que Inés aparece en una reunión de personal con sus ideas brillantes el jefe es todo oídos. Es una amenaza. Cuando Carlos se marche el año que viene y el puesto de ayudante de dirección quede libre, quiero que no haya dudas para elegirme a mí. Hasta entonces tengo que impedir que Inés se gane a todos los del equipo. Será mejor que la aplaste antes de que consiga el trabajo que yo quiero.

ESTRATEGIA

Su objetivo es conservar el control. No permita que el intimidador consiga que haga, o no haga, alguna cosa en contra de su voluntad.

1. *Ensaye las réplicas en casa.* Al no sentirse presionado, pueden ocurrírsele respuestas rápidas que puede dar la próxima vez que su intimidador ataque de nuevo. Recuerde, nunca debe contestar al instante.

Puede tomarse su tiempo o elegir únicamente la parte de sus observaciones a la que quiere usted responder. Ensaye con un amigo en quien confíe («Si él dice... yo diré...»)

2. *Fuércese a parecer tranquilo y sereno.* Haga ver que no está usted irritado aunque se sienta momentáneamente intimidado. No puede hacer nada respecto a los pensamientos que tiene el intimidador, pero sí que puede decidir los que se va a permitir usted. Haga prácticas con una grabadora y actúe delante de un espejo. Pronunciar las palabras en voz alta le permitirá comprobar cómo suenan y aún sería mejor que hiciera que un amigo le grabara en vídeo.

3. *Prepárese psicológicamente.* Ponga espacio emocional entre las amenazas del intimidador y sus réplicas; por ejemplo, imagínese que se ha envuelto usted en un plástico protector que no dejará que le llegue ningún ataque verbal. Hasta que aprenda a hacerlo, ponga tanto espacio físico como le sea posible entre usted y el intimidador.

4. *Sepa cuándo tiene que tomarlo a broma.* Si es usted nuevo en el trabajo y varios compañeros de trabajo están gastándole novatadas, pregúntele a un colega que se muestre amistoso si este comportamiento es habitual. Si lo es, a pesar de que puede ser molesto, es inofensivo y no se trata más que de una especie de ritual de iniciación para ver si es usted capaz de «pasar la prueba».

CONVERSACIÓN TÁCTICA

Aquí tiene algunas respuestas rápidas para el intimidador:

> *(Tomándoselo en broma.) No lo dices en serio, ¿verdad?*

> *(Haciendo tiempo.) No me metas prisa, estoy sopesando lo que has dicho.*

> *(Seleccionando.) No me siento cómodo del todo con eso.*

Consejo: Rompa el ciclo. La ira produce ira y la venganza produce venganza. Concéntrese en el resultado que usted desea para reforzar su resolución. Puede ser firme, enérgico y dogmático sin parecer estar furioso. Permítase sentirse amigable y sonreír. Pregúntese: ¿De qué tengo miedo? ¿Cómo pueden hacerme daño estos colegas? ¿Cómo puedo enfrentarme a ello y, al mismo tiempo, convertirles en amigos míos?

Cuando los colegas se comporten de una manera hostil, no permita que su ira se vuelva contagiosa e infecte su buen juicio. Sus compañeros tienen un problema de sentimientos negativos: frustración, miedo, celos, inferioridad, etc. Tal vez sea usted capaz de averiguar el motivo. Puede decirle a su colega que parece molesto y enojado con usted. En una discusión tranquila, si ambos identifican las posibles opciones se sentirán mejor porque ninguno de los dos perderá el control.

3

Cuando los que buscan guerra son sus subordinados

- **Los guerrilleros o francotiradores**
- **Los extremistas**
- **Los vengadores**
- **Los que abandonan**

Es posible que parezca que la autoridad que tiene usted sobre sus empleados le concede un poder ilimitado; pero como resulta que su función es conseguir que el trabajo se haga *por medio de* sus subordinados, ellos también tienen poder sobre usted. Para que las cosas marchen bien, usted depende tanto de ellos como ellos de usted, así que si ha estado comportándose como un general del ejército, recuerde que la tropa, o sea, sus subordinados, también tienen sentimientos, igual que usted. Si parecen agresivos puede ser que estén enfadados porque creen que alguien les ha hecho sentirse inferiores, inadecuados o inseguros.

Incluso cuando usted *es* sensible a los sentimientos de sus subordinados, algunos de ellos pueden mostrarse hostiles, creando tensión entre los demás. Unos buscan camorra con sus colegas, y otros pueden intentar sabotear su trabajo si creen que usted ha sido injusto con ellos. Algunos puede que utilicen el humor o el sarcasmo para intentar desacreditarle y otros subordinados, como los niños, intentarán que sea usted el árbitro de sus peleas.

LOS GUERRILLEROS O FRANCOTIRADORES

Esas personas le atacan utilizando alguna cobertura y, a menudo, disfrazando sus estocadas con chistes. No le asaltarán hasta que se sientan seguros gracias a la presencia, por ejemplo, de una audiencia formada por compañeros de trabajo en mitad de una reunión. Éstos frecuentemente utilizan la capa de un comediante, haciendo ver que sus dardos pretenden ser humorísticos. Así que para que no se les considere como faltos del sentido del humor, todos los demás presentes se ríen con incomodidad. Tanto si acepta el ataque y se une a la risa o lo rechaza con una réplica mordaz, quedará usted degradado ante sus tropas. Eso es lo que los francotiradores o guerrilleros confían conseguir.

A menos que ellos se lo digan, no hay manera de que se entere del motivo por el que estos subordinados tienen una actitud negativa hacia usted. Podría ser el resultado de algo tan sencillo como sentirse descuidado, no apreciado o no reconocido.

Lo que está usted pensando

Se suponía que era un chiste, pero he notado el filo aguzado de esta observación hiriente. ¿Por qué Gerardo me ataca de ese modo? ¿Por qué no se limita a decir qué es lo que le molesta o le preocupa? Estoy segura de que esconde más de lo que se ve a simple vista.

Los pensamientos de un guerrillero o francotirador

La jefa cree que es muy lista. Va diciendo por ahí que su plan maestro es lo que está haciendo que esta división sea la primera. ¿Pero dónde estaría ella ahora si yo no fuera un director de presupuestos tan bueno? Si ataco su débil historial fiscal puedo hacerla bajar unos cuantos escalones.

ESTRATEGIA

Sus objetivos son mantener su pose de liderazgo, restaurar cualquier daño que los francotiradores puedan haber causado a su posición e impedir ataques futuros.

1. *Demuestre que no va a aguantar que la humillen.* Indique de manera tranquila y desapasionada que le alegrará poder comentar cualquier crítica legítima.

2. *Utilice un tono ligero y deje su mensaje más claro que el agua.* Haga que los francotiradores sepan que no pueden utilizar el humor para ocultar su hostilidad. Luego dé la vuelta a la tortilla y provóqueles pidiéndoles que sean un poco más concretos. Después, solicite por favor un

poco más de aclaración. Dé contestaciones basadas en hechos y sin ponerse a la defensiva.

3. *Enfréntese a los francotiradores en privado.* Intente llegar a la raíz de su hostilidad. Si no quieren decírselo, hágales saber que *usted* sabe que le han estado atacando y pídales que paren. Utilice un tono amistoso, pero que deje bien claro que no está dispuesto a aguantar tonterías.

CONVERSACIÓN TÁCTICA

USTED: *Es posible que sea mi imaginación, Gerardo, pero me parece que algunas de las observaciones que has hecho en la reunión de esta mañana eran sarcásticas. ¿He hecho algo que haya podido ofenderte?*

GERARDO: *Vaya, jefa, ¿dónde está su sentido del humor?*

USTED: *Gerardo, yo disfruto como todo el mundo con un chiste, pero las observaciones hirientes no tienen nada de divertido. Me doy cuenta de que no querías ofenderme, pero lo hiciste y apreciaría mucho que no volvieras a repetirlo. Gracias.*

> **Consejo:** Detenga los disparos del francotirador con firmeza y buen humor. Si esas personas están dispuestas a desvelarle lo que de verdad les preocupa, podrá hablar del problema y posiblemente solucionar el asunto.

LOS EXTREMISTAS

Los extremistas son liantes que provocan discusiones entre sus trabajadores.

Cuando los extremistas no son capaces de adivinar cómo pueden enfrentarse a la presión se vuelven beligerantes. Se rebelan provocando peleas entre sus colegas, pero es posible que no estén enfadados con ellos. Es posible que vea usted señales de su frustración porque hayan tenido que suprimir su hostilidad. Es posible que de hecho estén enfadados con usted, pero que tengan miedo de enfrentársele.

Decirles que dejen de preocuparse, o que se relajen, o que deberían comportarse de cierto modo, no disminuirá su hostilidad. Hacerles hablar de su ira podría ser de ayuda, pero únicamente si confían en usted y creen que pueden hablarle de sus sentimientos sin poner en peligro sus respectivos puestos de trabajo.

Lo que está usted pensando

Juan es muy irascible. Si fuera capaz de controlar su temperamento sería un trabajador excelente, pero sus acciones nos están desorganizando demasiado para que podamos aguantarlas más. Si no soy capaz de conseguir que reduzca su ira, tendré que despedirle.

Los pensamientos de un extremista

Cuando yo llego a un sitio, todos dejan de hablar. Es obvio que no confían en mí. Bueno, ¿quién necesita a los favoritos de la maestra? Cuando Margarita se toma tiempo libre extra, el jefe la llama para tomar café con ella. Cuando Miguel convirtió ese pedido en un desastre, él y el jefe fueron juntos a comer para solucionarlo. Yo sigo dando el callo, a pesar de todo, hago mi trabajo y nadie se fija en mí. Supongo que aquí hay que montar un numerito para que se fijen en uno.

ESTRATEGIA

Su objetivo es impedir que la ira o los enfados de un par de extremistas desorganicen a todo su equipo. Ayúdeles a expresar su ira y enfréntese a ella de manera constructiva para que puedan ser más productivos.

1. *Pase revista a su estilo directivo.* Asegúrese de que no está usted recompensando a los que no actúan. Implique a sus trabajadores de manera que consigan los objetivos establecidos y luego vincule su cooperación a las primas. Cuando los subordinados creen que se les está tratando injustamente, el resultado puede ser la animosidad. Establezca sus reglas y vigílese a sí mismo periódicamente para ver si trata de igual modo a todos los trabajadores.

2. *Espere un poco antes de hablar del problema.* No tome una postura hasta que su extremista se haya enfriado y hable, únicamente, de la ira que está sintiendo. Luego, cuando sea capaz de decirle por qué piensa que le está explotando, puede pasar a hablar de soluciones.

3. *Trabajen juntos para solucionar el problema.* Pregúntele qué es lo que él cree que calmaría sus sentimientos heridos. Escúchele cuidadosamente sin interrumpirle. Mueva la cabeza para mostrar que está de acuerdo con él siempre que pueda hacerlo honestamente. Cuando no esté usted de acuerdo, haga más preguntas.

4. *Niéguese a ser un árbitro.* Cuando dos trabajadores buscapleitos intenten, respectivamente, que se ponga usted de su parte, debe decidir si el problema está en el sistema y es algo que usted puede corregir. Si, por ejemplo, son otros los que les están presionando demasiado, vigile el flujo de trabajo y haga que las quejas pasen por su despacho. Si se trata de un choque de personalidades, insista en que funcionen como parte del equipo y muéstrese firme al manifestar que no va a tolerar interferencia alguna con sus normas. Adviértales que si los problemas continúan, les despedirá a los dos.

CONVERSACIÓN TÁCTICA

USTED: *Es obvio que estás enfadado.*

JUAN: *¡Estoy tan furioso que podría explotar!*

USTED: *Sí, ya veo que estás furioso.*

JUAN: *¡No hay nadie que tenga en cuenta mis sentimientos!*

USTED: *¿Crees que todos somos insensibles?*

JUAN: *Está claro. La única manera de que alguien se fije en uno en esta empresa es ser un completo vago. Y como resulta que yo hago mi trabajo rápidamente, me cargan con el de los demás. Eso es injusto.*

USTED: *Comprendo tu reacción. ¿Qué sugieres que hagamos para que la carga de trabajo se distribuya de una manera más justa?*

Consejo: En ocasiones tendrá usted que hablar con dureza. Si los subordinados amenazan con marcharse a menos que atienda usted sus demandas, niéguese a aceptar el ultimátum. Dígales que cree que están colocando sus intereses por encima de los de la empresa y que ya no puede confiar en su lealtad. Sin embargo, lo habitual es que pueda adoptar un enfoque que proteja la imagen que los extremistas tienen de ellos mismos y ayudarles a que solucionen su hostilidad de una manera eficaz.

LOS VENGADORES

Son aquellas personas que están profundamente resentidas por la manera en que ellos creen que usted les ha tratado, o sea, mal.

Son personas resentidas que se sienten estafadas o descuidadas. En ocasiones interpretan mal los comentarios que usted hace; creen, equivocadamente, que está disgustado con ellos y sin comprobar su percepción, se aferran a ese sentimiento.

A veces, los trabajadores a los que se ha trasladado por culpa de reorganizaciones de la empresa están resentidos y se oponen a *cualquier* encargo. Sea cierto o no, es posible que crean que tanto usted como sus nuevos colegas les menosprecian y este sentimiento da por resultado una espiral creciente de hostilidad.

Además, hay trabajadores que se agitan y se ponen nerviosos cuando usted dice que el statu quo debe desaparecer. A menos que haya usted llevado a cabo una planificación cuidadosa y anticipada, no sólo se resistirán al cambio sino que se enfadarán muchísimo y buscarán la manera de vengarse de usted.

Lo que está usted pensando

He tenido que rechazar la solicitud de María. Pensé que había explicado bien mis razones, pero es obvio que ella me guarda algún rencor. Puedo notar su resentimiento y hostilidad, y sé que me está preparando alguna venganza. Es probable que esté a punto de cometer alguna equivocación deliberada de la que yo tendré que cargar con la responsabilidad y podría hacer que me costara la carrera. ¿Por qué me obligó el jefe a contratarla? Le dije que necesitaba un programador y no un analista.

Los pensamientos de un vengador

No sé por qué el jefe no me da la oportunidad de dirigir el nuevo programa. Es el momento perfecto, ahora que están reorganizando el departamento y está claro que me he ganado el derecho a hacerlo. La propuesta que presenté muestra que se trata de un plan cuidadosamente pensado que no puede fallar. El jefe debe estar esperando a alguien que tenga más influencia en la empresa y piensa que yo no conozco bastante gente «adecuada». Bueno, tendré que demostrarle lo que puede suceder cuando dejo caer cierta información ante la gente «adecuada». Lamentará profundamente haberme rechazado.

ESTRATEGIA

Su objetivo es conseguir que los vengadores cooperen más, enseñándoles que la manera de conseguir lo que quieren es hablar claro y honestamente, en lugar de mostrar resentimiento.

1. *Elimine las malas interpretaciones.* Por muy brillantes que sean sus razonamientos, la gente que está alterada no es capaz de «oírle» mientras se encuentra en un estado tan emocionalmente alterado. Empiece haciendo preguntas para enterarse de qué es lo que están pensando esos subordinados y si tienen ganas de vengarse, averigüe el motivo. Trabaje con ellos para identificar modos alternativos de manejar las situaciones delicadas. Consiga que sean ellos los que expresen las consecuencias probables de cada opción.

2. *Exprese su agradecimiento honestamente y con mayor frecuencia.* Explique lo importantes que son los trabajadores para la empresa y la manera en que sus roles individuales encajan en conjunto. Haga que los compañeros de equipo se ayuden mutuamente. Diga a los trabajadores en qué y cómo van a *beneficiarse* si consiguen sus objetivos a corto plazo. Vigile el progreso, alabando el buen trabajo, al tiempo que vuelve a poner en la buena dirección a los transgresores.

3. *Exprese su aprecio inmediatamente.* Tan pronto como el trabajo esté terminado, dígales a sus trabajadores que se ha dado usted cuenta de lo mucho que han mejorado. No espere a tener tiempo para escribirles una nota o para entregarles un premio.

4. *Cuando vayan a producirse cambios que desorganizarán a sus trabajadores, haga planes con antelación.* Antes de que el resentimiento haya tenido la oportunidad de aparecer y crecer, deposite su confianza en su gente y pregúnteles qué problemas prevén y qué sugerencias tienen para enfrentarse a ellos.

CONVERSACIÓN TÁCTICA

USTED: *María, habitualmente estás siempre muy animada con lo que se te encarga, pero esta semana has estado terriblemente callada, especial-*

mente cuando me detengo en tu mesa. ¿Estás enfadada por algo que yo haya hecho? Me gustaría de verdad que me lo dijeras.

MARÍA: *Bien, de acuerdo, ya que lo pregunta, jefe, me siento muy decepciona-da de que no me permitieran dirigir el nuevo programa.*

USTED: *Ya sé que estás decepcionada, pero, como ya te expliqué, vamos a tener que esperar para eso y puede que se tarde otro año. Mientras, podrías ser de una ayuda tremenda si...*

MARÍA: *Vaya, no me di cuenta de que podía tener otros planes para mí.*

> **Consejo:** Si deja que sus trabajadores participen más en la plani-ficación, reducirá los problemas. Cuando note que los subordina-dos están resentidos, asegúrese de que comprenden claramente lo que está sucediendo. Si los vengadores se muestran hostiles, no se permita respuestas reflejas; déjeles que liberen su enfado y luego ambos podrán enfrentarse a la raíz del problema.

LOS QUE ABANDONAN

Los que abandonan son empleados enfadados que abandonan el barco sin decirle el motivo.

Usted no es capaz ni de imaginarse qué es lo que sucede. Está pagando a la gente con talento más que lo que suele hacerlo la competencia y sin embargo no tienen sentido alguno de la lealtad para quedarse con usted. De hecho, parecen estar ansiosos y dispuestos para salir corriendo.

Una de las razones principales puede ser un estilo inflexible que no haya cambiado para estar a la altura de las actitudes actuales hacia, por ejemplo, el teletrabajo, unas normas más relajadas, los horarios flexi-bles y espacio suficiente. ¿Ha estado usted ignorando las sugerencias que procedían de aquellos que hacen el trabajo? Cuando los subordina-dos saben que no se escucha su voz, hay algunos que ya no tienen espe-ranzas en que cambie lo que ellos perciben que está mal. Puede que su empresa ofrezca un paquete insuficiente de beneficios cuando ellos buscan unas *stock options* que les recompensen o una mejor cobertura de seguros.

Lo que está usted pensando

¡Qué puñado de ingratos! Después de que he invertido todo ese tiempo y dinero formándoles, pagando su educación continuada, van y se marchan. ¿Es que no tienen conciencia? ¿No les importa nada todo lo que he hecho por ellos? Lucinda es la última que me avisa de que se marcha sin un motivo real. Tengo que detener este éxodo.

Los pensamientos de uno de los que abandonan

¿De qué sirve intentar educar a un jefe cuyo pensamiento está anclado en el siglo pasado? He de tener algo de vida fuera del trabajo. Mi tipo de trabajo no exige la supervisión constante del viejo horario de 9 a 5. Cuando le pregunté si podría trabajar cuatro días de diez horas, me dijo que no. Y lo mismo cuando sugerí que probáramos el teletrabajo. Me dijo que si me lo permitía, otros trabajadores abusarían de este privilegio. Este lugar desalienta la creatividad y la productividad. Tengo que marcharme ya.

ESTRATEGIA

Lo que desea es que los buenos trabajadores se queden con usted. Eso significa que debe averiguar cuáles son los verdaderos motivos de que pierda a la gente que ha formado.

1. *Hágales unas entrevistas amistosas, sinceras y nada amenazadoras.* Deje de lamentarse y aparte su resentimiento durante el tiempo suficiente para escuchar lo que se esconde detrás del enfado. Averigüe qué es más importante que un sueldo más alto para estos trabajadores.

2. *Decida qué es lo que está dispuesto a cambiar.* ¿Qué puede ofrecerles que sea aceptable para ambas partes? ¿Si sus trabajadores no estuvieran siempre en el lugar de trabajo, unos teléfonos móviles o unos buscapersonas no le permitirían hablar con ellos cuando surgieran problemas? ¿No podría extender los privilegios a esos trabajadores altamente productivos que se han ganado su confianza? ¿De qué otro modo podría usted aflojar las riendas para tratar a sus empleados como adultos responsables?

CONVERSACIÓN TÁCTICA

USTED: *Linda, lamento muchísimo que te marches. Tu trabajo ha sido excelente y me complacerá darte una carta de recomendación.*

LINDA: *(Sorprendida) ¡Vaya, gracias! Es muy amable de su parte.*

USTED: *Linda, sé que no te marchas por el sueldo. Dudo mucho que vayas a ganar más en otra parte, así que espero que puedas ser brutalmente franca conmigo. Necesito saber, de verdad, por qué se marchan algunos trabajadores.*

LINDA: *Bueno, si quiere saberlo de verdad, creo que es la relación entre la dirección y los empleados. No se nos respeta como trabajadores responsables, inteligentes y dedicados.*

USTED: *¿Qué es lo que hago que os ofende y qué podría hacer para mejorar esa relación?*

LINDA: *Déjenos hacer nuestro trabajo sin estar vigilándonos como un halcón. Díganos lo que quiere, para cuándo lo quiere, denos lo que necesitamos para hacerlo y luego, déjenos que seamos nosotros los que busquemos la manera de hacerlo. Sabemos más de nuestro trabajo que cualquier otra persona, así que cuando hagamos una sugerencia ¡no la eche en saco roto! ¡Por lo menos estúdiela!, y confíe en que tendremos nuestro trabajo terminado a tiempo.*

> **Consejo:** Cuando no pueda tentarles con más dinero, demuéstreles más confianza y más respeto. Es posible que los trabajadores enfadados, furiosos, frustrados e impacientes crean que se ignora lo que valen. Negocie unos cambios que les beneficien a todos.

Usted necesita tanto a sus subordinados como ellos a usted. Entérese del motivo, o motivos, por los que vuelven hostiles, ya que las acciones no siempre revelan los verdaderos sentimientos. Puede que se sientan atrapados y que tengan miedo de decirle el motivo por el que estén enfadados con usted. Si lo que falla es el sistema, a sus trabajadores les encantará sugerir cambios. Elimine los malos entendidos enviando este mensaje: «¿Qué podemos hacer para mejorar las cosas?».

Segunda parte

Cuando se trata con gente arribista o presuntuosa

No tienen intención de ser ruines o mezquinos y, sin embargo, le atacan con tal fuerza y determinación que a usted le parece estar bajo asedio. Es posible que no sea usted el enemigo, pero sin embargo le agreden. Le bombardean con sus creencias, le roban sus ideas y asaltan su sensibilidad. La gente ambiciosa está resuelta a hacer las cosas a su manera.

Tanto da que se trate de un jefe, de un colega o de un trabajador, todos tienen una arrogancia común. Llenos de una inmerecida confianza en sí mismos, arramblan con todo e intentan ponerse al mando mientras usted queda preguntándose si debería rendirse o saludar.

Esa gente suspira por gustar. Necesitan sentirse aceptados, pero no parecen ser capaces de expresarse sin ofenderle con sus gestos embarazosos y desconcertantes, sus órdenes que parecen ladridos o sus opiniones intolerantes. En consecuencia, no tienen muchos amigos. Cuanto más lo intentan, más les rechazan y cuanto más les rechazan, más arribistas se vuelven. *Tienen* que dominar a todo el mundo y todas las situaciones. Tienen tanto miedo a perder el control, que controlarlo se convierte en su objetivo primordial. Los tipos presuntuosos o arribistas deben ser los que dirigen la función y posiblemente no se den cuenta de que también están pisoteando sus sentimientos.

4

Cuando su jefe es arrogante

- **Los usurpadores**
- **Los que se llevan la fama**
- **Los bloqueadores**
- **Lista de comprobación
  para cuando desee ofrecer ideas
  y propuestas que no se le han solicitado**

Se cuenta una historia sobre el presidente de los EE.UU., Calvin Coolidge, que al despertarse de una siesta le preguntó en broma a su ayudante: «¿El país sigue estando ahí?». Hay jefes que creen, de verdad, que la empresa no puede ni respirar sin que ellos comprueben incesantemente todo lo que sucede y sin dar órdenes con frecuencia a los trabajadores.

Si el plan no es de ellos, no puede ser bueno. Interfieren en su trabajo discutiendo por cosas insignificantes y, si le dejan seguir adelante, le robarán el reconocimiento que se merece usted por sus esfuerzos. Estos jefes no tienen la intención de hacerle daño, pero en cualquier caso, usted se siente intimidado.

Para seguir con la relación necesita usted permanecer alerta y planificar las cosas cuidadosamente. Cuando los jefes presuntuosos o arribistas son agresivos y rápidos, eso no significa que no le estén escuchando. Lo más probable es que se estén moviendo a paso ligero y es posible que tenga usted que ponerse a trotar para estar a su altura. Además, es fácil malinterpretar, como si fuera una agresión, un comentario que únicamente tenía la intención de ser un aviso. En lugar de llegar a una conclusión que pueda estar equivocada, pregúntele al jefe si esa declaración tenía que entenderse como una respuesta definitiva y no se tome su arrogancia como algo personal. El que tiene el problema es el jefe, pero los dos pueden salir bien parados.

LOS USURPADORES

Los usurpadores son jefes microdirectores que no permiten que sus propios directores les dirijan.

Tienen tanto miedo a perder el control que su objetivo principal es tenerlo siempre. Pero su negativa a ceder y delegar el poder puede paralizar el funcionamiento de la empresa. A los subordinados a los que se les impide participar se les sigue haciendo responsables, pero su pensamiento no se tiene en cuenta, no pueden realizar las gestiones necesarias.

Los usurpadores toman todas y cada una de las decisiones y dictan cada procedimiento. La manera tan fuerte y contenida de llevar las riendas ahoga cualquier innovación posible e insulta la inteligencia de sus trabajadores. Si intenta usted argüir con ellos, le ultrajarán o le castigarán con horarios y cargas de trabajo terribles. A los usurpadores les molesta muchísimo que tenga usted razón porque creen que eso les hace quedar en mal lugar.

Lo que usted piensa

Puede que mi jefa *sepa* más que yo, pero no hay duda de que yo podría imaginarme lo que tengo que hacer sin su constante intromisión. Estoy resentido porque tiene poder sobre mí y me siento intimidado porque dependo de ella para mantener mi puesto de trabajo. Si me quedo quieto y sigo algunas de sus órdenes ocurrirá un desastre. No es que se me pida que haga algo ilegal o inmoral, sólo que creo que mi jefa se equivoca. Supongo que podría irme de la empresa, pero no quiero hacerlo. ¿Cómo puedo conseguir que ella se aparte y me deje vía libre?

Los pensamientos de un usurpador

No puedo permitir que mi gente se aparte del buen camino. Tengo que seguir insistiendo para que sigan mis órdenes al pie de la letra. Esto hace que recuerde que será mejor que vuelva a vigilar a Tania. Parecía estar haciendo algo por su cuenta, sigue discutiendo conmigo, pero ella no ve más que su parte del rompecabezas. No ve todo el cuadro y sus ideas no harían más que estropearme a mí las cosas.

ESTRATEGIA

Su objetivo es tener la última palabra respecto a la manera en que hace su trabajo y que le den la libertad que necesita para actuar bien.

1. *Cambie su enfoque.* Prepare lo que va a decir guiándose por las notas que tenga de las respuestas que su jefe haya dado en ocasiones anteriores. Puede estar en desacuerdo de una manera agradable sin decir: «No tiene usted razón.» En lugar de atacar las conclusiones de su jefe, siga el camino de «creo que es lo que más le interesa». Usted no quiere vengarse, lo que quiere es información y autoridad.

2. *Apele al deseo de parecer profesional.* Quedar bien delante de su grupo de colegas y con los de arriba es importante para los usurpadores. Simpatice con ellos y temple su inseguridad. Ayude a su jefe a quedar bien y quedará usted bien.

3. *Presente sus mejores ideas como si procedieran directa o indirectamente de su jefe.* Usted y su jefe son un equipo. Están trabajando juntos. Haga que el jefe tenga confianza en usted pidiéndole su aprobación cuando su propuesta no formaba parte de la responsabilidad que tienen delegada.

4. *Tenga informado a su jefe.* Entréguele los informes provisionales a su jefe antes de que se los pida. Cuando le ordene algo, preséntele un esbozo de lo que hará usted y cuándo. La pérdida de control asusta a los usurpadores, así que tiene usted que vigilar cada detalle, por pequeño que sea.

CONVERSACIÓN TÁCTICA

JEFE: *Tania, lo que pasa es que no te das cuenta de contra qué luchamos aquí.*

USTED: *Tiene razón, jefe, pero tal como nos explicó, usted está ansioso por que nuestro departamento muestre una tasa de crecimiento mayor que los demás departamentos.*

JEFE: *Sí, es cierto.*

USTED: *Esta propuesta nos ayudaría a hacerlo más deprisa y gastaríamos menos recursos. Yo me he limitado a modificar un poquito su idea.*

JEFE: *No, no. Hay demasiadas cosas que podrían ir mal. No puedo permitirme ninguna idea a medio hacer.*

USTED: *Yo entiendo que tiene usted que comprobarlo todo cuidadosamente a fin de alcanzar su objetivo. Así que aquí tiene un plan preciso. Indica lo que habré instalado en las fechas dadas y con cuánta frecuencia recibirá usted informes. Si lo prefiere puede ser más frecuentemente. ¿Tengo su conformidad para seguir adelante?*

JEFE.   *Tendré que pensarlo algo más.*

USTED: *Entonces volveré mañana. Creo que estará contento con los resultados que podemos obtener.*

> **Consejo:** Debe usted decidir cuáles son sus propias prioridades —como la seguridad financiera o progresar en su carrera— y qué puede hacer para conseguir el cambio que desea. Deje de hacerse trizas a sí mismo cuando esté convencido de que su jefe va en la dirección equivocada. Exponga su caso de una manera persuasiva y luego déjelo estar. Se trata de la decisión y de la responsabilidad del jefe. Si tiene razón y el jefe lo estropea, será él quien se enfrente a las consecuencias. Sea un buen soldado y siga las órdenes. Si la atmósfera se volviera tan insoportable que no puede usted tolerarla, empiece a buscar trabajo en otra parte.

LOS QUE SE LLEVAN LA FAMA

Son personas que se apropian presuntuosamente del reconocimiento que merece el trabajo que ha hecho usted.

Para ellos eso no es robar. Sólo están tomando lo que creen que en justicia les pertenece. Claro está que el que hizo el trabajo es usted y que no está recibiendo el reconocimiento que se merece, pero el jefe cree que es él quien se lo ha ganado.

Los que se llevan la fama son personas que están repletas de orgullo y que no están dispuestas a compartir nada. Ese aire presuntuoso y altanero de engreimiento proclama su creencia de que ellos son los únicos responsables de los resultados porque son los que tienen todo el control. Si usted les acusa (con mucho tacto claro está) de robarle el crédito, le prometerán que ya harán que le llegue algo de reconocimiento, pero tenga cuidado: las personas que están tan ávidas de conseguir el crédito acostumbran a ser altamente quisquillosas si se les critica.

Lo que está usted pensando

Mi proyecto tuvo un éxito increíble, pero es mi jefe quien se está llevando toda la gloria. Trabajé muy duro para sacarlo adelante y lo que hizo que funcionara fue mi precisa planificación y coordinación. Él no me ha reconocido ninguna de mis contribuciones. ¡Qué ingrato!

Los pensamientos de uno de esos que se llevan la fama

Yo le enseñé bien, así que quien realmente se merece los aplausos en este caso soy yo. Allané el camino con los demás departamentos para que tuviera el apoyo que necesitaba para hacer el trabajo. Él se limitó a hacer lo que yo le dije y el resultado fue aún mejor de lo que yo esperaba. ¡Vaya! Estas cifras quedarán divinamente en mi informe.

ESTRATEGIA

Aquí hay algo más en juego que simplemente la satisfacción de su ego. Conseguir que le aclamen como una persona que tiene buenas ideas y las lleva bien a la práctica es importante para el progreso de su carrera. Su objetivo es claro: Necesita conseguir que le reconozcan sus logros.

1. *Comparta el crédito y gane un amigo.* Esté dispuesto a repartir parte de las aclamaciones. En lugar de quejarse de que no se lo han reconocido, admita ante el jefe y cualquier otra persona que esté por ahí todo lo que pueda decir, legítimamente, que el jefe le ha enseñado. Gáneselo consiguiendo que él piense que los dos forman un equipo.

2. *Comparta los problemas y la forma en que los está manejando.* Mientras idea usted maneras de ser más visible para el jefe en cuestiones importantes, sea considerado con su tiempo y pida su opinión sin pedirle permiso.

3. *Documente sus procedimientos y logros.* Envíe a su jefe informes de progreso y copias a cualquier otra persona que pueda beneficiarse con su lectura. Coleccionar esta evidencia escrita tiene varias ventajas: muchas personas se enteran de sus esfuerzos, usted recibe el reconocimiento que se merece y además, tener este informe le ayudará a recordar sus hazañas durante negociaciones futuras.

CONVERSACIÓN TÁCTICA

USTED: *(Compartiendo el crédito.) Jefe, aprecio muchísimo todo lo que he aprendido de usted. Esa técnica para procesar los informes de un modo más rápido que me enseñó me ha ayudado a reducir en una semana el tiempo del proyecto.*

O: *(Compartiendo los problemas.) Jefe, quiero asegurarme de que estoy procediendo de la manera que usted quiere. ¿Qué le parece esto? ¿Qué piensa de...?*

> **Consejo:** Para hacer que su jefe pase de robarle las alabanzas a pregonarlas en voz alta, siga diciéndole lo mucho que él le ayuda. Su jefe necesita un impulso extra que satisfaga su codicia y necesidad de reconocimiento, pero ninguno de los dos podría alcanzar sólo el éxito. O sea que son ambos los que se merecen la distinción.

LOS BLOQUEADORES

Los bloqueadores promueven y adelantan sus ideas y obstaculizan aquellas que no son suyas.

Si se trata de su idea, ésta tiene un potencial enorme; si es de otra persona, la hacen pedazos. Los jefes bloqueadores no son en absoluto razonables en la manera en que no están de acuerdo o se oponen a lo que esté usted sugiriendo. No quieren delegar la función de pensar en cualquier otra persona del departamento y si se atreve usted a sugerir un pensamiento original, notará cómo le cuelgan la etiqueta de «perturbador y alborotador».

Usted desea que su jefe haga planes con usted y no para usted. Si los procedimientos para mejorar el funcionamiento del negocio son tan obvios, ¿por qué el jefe no quiere oír ninguna de sus sugerencias? Tiene usted la sensación de que a él le molesta su intervención. Es cierto.

Lo que está usted pensando

He comprobado y vuelto a comprobar mis cifras y sé que es una idea fantástica. ¿Por qué no es capaz de verlo? ¿Por qué es tan autoritario con respecto a seguir con el viejo procedimiento? Ni una mosca se atreve a volar por aquí a menos que sea el jefe el que la haya hecho entrar.

Los pensamientos de un bloqueador

Esos cabezas de chorlito creen que lo saben todo, pero no tienen ni idea del caos que había aquí antes de que yo lo organizara todo. Me pasé meses perfeccionando ese procedimiento y ahora están intentando deshacer mi buen trabajo.

ESTRATEGIA

Su objetivo es conseguir que sus ideas se tomen en consideración de una manera objetiva y sin convertir a su jefe en su antagonista. Es un buen momento para pasar revista a la manera en que le presenta usted al jefe sus recomendaciones. He aquí una breve lista de comprobación. ¿Obtiene una buena puntuación?

LISTA DE COMPROBACIÓN PARA CUANDO DESEE OFRECER IDEAS Y PROPUESTAS QUE NO SE LE HAN SOLICITADO

❑ ¿Está dándole sugerencias al jefe para que las tenga en cuenta o está exigiendo cambios? Todo lo que puede esperar es que su idea sea tenida en cuenta; determinar el valor de la sugerencia es algo que le corresponde al jefe.

❑ ¿Le da al jefe un papel en el desarrollo de su idea? Diga que se trata de un desarrollo de algo que él o ella dijeron la semana pasada, o que la idea se le ocurrió a usted esta mañana cuando él estaba hablando de la necesidad de aumentar la productividad. Se consigue que el jefe le escuche manifestando que le ha escuchado usted también.

❑ Antes de abordarle, ¿le pregunta al jefe si tiene unos minutos para hablar con usted? Si no lo hace, puede pillarle en un mal momento. Si sabe que puede conseguir apoyo de sus colegas, y la atmósfera en las reuniones de personal es abierta y libre, presente la cuestión al resto del grupo.

❑ Antes de hablar ¿ha puesto sus pensamientos sobre papel? Si se va por las ramas no hará más que desperdiciar el tiempo de su jefe. Sea claro como el agua y agudice los puntos principales.

❑ ¿Trata usted de los inconvenientes así como de los beneficios? Esto es especialmente importante cuando se trata de invertir tiempo, dinero y otros recursos. Cuando prepare una propuesta, preste mucha atención a cualquier cosa que el jefe diga sobre el tema. Utilice preguntas para conseguir que su jefe vuelva a manifestar una postura. Amplíe su idea con maneras de poner en práctica la posición del jefe.

❑ ¿Es usted capaz de defender su plan si se lo destrozan? Mientras el jefe esté hablando, tome notas de lo que usted considera que son objeciones legítimas. Cuando vuelva a hablar responda primero a las críticas válidas, ignore el resto y luego siga adelante con otros puntos positivos.

❑ ¿Hizo usted sus deberes? ¿Es posible que esa idea suya tan fantástica ya hubiera sido tenida en cuenta y rechazada? La regulación que usted quiere cambiar ¿es posible que fuera una que presentó su jefe? Protéjase. Pregunte qué experiencia ha tenido su jefe con esta clase de cosas y si él o ella fueron los autores de la regulación, pregunte de qué forma ha cambiado la situación y qué es lo que puede ser ahora necesario para enfrentarse a esos cambios.

❑ ¿Está su plan en sincronía con el estilo agresivo que el jefe se adjudica a sí mismo? Si su frase favorita es «Tienes que pillarles antes de que ellos te pillen» tenga mucho cuidado con las sugerencias que pueden molestar al jefe, porque a él o ella debería habérseles ocurrido la idea y no ha sido así.

❑ ¿Le pregunta al jefe cuánto tardará en tomar una decisión? Deje la puerta abierta enterándose de cuándo debe volver a preguntar.

❑ ¿Le da usted tiempo al nuevo jefe para que tome la medida a la empresa y al departamento? Cuando el jefe no se siente al mando puede que haga un esfuerzo para que parezca que se siente confiado, rechazando todas sus sugerencias y las de sus colegas. No diga nada todavía ya que, una vez que los nuevos jefes saben dónde se encuentran, es posible que ya no tenga ningún problema.

Cuando los jefes arrogantes están llenos de orgullo, usted puede ir bajándoles los humos gradualmente sin que se den cuenta. Trabaje con ellos y no pele. A medida que vayan teniendo más éxitos juntos, el jefe tendrá más confianza en sí mismo y en usted, y sentirá menos necesidad de fanfarronear, de robarle el reconocimiento, o de aferrarse a procedimientos anticuados.

5

Cuando los arrogantes son sus colegas

- **Los gorrones**
- **Los arietes**
- **Los fanáticos**
- **Los competidores**

Estos colegas agresivos y presuntuosos comparten con los jefes del mismo tipo una arrogancia y un orgullo absolutamente inmerecido. Si no afecta a su trabajo, puede usted ignorarles o evitarles.

Pero resulta que su comportamiento sí que interfiere, porque en cierto modo están intentando tener algún control sobre usted. La fricción hace que salten chispas. Dominan las discusiones y conversaciones en grupo ahogando nuestras mejores soluciones en potencia.

No pararán de importunarle respecto a cómo mejorar la manera en que dirige usted su propia unidad y crean una tensión constante del tipo «nosotros contra ellos». Cuando intentan dominar la situación, sus malos modales le avergüenzan a usted delante de amigos, desconocidos y clientes.

LOS GORRONES

Los gorrones le absorben, aprovechándose de su buen carácter y su renuencia a pararle los pies a la gente.

No se da cuenta de que se están aprovechando de usted hasta que nota que existe un patrón en su comportamiento. Por ejemplo, acostumbran a pedir dinero prestado sin intención evidente de devolverlo. En un restaurante piden siempre lo más caro sabiendo que usted dividirá la cuenta por la mitad.

Usted no desea enfrentarse a los gorrones creándose enemigos en el trabajo o pareciendo que es un avaro miserable que escatima hasta los céntimos. Pero, por otro lado, usted sabe que debería poner freno a esas imposiciones y que no debería alentar las malas costumbres que impulsan a los gorrones.

Lo que está usted pensando

Quizás Alberto crea que estoy forrada porque visto bien, cuando en realidad soy una especie de maga de las rebajas y los departamentos de oportunidades de los grandes almacenes. Yo distribuyo mi dinero con mucho cuidado y dedico una cantidad fija para diversiones y para salir a comer fuera. Alberto nunca llega a final de mes y me pide dinero para comer, el cual nunca me devuelve. Pero ¿cómo puedo negarme? Lo que realmente me saca de mis casillas es la cena de final de semana de todo el equipo. Yo pido lo que puedo permitirme, pero Alberto y unos cuantos más se ponen morados con la comida y las bebidas. Luego llega la cuenta, alguien la divide en partes iguales entre todos y resulta que a mí me castigan con parte de lo que ellos se han permitido ¡cuando todo lo que yo he tomado ha sido pasta y ensalada!

Los pensamientos de un gorrón

Elena es una buena persona. Con todo el dinero que seguramente ganan ella y su marido, no echará en falta unos cuantos billetes. La política de la empresa es no divulgar cuál es el sueldo de la gente, pero estoy seguro de que no me pagan lo suficiente por el trabajo que hago. Así que si me aprovecho de unos cuantos de mis compañeros sólo es porque estoy seguro de que pueden permitírselo.

ESTRATEGIA

Su objetivo es conservar las amistades que ha hecho entre su colegas al tiempo que sigue manteniendo sus propios valores.

1. *Prepare una negativa amable.* Combínelo con la prestación de una clase de apoyo diferente. Ofrezca a los gorrones elaborarles un presupuesto con el que puedan vivir.

2. *Apodérese usted de la cuenta del restaurante.* Haga números y diga a cada persona lo que debe. De este modo los gorrones ya no se aprovecharán más de usted.

3. *Hable claro antes de que nadie pida la comida.* Si son demasiados para pedir cuentas separadas, anuncie que usted tiene que atenerse a un presupuesto y verá cómo la tratan con respeto en lugar de con desdén. Además, es probable que también se entere de que la mayoría piensa lo mismo que usted, pero les daba demasiada vergüenza decir nada.

CONVERSACIÓN TÁCTICA

ALBERTO: *Elena, me estoy quedando sin dinero. ¿Podrías prestarme diez euros hasta mañana?*

USTED: *Lo siento mucho, Alberto, pero esta semana no dispongo de ningún dinero extra. Oye, parece que tienes siempre el mismo problema y como soy bastante buena en matemáticas si quieres te puedo ayudar. Me encantaría que intentáramos averiguar la manera de estirar tu sueldo para que te llegue.*

O: *(En el restaurante) Mirad, chicos, a mí me encanta cenar con todos vosotros, pero tengo que deciros que me he impuesto un presupuesto estricto. Ya no puedo pagar a partes iguales, pero me ofrezco voluntaria para tomar la cuenta y decirle a cada uno lo que debe según lo que haya tomado. ¿Estáis todos de acuerdo?*

> **Consejo:** Mientras esté usted dispuesto a soportar que vivan a costa suya, los gorrones seguirán chupándole el dinero y si se descuida hasta la sangre. Su comportamiento es arrogante y egoísta, pero tienen la cara muy dura y el rechazo, la repulsa o el desaire resbalará sin afectarles.

LOS ARIETES

Los arietes aplastan a la oposición haciendo que usted acepte, a la fuerza, sus opiniones.

Están tan convencidos de que su manera es la mejor que se sienten determinados y decididos a conseguir que se haga así a toda costa. Se supone que usted juega en el mismo equipo, pero si se interpone en su camino pagará por ello, es decir, que intentarán destruirle e invadirán su terreno con un empuje aplastante y absolutamente a propósito.

En ocasiones, un mal sistema permite que los arietes se salgan con la suya con sus intentos de invasión y usurpación. Es posible que los encargos no quedaran claros y los trabajadores crean que se les han usurpado ciertas prerrogativas. O, tal vez, en ocasiones, al formular un proyecto se vea usted en un aprieto cuando su jefe divide la autoridad para tomar decisiones a partes iguales entre dos ayudantes. A menos que usted y el otro compañero se caigan simpáticos de verdad, es de esperar que ambos se pasarán el tiempo intentando ponerle la zancadilla al otro.

Lo que está usted pensando

Desde que a Erica la nombraron presidenta del campeonato de atletismo que nuestra empresa patrocina se ha vuelto muy difícil. Quería reunirme con ella para comentarle varias ideas, pero ya ha decidido por su cuenta que va a hacer su trabajo y el mío también. No puedo permitirlo porque meterá la pata en las cuestiones de las que soy responsable y me echarán a mí la culpa. Por otro lado, si tengo que pedirle al jefe que le llame la atención voy a parecer débil.

Los pensamientos de un ariete

Soy la directora del campeonato y por lo tanto, debería tomar la decisión final en todos los aspectos del acontecimiento. No puedo permitir que el director de comunicaciones se ocupe de la publicidad. No tiene ni idea de lo que yo quiero conseguir y, además, no lo considerará una prioridad. Tengo que conseguir que se aparte de mi camino.

ESTRATEGIA

Su objetivo es llevar a cabo las tareas de las que es responsable, apagando las pequeñas chispas antes de que todo comience a arder.

1. *Cuando alguien intente arrollarle ciérrese en banda con tacto, pero con absoluta firmeza.* Si permite que le atropellen no va a poder sobrevivir. Sin manifestar emoción alguna dé la cara y enfréntese al ariete, al tiempo que le enseña que puede ayudarle a conseguir lo que de verdad quiere.

2. *Cuando la culpa sea, por lo menos en parte, del sistema hágaselo ver a su jefe.* Sugiera de qué forma podría ayudar la reestructuración. Cuando us-

ted y unos cuantos compañeros de trabajo, que tienen cada uno su propio terreno, tengan que trabajar en una actividad conjunta en la que parece que la responsabilidad y la autoridad se solapen, sugiera que el director del proyecto sea un administrativo de más alto nivel.

CONVERSACIÓN TÁCTICA

USTED: *Erica, el jefe nos ha pedido a los dos que trabajemos en este torneo y sé que los dos queremos tener éxito. Así que seamos claros respecto a lo que estamos haciendo. Tal como yo lo veo, te corresponde a ti como presidente del proyecto decidir qué información debe ser facilitada a los medios de comunicación. ¿Estás de acuerdo?*

Y mi trabajo es el de ayudarte a confeccionar los mensajes que quieres, contactando con las fuentes que tengo en los medios y organizando entrevistas, historias y demás. También tengo que tenerte puntualmente informada y coordinarme con tu calendario. ¿Verdad? ¿Te parece bien si comienzas por decirme la manera en que este acontecimiento...?

> **Consejo:** Cuando el ariete intente obligarle a cumplir o a soportar un procedimiento que ponga en peligro su posición, no puede usted permitir que no hagan caso de su autoridad. Pero si se enfrenta a esa persona es probable que salga perdiendo, así que permanezca en calma mientras observa su mentalidad de «reinar o morir». Luego, fríamente y manifestando su espíritu de cooperación, sugiera un enfoque profesional. Ahora no es el momento de ser pusilánime.

LOS FANÁTICOS

Son personas que se comprometen sin tener en cuenta ni sopesar todas las consideraciones.

Son colegas presuntuosos o agresivos que permiten que su intenso entusiasmo venza a su razón. Se excitan tanto con una idea que se llenan de fervor, proclamando apasionadamente sus méritos. Desgraciadamente, también son personas que actúan guiados por reflejos automáticos, manifestando desbordantemente su apoyo más vigoroso sin saber exactamente qué es lo que esperan alcanzar y, en consecuencia, no tienen un sentido claro de la dirección. Al estar abrumados por su propio celo, se muestran positivos de una forma absolutamente irreal porque reaccionan sin pensar en las consecuencias. Esa seguridad suya de que tienen razón se ha convertido en una emoción tan apremiante que resulta difícil hacerles volver a la realidad.

Lo que está usted pensando

José es un verdadero maestro en ser el que siempre habla, arengando y monopolizando continuamente todas las conversaciones, con lo que no consigue otra cosa que desperdiciar el tiempo y la energía de todo el equipo. Sus discursos, tan animados pero completamente irrazonables, nos apartan de nuestros objetivos, pero todos nos quedamos sentados como burros, aguantando lo que dice, aun a pesar de no estar de acuerdo con él. Hemos probado a hacerle algunas observaciones irónicas, pero sutiles, y no le afectan en absoluto. Dudo mucho que unos insultos manifiestos consiguieran hacerle callar. ¿Qué más podemos intentar?

Los pensamientos de un fanático

El nuevo sistema que estoy proponiendo haría que nuestro departamento estuviera por delante de todos los demás. Me apuesto cualquier cosa a que escribirían un gran artículo sobre nosotros en el boletín de la empresa y luego saldríamos en los medios de comunicación nacionales, y quién sabe adónde podría llevarnos eso. Tal vez seremos los nuevos líderes en este área y bien sabe Dios que nuestra industria está pidiendo a gritos un sistema mejor y factible.

ESTRATEGIA

Su objetivo es conseguir que el fanático vaya en otra dirección a fin de poder volver a conversar tranquilamente y sin contratiempos.

1. *Usted y sus colegas deben hacerle frente y hablar claro.* Sin ser insultantes, de una manera agradable y nada agresiva, vayan pidiendo por turnos a los fanáticos que interpreten lo que están diciendo y que expliquen con más detalles lo que se logrará concretamente.

2. *Presiónenles para conseguir detalles como, por ejemplo, en qué se diferencia su postura de otra.* Sin atacar sus opiniones, oblíguenles a defender sus puntos de vista.

CONVERSACIÓN TÁCTICA

(Usted y sus colegas le bombardean incesantemente.)

José, ¿qué empresas dices que han tenido éxito con una experiencia igual que ésta?

¿Qué clase, o clases, concretas de nueva información pudieron conseguir?

¿Cuáles fueron los costes exactos del período inicial de seis meses?

Además del retraso en la formación, ¿a qué otros problemas se enfrentaron?

> **Consejo:** Si se juntan todos ustedes y deciden dejar de comprar lo que están vendiendo los fanáticos, les obligarán a estar mejor preparados en su próximo intento.

LOS COMPETIDORES

Los competidores tienen obligatoriamente que superar a todo el mundo, convirtiendo la competencia o el debate más sencillo en una rivalidad.

Algunos colegas agresivos o presuntuosos llevan la competencia más allá del propósito inicial. No sólo deben vencer en los combates normales —como las competiciones de ventas—, sino que también intentan convertir la mayoría de las tareas en un choque o enfrentamiento sólo por el «premio» de ser los primeros, es decir, por ganar.

Es posible que estén ustedes realizando una sesión de *brainstorming* en la que todo el mundo ofrece posibilidades y únicamente los competidores se tomarán como un rechazo personal el que sus ideas no sean aceptadas. Si les niega el aplauso que buscan y que están convencidos de que se merecen pueden convertirse en su enemigo.

Usted ni siquiera se había enterado de la existencia de un concurso y mucho menos de que usted estuviera participando en él, mientras que los competidores se sienten obligados a ganar en todo aquello que hagan con usted, les cueste lo que les cueste. En su interior, tienen miedo de no ser realmente excelentes y, por lo tanto, se sienten obligados a demostrarse a sí mismos y a usted que son superiores. Soportan la carga innecesaria del temor a no poder seguir siendo el mejor. Cuando ganan es como si fueran los reyes del mundo, pero se sienten abatidos, desalentados y deprimidos cuando no es así. Todo esto hace que se encuentre usted en una situación perpetuamente tensa.

Lo que está usted pensando

Deberíamos estar reuniendo nuestras ideas a fin de desarrollar un procedimiento más rápido. Me gustaría enfrentar mi ingenio con el de Elisa porque ella me hace justificar mis razonamientos, pero lo está convirtiendo en una especie de rivalidad a fin de quedar estupendamente bien. Está intentando conseguir que yo diga que estoy equivocada porque no hago las cosas a su manera. Supongo que se debe pasar toda la noche sin dormir ideando cosas para quedar mucho mejor que yo ante el resto.

Los pensamientos de una competidora

¿Por qué he tenido que avergonzarme a mí misma de ese modo? Si hubiera trabajado un poco más podría haber ideado un plan ganador. Yo sé que puedo ganarles pensando, pero siguen rechazándome porque no quieren admitir que soy más lista que ellos. Mis compañeros de trabajo simulan ser amigos míos, pero lo único que hacen es ser un obstáculo en mi camino hacia el ascenso. Tengo que trabajar más para adelantarlos.

ESTRATEGIA

Su objetivo es ayudar a restaurar un clima amigable a fin de que pueda disfrutar de su trabajo sin sentir en la nuca el hálito ardiente de la hostilidad.

1. *Sea profesional e indulgente.* Dé a los competidores el respeto y el reconocimiento que ellos persiguen desesperadamente. Demuéstreles, de un modo profesional, que quiere que sean amigos a pesar de que le rechacen. Permita que se sientan importantes para que no tengan que atropellarle para poder así elevar su autoestima.

2. *Explique el valor de la síntesis.* El todo (el producto resultante o resultado) es mayor que la suma de las partes, porque cuando ustedes comparten sus pensamientos y extraen los mejores de cada uno forman una combinación nueva y más valiosa.

3. *Sea honrado a la hora de aceptar y otorgar reconocimiento.* Usted quiere el crédito que merece su trabajo y los competidores deberían recibir el que merecen por el suyo. No permita que digan que los esfuerzos que ha hecho usted o los esfuerzos conjuntos son logros suyos, o sea que se apropien del mérito ajeno. Concéntrese en su tarea y no en vengarse por medio de trucos sucios o puñaladas traperas.

4. *Sea franco y directo.* Si va a competir por una vacante en un puesto de trabajo o por un encargo que usted sabe que sus colegas esperan conseguir, dígaselo. De todos modos se van a enterar ya que si, por ejemplo, habla usted con el director de personal, todo el mundo en la oficina lo sabrá antes de que haya tenido tiempo de volver a su mesa. Cuando termine la competición, gane quien gane, haga lo necesario para solucionar cualquier desavenencia. Pueden seguir siendo rivales amistosos porque le aseguro que a nadie le hacen falta enemigos acérrimos.

CONVERSACIÓN TÁCTICA

USTED: *Vaya, eso es algo en lo que no habíamos pensado y ya veo dónde podríamos utilizarlo. ¿Qué te parecería si combináramos tu sugerencia con la de Alfredo? ¿No sería una fuerza mayor para...?*

O: *No tengo inconveniente en que nos reunamos para debatir nuestras diferencias...*

O: *Lo hiciste bien y espero que lo consigas la próxima vez. Dime si te puedo ayudar en algo.*

O: *Felicidades. Sé que harás un trabajo estupendo.*

> **Consejo:** Si su propio ego está intacto, puede permitirse ser generoso. Proporcionar a los competidores la tranquilidad que necesitan mientras usted se espolea para llegar a una creatividad mayor, enfrentando su ingenio con alguna otra persona que esté buscando una manera mejor de hacer lo que tienen entre manos.

Con colegas presuntuosos o agresivos, lo que está usted intentando desbaratar no es su orgullo sino sólo su influencia. No tiene que bajarles los humos a estos tipos, pero lo que sí tiene que hacer es ayudarles a tomar una nueva dirección si quiere que en la oficina vuelva a haber una atmósfera sana.

6

Cuando los arrogantes
son sus subordinados

- • **Los que adaptan las normas a su conveniencia**
- • **Los que forman un clan**
- • **Los comandantes**

Dirigir a trabajadores presuntuosos o agresivos —subordinados que están al borde de ser insubordinados— puede ser difícil. Tal vez sean excesivamente ansiosos y no les importa nada si atropellan o tratan sin consideración a alguno o a todos los demás. O es posible que estén buscando algo de lo que usted no les da lo suficiente, o sea, una posibilidad de manifestar su pensamiento en temas que conciernen a su trabajo. A pesar de que usted está en su derecho y es su responsabidad tomar las decisiones, tal vez pueda ayudar a crear un espíritu de grupo si les pide sugerencias a ellos.

Tenga también en cuenta que unos trabajadores atrevidos y que no tienen pelos en la lengua pueden estar manifestando lo que los más comedidos están pensando y no se atreven a decir. Quizá debería programar reuniones periódicas de personal en las que se anime a toda su gente a que hable francamente sobre los problemas y temas vitales. Tal vez deba usted relajarse y dejar que los miembros del grupo se expliquen en estas reuniones.

Por otro lado, es posible que esté usted avanzando en una buena dirección en cuanto a motivación y siga teniendo que enfrentarse a alborotadores individuales. Se trata de personas arrogantes, presuntuosas o agresivas que hacen caso omiso de los procedimientos y de los precedentes, y cuyo objetivo no es otro que ejercer el poder, ya sea solos o por medio de pequeñas pandillas o camarillas.

LOS QUE ADAPTAN LAS NORMAS A SU CONVENIENCIA

Estas personas toman atajos, traspasando el límite de lo que es aceptable.

No va a necesitar una orden de busca y captura para encontrar a estos rebeldes ya que no se esconden y podrá verles a simple vista. En su entusiasmo por conseguir que se haga algo, estos subordinados adaptan o doblegan las normas casi hasta el punto de ruptura o actúan sin autorización y van creando sus propias reglas a medida que progresan. No les importa nada de quién sea el terreno en que se meten y arrollan como una apisonadora, y les da igual mostrarse ofensivos tanto con los jefes como con los colegas.

Algunos llegarán a amenazarle exigiendo que cambie los procedimientos o no harán aquello que usted quiere desesperadamente. Se encontrará con que su espíritu y el respeto que se tiene a sí mismo se convierten en rehenes de esas personas cuando intenta que comprendan la importancia de seguir sus directivas y que se lleven bien con los demás.

Lo que está usted pensando

Ya sé que Ricardo obtiene buenos resultados, pero establecimos estas reglas por muy buenos motivos. Si las ignoro en el caso de Ricardo, tendré problemas con mi jefe así como con el resto de personal a mis órdenes. Tengo que saber y aprobar lo que Ricardo va a hacer antes de que actúe y no después de haberlo hecho. Tampoco puedo permitir que destroce la moral de los demás trabajadores. ¿Cómo puedo conseguir meterle en cintura?

Los pensamientos de uno de los que adaptan las normas a su conveniencia

No puedo permitir que me inmovilicen con sus estúpidas restricciones. Si espero a que me den la aprobación me perderé esta oportunidad de oro y cuando el jefe se entere, ¿qué es lo que va a hacer?, ¿despedirme? Claro que no, me necesita demasiado para eso. Dará saltos de alegría con el resultado y yo sé lo que hay que hacer. Es la única manera de que funcione. Luego ya me ocuparé del asunto de esas estúpidas restricciones.

ESTRATEGIA

Sus objetivos son conseguir que esas personas que adaptan las reglas a su conveniencia obtengan permiso antes de que intenten actuar de algún modo que no está autorizado y, además, siempre que sea posible, mantener el entusiasmo y la productividad de las personas dinámicas.

1. *Vuelva a establecer unas reglas universales y aténgase a ellas.* Si juega usted con diferentes reglas para ciertos jugadores, está dando lugar a una moral baja, posibles sabotajes e incluso un motín declarado.

2. *Hable cara a cara con los que adaptan las reglas a su conveniencia.* Recálqueles que: *a)* No cumplir las reglas es un problema grave para ellos, detallándoles las consecuencias. *b)* Les toca a ellos acatar las reglas y por lo tanto, es responsabilidad suya. Consiga además que le digan qué es, exactamente, lo que van a hacer para cambiar su patrón de conducta. *c)* Su comportamiento es el centro de la conversación, es decir, qué es aceptable y qué no lo es. Alabe lo que hagan bien, pero no permita que se salgan con la suya diciendo que sus fines justifican sus medios.

3. *Realice un seguimiento con feedback.* Sea concreto en sus sugerencias. Es de esperar que pueda decirles lo bien que lo están haciendo, reconociendo cualquier mejora y ofreciendo más sugerencias.

CONVERSACIÓN TÁCTICA

USTED: *Ricardo, ya sé que los tratos que has estado haciendo nos han permitido ampliar la empresa, pero tenemos un procedimiento de licitación que nos exige la ley. Si no lo sigues te enfrentarás a problemas importantes, concretamente... ¿Qué tienes intención de hacer para poder evitar cualquier problema futuro?*

RICARDO: *Jefe, ¿se da usted cuenta de dónde estaría hoy en día esta organización si yo no hubiera dado la conformidad a los contratos con...?*

USTED: *Esa no es la cuestión, Ricardo. Estamos hablando de que no hay manera de que sigas un procedimiento obligatorio, lo cual puede acarrearnos montones de problemas. Si sigues haciendo eso, por muy maravillosos que sean los resultados no podremos permitirnos que sigas con nosotros. Te estoy diciendo, lisa y llanamente, que lo que está en peligro es tu trabajo. Ahora, ¿qué es lo que tienes intención de hacer para conservar el empleo?*

> **Consejo:** Sea constante en la aplicación de sus regulaciones y a la hora de esperar que los demás las cumplan. Si los procedimientos necesitan ser modificados, cámbielos. Si concede privilegios especiales a esas personas que siempre adaptan las normas a su conveniencia, es de esperar que los demás trabajadores crean que no hay por qué molestarse en intentar cumplirlas y se evaporará cualquier parecido que pudiera existir con un espíritu de equipo.

LOS QUE FORMAN UN CLAN

Estas personas ejercen el poder formando una camarilla y actuando siempre juntos.

No se trata de trabajadores que se limitan a disfrutar de la compañía de los demás y que parecen preferir formar parte del mismo grupo. No estamos hablando de personas a las que les gusta sentarse al lado de otras en las reuniones o que siempre van a comer juntos. Hay personas que, sencillamente, disfrutan estando en un grupo por la comodidad que les proporciona. Déjeles estar porque no representan amenaza alguna para usted.

Los que forman un clan, en cambio, son trabajadores que se juntan para encrespar los ánimos y levantar ampollas en su piel y que, además, intentan trastocar y derruir la cadena de mando. Embisten y acometen a cualquiera para conseguir lo que quieren (o lo que el líder de su banda les ha dicho que quieren), pero no se basan en la importancia del tema, sino en el poder que perciben que pueden ejercer. Cuando crean que pueden influir o amenazar sus decisiones por el mero peso de su número, la pandilla atacará en grupo.

Lo que está usted pensando

Este grupo puede ser un problema importante. Me están presionando para que cambie de opinión, pero como soy el único al que considerarán responsable tengo que ser libre para tomar las decisiones finales. Tengo que hacer algo para reducir al mínimo su influencia, pero si notan que estoy intentando separarles no haré más que reforzar su resolución. Tengo que hablar con Pablo, su líder.

Los pensamientos de uno de los que forman un clan

Tenemos al jefe precisamente donde lo queríamos. Ahora tendrá que aceptar lo que nosotros queremos porque no sabe de qué manera le devolveremos el golpe.

ESTRATEGIA

Su objetivo es mantener el control de su organización. Un ataque frontal directo no haría más que conseguir que su defensa fuera más sólida, así que sus tácticas tendrán que ser más conciliadoras.

1. *Gánese al cabecilla.* Pídale ayuda en ciertos temas y de un modo muy concreto, y luego demuéstrele que aprecia muchísimo sus esfuerzos. Cuanto más convencido esté de que cuenta con su apoyo, menos planes necesitará hacer con su clan.

2. *Refuerce individualmente los componentes del clan.* Mejore sus comunicaciones internas. Proporcione a sus trabajadores oportunidades frecuentes y gratificantes de hablar alto y claro y apoye la confianza de todos y cada uno. Prepare a los que necesitan ayuda o aliento.

3. *Disuelva las pandillas amenazadoras sin mencionarlo.* Distribuya a sus componentes en tareas que no estén relacionadas, pero que sean las más adecuadas a las capacidades de cada individuo y que exijan, preferiblemente, que el trabajo se realice en lugares diferentes. Haga que acudan al trabajo y vayan a comer a horas diferentes.

4. *Utilice a las pandillas en proyectos que requieran el esfuerzo conjunto de varias personas que trabajen bien juntas.* Esto le será de gran ayuda cuando tenga que cumplir un plazo límite urgente.

CONVERSACIÓN TÁCTICA

USTED: *Pablo, tengo un pequeño problema y necesito que me ayudes. ¿Podrías reunir a cuatro personas más en mi oficina dentro de media hora? Nos acaban de pedir que recopilemos algunas estadísticas nuevas antes de acabar el día.*

O: *Juana, te voy a enviar a la oficina del distrito. Necesitan a alguien que tenga tu capacidad y habilidad de coordinación...*

> **Consejo:** No aplaste a la pandilla. Utilícela si puede y si no, disuélvala de manera tranquila, silenciosa y profesional.

LOS COMANDANTES

Los comandantes son gente muy autoritaria que sin tener autoridad alguna son muy mandones con sus colegas.

Ya es bastante malo que esos subordinados agresivos o presuntuosos intenten apoderarse de su trabajo, pero al sobrepasar sus límites no hacen otra cosa que pisar a todo el mundo con sus botas de dictador y utilizan sus mesas como puestos de mando desde los que dirigir las operaciones. Los comandantes no pueden formar parte de la tropa, tienen que emitir ellos las órdenes.

A pesar de que trabajan muy bien, los comandantes se muestran ofensivamente impacientes con aquellos que se mueven a un ritmo más lento. Usted ya ha sido testigo de su actitud condescendiente cuando hablan con sus colegas o sobre ellos. A la hora de criticar a sus compañeros de trabajo son agresivos, desprecian sus esfuerzos o les dicen de qué manera deberían hacer su trabajo. No es, pues, de extrañar que siempre que el nombre de algún comandante salga a relucir durante una conversación, también haga su aparición un lenguaje corporal negativo.

Lo que está usted pensando

¿Qué voy a hacer con Clara? Su trabajo es excelente y además es rápida, incluso puede que demasiado rápida para el resto. Es tan dominante como un general fascista y esos modales dominantes la están enfrentado con todo el mundo. Tengo que hacer que vaya más despacio y enseñarle a tener algo de tacto antes de que tengamos un problema grave de moral. Clara tiene muchísimo talento y podríamos utilizarlo muy bien, siempre y cuando consiga ayudarla a controlar su agresividad.

Los pensamientos de un comandante

He hecho un trabajo fantástico y seguramente he establecido alguna especie de récord de tiempo. Hay que ver cómo se puso Eduardo cuando le dije que no importaba cuánta gente le hubiera encargado algo antes que yo porque necesitaba lo que yo le ordenaba en ese preciso momento. Tengo cosas que hacer y no voy a permitir que esos colegas medio bobos me lo impidan o me retrasen.

ESTRATEGIA

Su objetivo es salvar el alto nivel de talento, energía y productividad del o de los comandantes, pero al mismo tiempo, enseñarles a llevarse mejor con sus colegas. Tienen que comprender que aprender a tratar con la gente es esencial para que ellos tengan éxito y que usted quiere ayudarles.

1. *Deles el reconocimiento que se merecen.* Reconozca públicamente su buen trabajo y, en privado, indíqueles maneras concretas de mejorarlo.

2. *Facilíteles todas las oportunidades posibles de brillar.* Encárgueles trabajos que sean un reto y que, por lo tanto, hagan buen efecto en su currículum. Anímeles a que le cuenten las ideas que tengan respecto a proyectos especiales que quieran desarrollar.

3. *Enséñeles a hablar con la gente de manera que sus palabras sean bien recibidas.* Explíqueles claramente la diferencia que hay entre ser ofensivo o insultante y expresar entusiasmo de una manera positiva que haga que los demás también se emocionen.

4. *Pida la ayuda de aquellos que se quejan de la conducta de un comandante.* Sugiérales que utilicen las reuniones de personal para exigir que se defina el problema que tiene el grupo respecto a las nada claras líneas de autoridad. Sin que nadie señale directamente al acusado, o sea al comandante, éste también podrá manifestar su opinión, pero notará, de una manera definitiva, la presión del grupo. El papel de usted consistirá en ocuparse de que la pelea sea educada.

CONVERSACIÓN TÁCTICA

USTED: *Clara, tu informe me pareció tan bueno que lo hice circular para que los demás directores de división lo tuvieran en cuenta. Eres muy clara en cuanto a tus objetivos de trabajo, pero necesitas añadir otro objetivo si es que quieres llegar a lo más alto: conseguir la cooperación de tus colegas y de tu personal. Confeccionemos un plan y un calendario, del mismo modo que lo hacemos con cualquier objetivo de dirección. Dentro de unas semanas volveremos a hablar del tema y confío plenamente en que podrás informarme de algunos cambios importantes.*

Consejo: No se sorprenda al ver la gran rapidez con que sus comandantes se convierten en buenos soldados. Son personas brillantes y trabajadoras que aprenden con rapidez y que probablemente están acostumbradas a conseguir demasiadas cosas, por lo que necesitan un desafío. Una vez que haya usted tratado el problema de la «gente» del mismo modo en que lo haría con un problema de negocios (tenerlo establecido de forma clara, unos objetivos mensurables divididos en pasos y marcos temporales), casi correrán más que su propio calendario.

Muchos de los subordinados presuntuosos y agresivos están intentando llamar su atención violando e invadiendo su territorio. Por lo tanto, puede usted recuperar el control y mantener sus buenos atributos (energía, entusiasmo, eficiencia y productividad) al mismo tiempo que les enseña a cumplir sus reglas o a ser más amables con sus compañeros de trabajo.

Si los trabajadores se muestran agresivos al ofrecerle voluntariamente unas propuestas que no se les han solicitado, agradézcales su interés. No deje pasar de largo una potencial mina de oro cuando todo lo que tiene que hacer es tomar en consideración el asunto y volver a hablar con ellos. Si rechaza la idea, hágalo de manera amable y positiva: «Tomás, tiene razón en algunas cosas, pero no es exactamente lo que nos hace falta en este preciso momento. A lo mejor, podría encontrar alguna manera de rebajar nuestros costes...». Cuando Tomás encuentre, por fin, una solución que a usted le guste, dele las gracias por ser tan inteligente.

Tercera parte

Cuando se trata con gente mentirosa, falsa o solapada

Son personas que usted sabe que mienten, engañan, estafan, traicionan, embaucan, tergiversan y le confunden deliberadamente. Utilizan cualquier medio para conseguir sus fines y luego se justifican a sí mismos sus acciones fraudulentas.

Muchos distorsionan la situación. Le despistan o le engañan para que cometa errores. Le embaucan en áreas en las que usted no tiene experiencia o es novato. Estos impostores o embaucadores no tienen necesariamente la intención de perjudicarle, pero su preocupación primordial es su propio bienestar no el de usted.

Algunos de ellos ponen en práctica sus principios diciéndole únicamente medias verdades y no hablan claro deliberadamente. O puede ser que intenten embaucarle, timarle o engañarle con falsas apariencias. Se trata de persuasión por medio del engaño y es la manera que tienen los cobardes de salirse con la suya.

7

Cuando su jefe es falso y engañoso

- **Los hipócritas**
- **Los que no cumplen lo prometido**
- **Los especialistas en echarse atrás**
- **Las «lenguas viperinas»**

Llegar a las cuotas, reducir los costes, equilibrar presupuestos, sea cual sea el objetivo al que hay que llegar, los jefes falsos y engañosos no tienen más que una cosa en su mente: conseguir su objetivo, cueste lo que cueste.

En el proceso hieren sus sentimientos porque le confunden deliberadamente, o si se enfada porque le han estafado de algún modo le culpan a usted. Son capaces de encontrar explicaciones racionales que demuestran que debe usted haberles entendido mal.

Y eso le deja con la obligación de enfrentarse a unas directivas intencionadamente borrosas y vagas emitidas por unos supervisores cobardes que no se comportan de una manera responsable.

LOS HIPÓCRITAS

Son personas pérfidas y de dos caras que, con toda intención, le confunden o falsifican los hechos.

Los jefes hipócritas son personas retorcidas y solapadas en las que no se puede confiar. Fingirán ser un buen camarada, pero, por ejemplo, tendrá que enterarse gracias a un periodista, que busca su reacción, que el programa que usted dirige ha sido eliminado del presupuesto del año próximo. O tal vez, el jefe le engañará para que confíe en él y luego utilizará la información en contra suya.

Otra táctica favorita de los hipócritas es sacar los hechos y las cifras fuera de su contexto o citar estudios y autoridades inexistentes. Una vez que han conseguido engañarle, usted inevitablemente sacará conclusiones incorrectas.

De lo único que puede estar seguro respecto a los jefes hipócritas es que harán, exactamente, lo opuesto de aquello que quieren aparentar que están haciendo.

Lo que está usted pensando

Yo confiaba en la jefa. No puedo creerme que esté intentando que me degraden. Pero lo cierto es que ella me dijo algo respecto a una nueva sección cuando estábamos reorganizando y luego tomó una postura diametralmente opuesta cuando habló con Marta. Y por lo que puedo ver de este memorándum, parece que la versión de Marta es la buena. Sólo puedo sacar una conclusión y es que la jefa es una miserable y vil hipócrita más cobarde que las gallinas.

Los pensamientos de un hipócrita

¿Por qué parece Juan tan enfadado? Sabía que íbamos a reorganizarnos porque yo se lo dije. Hace muchos años él tomó la decisión de convertirse en especialista. Ése es su problema. Ahora he llegado a la conclusión de lo que debería hacerse con la división y estoy segura de que necesito a alguien que tenga una visión general, no especializada, para dirigir la nueva sección. A Juan ya le compensaré de alguna otra manera.

ESTRATEGIA

Su objetivo es conseguir una respuesta directa de su jefe para saber dónde se encuentra usted y poder hacer planes en consecuencia. Antes de asumir que el jefe se propone ir a por usted, necesita averiguar lo que hace que él se comporte de ese modo.

1. *Haga preguntas que exijan respuestas directas.* Es probable que el jefe no se dé cuenta de que se ha portado mal con usted o que le ha hecho daño. Cuando hablaron, es posible que a usted le pareciera que hubiera quedado todo muy claro, pero para él el tema no hubiera quedado zanjado todavía. El resultado es que las grandes expectativas

que él le había creado quedaron en nada que no fuera un desengaño y en que él realmente fue insensible con sus sentimientos. La próxima vez, sonría mientras le pregunta si es un plan definitivo.

2. *En el futuro, protéjase.* No acepte nada que su jefe le diga hasta que se lo confirme por escrito o lo anuncie delante de otras personas. Una vez que esté convencido de que el jefe ha hecho un trato definitivo con usted, hágalo público para que le sea difícil echarse atrás. Prepare un memorándum que diga lo que tiene entendido que va a ocurrir. Dele el original a su jefe, guárdese una copia y envíe copias a los que vayan a estar involucrados de algún modo.

CONVERSACIÓN TÁCTICA

USTED: *Jefa, cuando hablamos hace un par de semanas pensé que ya era definitivo que yo iba a dirigir la nueva sección una vez que la división estuviera reorganizada. ¿Sigue siendo ese su plan?*

JEFA: *Juan, pensé que comprendías que estaba repasando todas las opciones...*

USTED: *Vaya, no me di cuenta de que esa conversación no era más que una exploración. Incluso si no soy yo quien va a dirigir la nueva sección, he pensado mucho en ello y tengo varias ideas que es posible que quiera tener en cuenta. (Ha perdido esta mano. Sea amable y prepárese para volver a la partida.)*

O:

JEFA: *Juan, estoy preparando este plan nuevo, pero quiero que por el momento lo mantengas en secreto.*

USTED: *Claro, jefa, pero ¿cuándo debería preguntar si el plan se llevará a cabo?*

> **Consejo:** Encuentre algunos objetivos en los que puedan estar de acuerdo. El jefe al que usted ve como a una serpiente hipócrita que se desliza entre la hierba puede ser, en realidad, un gato asustado que ha agarrado a un tigre por la cola. Ese gatito evasivo no tiene valor para decirle cara a cara que ha decidido hacer algunos cambios porque una situación puede volverse más difícil de lo que había previsto. Usted no es el único que es víctima de esta clase de comportamiento. Incluso se dice que algunos presidentes de los Estados Unidos eran así de cobardes y pusilánimes cuando tenían que dar malas noticias a sus subordinados. Entienda este defecto de su jefe o jefa y evítelo.

LOS QUE NO CUMPLEN LO PROMETIDO

Esas personas se echan atrás en promesas que nunca tuvieron intención de cumplir.

Mientras que los jefes hipócritas le engañaron porque eran demasiado cobardes para enfrentarse a usted, los que no cumplen lo prometido lo hacen rompiendo promesas que desde el principio no tenían intención de cumplir. Y a usted le toca enfrentarse al comportamiento inmaduro e irresponsable de alguien que tiene un poder considerable sobre su carrera.

Por ejemplo, el jefe le da el encargo que usted había solicitado, pero no respalda la responsabilidad con la autoridad, los recursos y demás apoyo necesario. Puede que se diga a sí mismo que ya ha cumplido su promesa, pero en realidad él jamás ha querido que usted tuviera éxito porque, por lo menos de un modo inconsciente, no tenía intención de ceder control alguno. En realidad, no ha cumplido lo prometido, ha dejado de cumplir lo pactado.

Lo que está usted pensando

El jefe ha socavado mi trabajo. No hizo ningún tipo de anuncio y ni siquiera le dijo a la gente que yo estaba al mando. Tuve que decirles yo mismo que era su nuevo supervisor y todo hubiera ido mucho mejor si el jefe me hubiera respaldado tal como me había prometido. También me dijo que siempre que me mantuviera dentro de las regulaciones de la empresa, podía tomar mis decisiones con entera libertad. Entonces, ¿por qué está escuchando las quejas de mi personal? Está rompiendo la cadena de mando al no enviármelos de vuelta a mí. Primero rompe su promesa de apoyarme y luego me deja fuera de combate con mi gente. Es una manera bien solapada de dirigir una organización.

Los pensamientos de los que no cumplen lo prometido

Es posible que cometiera una equivocación al nombrar a Teo. Pensé que podía manejar a su personal, pero algunas de sus nuevas regulaciones parecen un poco inesperadas. Supongo que si quiero que algo se haga bien tendré que hacerlo yo mismo. Si Teo no se pone a la altura tendré que sustituirle.

ESTRATEGIA

Su objetivo es conseguir que el jefe mantenga sus promesas y deje de echarle a usted la culpa de las situaciones imposibles que crea él.

1. *Hable de los problemas del jefe y no como si fueran suyos.* Hablen de sus objetivos mutuos y de lo que es más importante para su empresa, departamento y unidad. Recuérdele los beneficios que *él* recibirá si *él* lleva a cabo lo que *él* ha prometido.

2. *Haga que al jefe le sea fácil cumplir su promesa.* Evalúe lo que es necesario y dígalo claramente. Sea considerado con el tiempo de su jefe y haga tantos arreglos preliminares como pueda.

CONVERSACIÓN TÁCTICA

USTED: *Jefe, usted me dijo inicialmente que tenía que lograr un 25 por ciento de aumento en la velocidad de expedición al cabo de dos meses si quería que le reconocieran como un director innovador. Yo sé que podemos alcanzar ese objetivo si...*

O: *Jefe, he preparado este anuncio para que lo firme. Y he convocado una reunión de motivación con mi personal para el lunes a las 10 de la mañana. Necesitan que usted les hable directamente de la importancia del trabajo y decirles que usted respalda mis decisiones. Le respetan y han de saber que todos estamos trabajando como un equipo dentro de la cadena de mando.*

> **Consejo:** Tiene que tranquilizar con mucho tacto a los jefes que no cumplen lo prometido y asegurarles que va usted a ayudarles a llegar adonde quieren ir. Su problema es, a menudo, que no sueltan nada que esté bajo su control porque creen que si lo hicieran ellos mismos lo harían mejor.

LOS ESPECIALISTAS EN ECHARSE ATRÁS

Esta clase de personas se echan atrás de una promesa, una oferta, un trato y dejan que usted se las arregle como pueda.

La diferencia con los que no cumplen las promesas es que éstos nunca tuvieron intención de cumplirlas y los que se echan atrás tenían buenas intenciones cuando dieron su palabra. Luego, algo cambió y se sintieron obligados a retractarse o a rescindir su compromiso, pero sencillamente jamás se molestaron en decírselo.

Se quitan el asunto de encima esperando que usted va a comprenderles. No les importa que la montaña rusa emocional por la que usted ha pasado le supusiera inconvenientes o le avergonzara, o que hayan sido la causa de que haya usted cortado algunos vínculos o gastado un dinero que no hubiera despilfarrado si hubiera sabido que ese especialista iba a tirar su acuerdo por la borda.

Lo que está usted pensando

¡Me la ha vuelto a jugar! Me dijo que cuando Pol se marchara el mes que viene yo sería el que me pondría al mando, y me he pasado días investigando, haciendo planes y hablándole a todo el mundo de ello. He tenido que enterarme por los rumores que corren por la empresa que la unidad de Pol no está incluida en el presupuesto que propone el jefe. Ni siquiera se molestó en luchar para que la incluyeran. Estoy furioso, me siento utilizado, me ha tratado como si yo fuera un objeto sin tener consideración alguna por mis sentimientos, ni siquiera una explicación por la falta de apoyo. No puedo respetar a un jefe que utiliza esta clase de subterfugios.

Los pensamientos de un especialista en echarse atrás

Mala suerte para Eloy. Cuando le dije al principio que haríamos cambios cuando Pol se fuera calculé mal. Si hiciera ahora estos cambios en mi presupuesto estaría a merced de las críticas y no puedo exponerme a ello. ¡Bueno! Eloy tendrá que aceptar que así son las cosas en el mundo real.

ESTRATEGIA

Su objetivo es evitar en el futuro un torbellino emocional parecido y que se desperdicie su tiempo y esfuerzo.

1. *Intente conseguir un compromiso escrito.* Recuerde que a menos que tenga un documento oficial firmado, no puede fiarse de que esta clase de jefe cumpla lo prometido. E incluso entonces, es posible que encuentre la manera de evadirse.

2. *Enfréntese al especialista en echarse atrás de una manera tranquila y profesional.* Explíquele, con tacto, de qué modo se siente usted y que espera que se le notifiquen todos los cambios que se produzcan en el plan y que le afecten a usted. Si quiere que le traten con respeto y no como un peón que puede mover como a él le dé la gana, tiene que insistir ante el jefe para que éste le muestre esta cortesía.

CONVERSACIÓN TÁCTICA

USTED: *Jefe, me gustaría hablar con usted respecto a la realización de esos cambios en la unidad de Pol de los que estuvimos hablando hace un par se semanas.*

JEFE: *Es cierto, Eloy, tenía intención de volver a hablar contigo.*

USTED: *¿Es verdad que no ha incluido ningún dinero para eso en el presupuesto que ha presentado?*

JEFE: *Bueno, tuvimos un ligero problema o calculamos un poco mal. Me temo que no podré permitirme hacerlo en este momento.*

USTED: *Ya veo. Bueno, tengo que decirle que estoy disgustado por dos motivos: uno porque no se produzcan los cambios, y el segundo, porque no me comentará su decisión. Estoy seguro de que no se da cuenta de lo molesto que es tener que enterarse por las habladurías de la oficina de que algo en lo que uno ha estado trabajando ha sido eliminado.*

JEFE: *Sí, muy mal (Sin disculparse.)*

USTED: *Tengo que saber que en el futuro puedo fiarme de que me notificará inmediatamente cualquier cambio de idea que tenga respecto a alguna de mis tareas. ¿Está usted de acuerdo en que me merezco que me traten con justicia?*

JEFE: *Ah, sí, sí, por supuesto.*

USTED: *Gracias, jefe, me alegro de que podamos estar de acuerdo en eso.*

> **Consejo:** Cuando trabaje para jefes de los que se echan atrás, adopte una actitud de «me lo creeré cuando lo vea». Ellos no tienen intención de ser malvados, pero no van a permitir que sus sentimientos se interpongan en su camino.

LAS «LENGUAS VIPERINAS»

Se trata de esas personas que deliberadamente le envían mensajes ambiguos, oscuros y que pueden interpretarse de muchas formas.

Tratar con lenguas viperinas es muy frustrante porque con esos jefes engañosos, a uno le parece que está viajando perpetuamente en una montaña rusa. El jefe le dice que le gusta como trabaja, pero la próxima vez que lo hace de ese modo se pone echo una furia. Dice que no le echa la culpa de algún error que se ha producido, pero lo que está repasando, palabra por palabra, es su informe y mientras emite esa «afirmación tranquilizadora» frunce el ceño. ¿En qué debe usted creer, en las palabras o en el lenguaje corporal?

Otro caso de confusión es cuando el jefe le alaba por su excelente comportamiento y luego le pregunta: «¿Por qué no puedes hacerlo siempre así?» ¿Qué opinión tiene de usted? ¿Qué señales debe aceptar?

Mientras que usted se somete a un continuo estrés por todo esto, los jefes que hablan de manera ambigua acostumbran a sorprenderse cuando se les dice que hablan de manera que no se les entiende.

Lo que está usted pensando

Jamás estoy seguro de lo que se supone que he de hacer porque no soy capaz de seguir las instrucciones confusas y embrolladas de mi jefe. Pedirle aclaraciones sólo conduce a más términos engañosos. Se atrinchera en su galimatías y jamás da una respuesta directa. Yo opino que lo hace a propósito y así, cuando algo va mal, puede echarme a mí la culpa por no haber seguido sus órdenes.

Los pensamientos de una lengua viperina

¿Por qué Fina no actúa mejor? Cuando la contraté parecía tan prometedora y eso que he intentado motivarla alabando lo que hace bien, pero es incapaz de seguir las instrucciones más sencillas sin estropearlo todo. En la siguiente conferencia de evaluación suya tendré que hablar de su falta de motivación.

ESTRATEGIA

Su objetivo es aclarar los mensajes confusos y abrir una buena comunicación en ambos sentidos. Olvídese de los motivos del jefe o de la jefa y concéntrese en ayudarse a sí mismo.

1. *Compórtese como si el problema fuera del sistema.* Aun cuando usted crea que todo el proyecto es tan problemático que el jefe se muestra tan confuso para no tener que cargar con toda la culpa, concédale el beneficio de la duda. O deje que continúe con sus pequeños juegos. De un modo u otro, usted sigue necesitando establecer algunas buenas reglas básicas de comunicación.

2. *Hable claro ahora, en este momento.* La frustración a la que no se da rienda suelta, acaba al final en una explosión inoportuna. Prepare su caso y ensaye su conversación con palabras clave que le sirvan para acordarse de lo que tiene que decir. Elija un buen momento para tener una cita con su jefe para «hablar de algo importante».

3. *Su charla debe ser, en todo momento, amistosa e impersonal.* No haga acusaciones. Hablen de su preocupación mutua por la empresa y ofrezca sugerencias sobre los procedimientos a la consideración del jefe.

CONVERSACIÓN TÁCTICA

USTED: *Jefe, como resulta que nuestra división tiene problemas para llegar a la cuota de este mes, tengo unas cuantas ideas que podrían sernos de ayuda. (Hable con lenguaje de director. El jefe necesita llegar a la cuota y usted acaba de declarar que está en su equipo.)*

O: *Parece que tenemos problemas para comprender las instrucciones. (No se culpa a nadie ni se produce dolor manifestando un hecho sin adornos. Luego, sáltese la causa y pase a la solución.) ¿Qué le parecería una lista de comprobación parecida a ésta? He marcado los puntos que creo que son un problema, como, por ejemplo, a quién hay que avisar cuando se produce un error.*

O: *¿Podríamos hablar de las instrucciones cara a cara para evitar las interpretaciones incorrectas? Ya sabe usted que, en ocasiones, la misma palabra tiene significados diferentes para distintas personas...*

Consejo: Cuando usted crea que su jefe habla con lengua viperina, en lugar de intentar hacer que se coma sus palabras hágale tragar algunas reglas básicas para mejorar la comunicación.

Usted opina que su jefe está siendo deliberadamente engañoso y mentiroso. Es posible que tenga razón, pero también es posible que los jefes no vean problema alguno en la manera en cómo se comportan y no puede usted cambiar su personalidad. Volvamos pues, de nuevo, a lo básico y actúe en pos del resultado que usted desea. Primero, líbrese de su enfado o de su ira; para ello utilice cualquier sistema que a usted le funcione. Después de hacerlo tendrá clara la cabeza y podrá controlarse, cuando hable, haga preguntas directas y concretas y sugerencias apropiadas. Tenga bien presente que siempre puede echar la culpa de la confusión al sistema, lo que sale mucho más a cuenta que echarle la culpa al jefe.

8

Cuando sus colegas
son falsos y engañosos

- **Los ladrones de ideas**
- **Los traidores que apuñalan por la espalda**
- **Los que socavan su posición**

Su jefe tiene cierto poder sobre usted, igual que usted con sus subordinados. Pero se supone que esto es diferente con sus colegas, es decir, que están al mismo nivel. Supuestamente, ustedes forman un equipo y se ayudan mutuamente. En el mundo real, hay algunos colegas que sólo fingen hacerlo así.

Estos compañeros de trabajo están tan preocupados por conseguir destacar y quedar bien que no quieren admitir que algunos de sus actos pueden hacerle quedar mal a usted. En ocasiones, ellos interpretan mal sus acciones y creen que usted les desprecia y entonces, actúan para vengarse. Otros, sabiéndolo y sin saberlo, utilizan el poder de su mente para generar unas propuestas que no son más que imitaciones.

Por el momento no tiene más remedio que aguantar el dolor de cabeza diario de tener que tratar con los colegas mentirosos y falsos.

Lo que debe preocuparle es impedir que su comportamiento engañoso interfiera en su carrera.

LOS LADRONES DE IDEAS

Esas personas explotan las ideas que usted tiene, robándole el crédito y aprovechándose de ellas.

Se trata de falsos amigos de la oficina que hacen ver que les importa y que se preocupan por usted, pero a los que en realidad sólo les importa la información que pueden obtener de usted. En lugar de sugerir la formación de un equipo y que hagan algo de *brainstorming* para encontrar alguna idea o actividad en la que ambos puedan contribuir y reclamar el crédito, hurgan en su mente con preguntas que han estudiado profunda y delicadamente. Luego, toman esa idea y la adoptan o adaptan como propia.

Usted pensaba que al abandonar la calle y entrar en la oficina ya estaba a salvo de los ladrones. Pero igual que los carteristas le dejarán sin cartera, estos ladrones de cerebros le robarán sus ideas. Pero como resulta que estos artistas de la falsedad no utilizan armas de fuego, usted ni siquiera se enterará de que le han robado.

Lo que está usted pensando

No era sólo mi imaginación. Laureano me sacó información sobre la mejor manera de organizar el programa para que tengamos la cooperación de todas las agencias. Ahora me encuentro con mis ideas en este e-mail que me envía el jefe, alabando a Laureano por idear el plan que puede ayudar a que el departamento tenga una mejor coordinación. No sé si darle un puñetazo a Laureano sin decir nada o ponerme a gritar a todo pulmón que es un ladrón. Pero ¿cómo puedo demostrar que las ideas eran mías en realidad y no suyas?

Los pensamientos de un ladrón de ideas

¡Qué estupendo ha sido ese e-mail que ha enviado el jefe en el que me alaba por mis ideas sobre la coordinación! Cuando llegue el momento de pedirle un aumento al jefe, lo añadiré a mi lista de méritos.

ESTRATEGIA

Es obvio que no va a ganar nada con una confrontación. Esa persona ya se ha convencido de que esas ideas le llegaron por inspiración divina. Aprenda de su equivocación. Ahora su objetivo es separar sus conceptos entre aquellos que quiere presentar como propuestas suyas y los que necesitan la sabiduría colectiva de un grupo para ser desarrollados adecuadamente. Luego dirija el flujo de sus ideas hacia donde usted quiera.

1. *Tapone el escape.* Una vez que haya identificado a los tipos que quieren vaciar su cerebro, sea educado pero mantenga la boca cerrada. Es decir, deje de proporcionarles información.

2. *Cuando los conceptos afecten a otras unidades acoja la conversación de buen grado.* Usted no quiere trabajar en un vacío, por lo menos no cuando necesita la cooperación de otras personas. Pero no se limite a tener un público de una sola persona que sea un ladrón de ideas. Amplíe el grupo, llame a otros colegas o saque estos temas en una comida o reunión de personal.

CONVERSACIÓN TÁCTICA

USTED: *(Reservado) Sí, Laureano, realmente eso será un problema, pero todavía no lo tengo pensado del todo. ¿Por qué no sacas el tema en la próxima reunión?*

O: *(Discusión en grupo) ¿Sabéis, chicos? El jefe ha pedido que midamos el cambio de... Me pregunto si este enfoque podría funcionar en cada una de nuestras unidades. ¿Qué os parecería si...?*

> **Consejo:** Bien, de acuerdo. El ladrón de ideas hizo su agosto con usted, pero debería alegrarse de que le sucediera ahora porque así en el futuro, cuando tenga una joya de verdad, será más sabio. Entonces sabrá cómo alimentar, proteger y presentar esa idea suya digna de ganar un primer premio.

LOS TRAIDORES QUE APUÑALAN POR LA ESPALDA

Son personas que se muestran encantadoras en su presencia, pero que le critican de una manera increíble a sus espaldas.

Estos colegas le apuñalan cuando está ausente. De su boca no salen más que mentiras o críticas sobre usted cuando no está presente. Cuando está con ellos se comportan como si fueran amigos suyos. Pero en cuanto le tienen fuera de su vista, esos falsos traicionan su confianza revelando algo que usted les confió sobre su vida personal u oponiéndose a algo que usted ha hecho.

Esos traidores siguen intentado ser más listos que usted o conseguir un cierto control sobre usted. Es posible que hayan interpretado mal sus acciones o puede que hiciera algo que les hiciera enfadar, pero no es usted capaz ni de imaginarse de qué se trata. Y se está rascando la cabeza con perplejidad mientras intenta arrancarse el puñal de la espalda.

Lo que está usted pensando

Todavía me resulta difícil aceptar que Catalina dijera algo malo de mí a mis espaldas. Pero hay tres personas que han oído lo mismo, así que debe ser cierto. Supongo que en una oficina no se pueden tener amigos de verdad porque la competencia es demasiado fuerte. A partir de ahora me guardaré los detalles de mi vida privada para mí mismo. Pero ¿cómo hago que Catalina deje de hablar mal de mí? ¿Y cuál fue la causa de que lo hiciera?

Los pensamientos del traidor que apuñala por la espalda

Diana estaba presumiendo tanto de los progresos que ha hecho su personal que hacía que todos los demás pareciéramos una pandilla de bobos holgazanes. Estoy cansada de verdad de que todo el mundo crea que es perfecta y de que nos pongan su trabajo como ejemplo de lo que deberíamos hacer todos los demás.

ESTRATEGIA

Su objetivo es conseguir que dejen de apuñalarle por la espalda. Si las críticas que se hacen sobre su trabajo son legítimas hay que solucionarlas. Si no, diga que usted espera que se le informe directamente a *usted*.

1. *Enfréntese a los que le apuñalan por la espalda.* Limítese a decir lo que ha oído. No empiece a magnificarlo o a intentar devolver el golpe porque no hará más que empeorar las cosas. Pídales que digan clara y concretamente qué acusaciones tienen que hacerle. Hable con firmeza, sin mostrar enfado ni culpar a nadie.

2. *Si la equivocación ha sido suya, pida disculpas inmediatamente.* En ocasiones será usted víctima de los apuñaladores si éstos perciben que es insensible a sus sentimientos. Por ejemplo, si creen que usted quiere rebajarles o humillarse poniéndose por encima de ellos, podría hacerles sentir inseguros y, por lo tanto, querrán devolverle el golpe.

3. *Proporcióneles una vía de escape que no les deje en mal lugar.* Sonría, pero dé impresión de firmeza. Si los apuñaladores le acusan injustamente

y luego niegan haber hecho las manifestaciones alegadas, déjeles escapar. Una vez que sepan que usted conoce que ellos han atacado su reputación y que no se quedará quieto aguantando un comportamiento tan inmaduro, se echarán atrás. Pero si hace usted una escena emocional y da muestras de que han conseguido tocar algún punto sensible, es posible que sigan haciéndolo.

CONVERSACIÓN TÁCTICA

USTED: *Catalina, me gustaría que aclararas una cierta confusión. Me han dicho que tú dijiste que yo había... ¿Dijiste eso? Si es así, quisiera que me explicaras...*

CATALINA: *Huy, eso no es lo que yo dije en realidad...*

USTED.   *Bien, me alegra oír que lo que me dijeron era una exageración y que tú no tenías intención de criticarme.*

O:

CATALINA: *Bueno yo me sentí muy ofendida cuando tú...*

USTED: *Catalina, no tenía ni idea de que te sentiste así. Lamento mucho haber herido tus sentimientos. Está claro que yo no quería decir...*

> **Consejo:** Si permite que le sigan apuñalando por la espalda pueden llegar a perjudicar su reputación. Esta clase de acciones son infantiles y para que los culpables se comporten como adultos es necesario que usted adopte una postura tranquila y que dé a entender claramente que no va a permitir tonterías.

LOS QUE SOCAVAN SU POSICIÓN

Estas personas desbaratan sus esfuerzos y le hacen fracasar.

Los que debilitan paulatinamente la posición de sus colegas llevan la cuestión de apuñalar por la espalda aún más lejos. Debilitan su posición con unos medios inteligentes y habilidosos. Se quedan quietos esperando para lanzar un ataque relámpago, y cuando la emboscada tiene lugar le sorprenden completamente. Su maniobra es más grave que la de los apuñaladores porque puede dar por resultado que el apoyo y entusiasmo que usted recibe se debilite y que el impacto de sus esfuerzos quede muy reducido.

En ocasiones, los que socavan perjudican su trabajo gracias a unos medios sutiles, como llegar tarde a propósito con una información necesaria o proporcionándole datos defectuosos. O pueden estar de acuerdo en seguir adelante con una propuesta hasta que notan que no hay soporte y entonces echarse atrás y dejarle que cargue usted con los problemas.

Los que socavan, frecuentemente dirigen un asalto en contra suya cuando usted no tiene oportunidad de defenderse, y cuando por fin puede hacerlo, el daño ya está hecho. Quizá no tenían intención de hacer que se diera de bruces contra el suelo, pero lo que es seguro es que ellos están impresionando a los demás a costa suya.

Lo que está usted pensando

¿Por qué está Daniel haciéndome esto? Le envió un mensaje al director diciéndole que mi programa no está contratando a minorías de acuerdo con la política de la empresa. Lo primero es que ha distorsionado los hechos contándolo de manera inexacta, y en segundo lugar, nunca se ha preocupado de preguntármelo a mí antes de atacarme así. ¿Qué es lo que pretende? ¿Por qué está socavando mi programa? ¿Y qué puedo hacer para contrarrestarlo?

Los pensamientos de uno que socava su posición

Enviaré copias de esto a todos los grupos de minorías. Eso les demostrará que de verdad estoy peleando por ellos y es posible que gracias a eso consiga algo de publicidad. Luego el director verá lo mucho que estoy trabajando, que estoy encima de las cosas, visitando en persona los lugares donde se ponen en práctica nuestros programas para ver por mí mismo si se hace de acuerdo con la política.

ESTRATEGIA

El que socava su posición está haciendo política y desgraciadamente, es usted objeto de trucos sucios. Es probable que haya sido seleccionado como objetivo porque parece ser débil y vulnerable. Si se queda quieto estará muerto y no podrá ir ninguna parte que no sea hacia abajo o fuera de la organización. Debe lanzar una contraofensiva.

1. *Prepare un esbozo preciso y bien definido de los hechos reales.* Repáselo una y otra vez para eliminar todas las palabras emocionales que describan ese acto tan despreciable y traicionero. Lo que haga depende de la situación. Si el daño no era demasiado grave, enviar la corrección a su jefe y copias al que socava y a cualquier otra persona involucrada puede ser suficiente para limpiar su buen nombre.

2. *Cuando sea grave, haga una visita a toda la gente con influencia y poder que conozca.* Si tiene mentores, éste es el momento de conseguir ayuda. Entréguele a cada uno copias tanto de las pruebas de la ofensa como de la refutación que usted ha preparado. Pídales que le aconsejen y obtenga su ayuda. La gente poderosa que trabaja bien entre bastidores acostumbra a conocer qué lenguaje diplomático hay que utilizar para corregir la información errónea. Tanto si tiene otros mentores como si no, vaya en persona a ver a su jefe.

CONVERSACIÓN TÁCTICA

USTED: *(Su jefe es responsable del trabajo que hace usted así que debe tenerle informado.) Jefe, hay cierta información engañosa, perjudicial e inexacta respecto a mi programa circulando por ahí. He venido a pedirle ayuda para que las cosas queden claras. Aquí tiene tanto el memorándum que está causando los problemas como mi respuesta. (Tenga mucho cuidado de no añadir leña a la hoguera diciendo: «Si esa persona se hubiera molestado en comprobarlo, hubiera sabido que...») Cuando los hechos se comprueben ya se verá que...*

O: *(Un sujeto solapado siempre tiene problemas para manejar los encuentros cara a cara.) Daniel, yo no tengo ni idea del motivo por el que enviaste esta información, pero es inexacta. Este papel te dará los hechos que necesitas y sé que puedo fiarme de ti para que corrijas cualquier falsa impresión.*

> **Consejo:** Cuando un colega le ataque con engaños le parecerá que se queda sin aire. Respire profundamente y luego dese cuenta de que la intención del que socava no era aplastarle a usted sino crecer él. Fuera cual fuese el motivo, sigue usted teniendo que limpiar el historial que ha sido ensuciado e impedir futuros ataques de este tipo.

Los colegas falsos y engañosos utilizan diversos medios para pisotearle y subirse encima de usted a fin de parecer más altos. Tiene que protegerse porque esos ataques debilitan sus probabilidades de avanzar en su carrera. Las respuestas que puede utilizar van desde ponerse una cremallera en los labios, a solucionar las críticas legítimas, enfrentarse a su acusador, o lanzar una contraofensiva.

9

Cuando los falsos y engañosos son sus subordinados

- **Los saboteadores**
- **Los zorros**
- **Los fanfarrones**
- **Los instigadores**

Con unas cuantas excepciones, usted cree que se lleva bien con sus trabajadores. Están cumpliendo sus programaciones y la moral parece buena, pero hay unos cuantos infelices subordinados que tienen miedo de enfocar de manera directa la solución de sus quejas, o no saben cómo hacerlo, y por ello recurren a tácticas solapadas y engañosas para conseguir lo que quieren. Urden tortuosos planes, ardides y tretas para aliviar su aburrimiento, recibir el reconocimiento, desenredar trámites burocráticos y conseguir información.

Estos subordinados descontentos tienen una gran necesidad de llamar su atención y la satisfacen por medio de un comportamiento inapropiado y engañoso. Algunos intentan confundirle o ser más listos que usted o salirse con la suya por medio de respuestas esquivas o falsas. Otros crean problemas entre sus colegas, ya sea para crear una cierta diversión o como acto de venganza o de rebelión.

Sean cuales fuesen sus motivos para ser falsos y engañosos, van a causarle un dolor de cabeza. Puede conseguir algo de alivio examinando más de cerca algunas áreas en las que sus métodos puedan ser desmotivadores, si no es que les desmoralizan.

LOS SABOTEADORES

Los saboteadores están tan disgustados con usted que recurren a causar perjuicios y daños en su oficina.

Usted ha estado intentando hablar con ellos, sin éxito, para mejorar sus actitudes y su comportamiento, y luego se encuentra con que eligen una manera drástica de conseguir que satisfaga usted sus demandas, las cuales no son nada razonables. Es posible que quieran algo más de atención y también puede que quieran venganza. Fuera lo que fuese, cuando usted se negó recurrieron a una destrucción solapada.

Estas cosas les explotan en la cara, por supuesto, porque ahora usted ya sabe que son impredecibles y que no se puede confiar en ellos: un pequeño daño hoy y no sabe lo que puede suceder mañana. Por lo tanto, no puede permitirse correr ese riesgo. Los saboteadores deben desaparecer de la empresa. Pero está preocupado porque ha oído decir que hay empleados a los que se ha despedido que regresan al lugar de trabajo y comenten acciones violentas. ¿Cómo se despide a personas cuyas emociones dominan a su razón? Con muchísimo cuidado.

Lo que está usted pensando

Desde que me negué a concederle un aumento a María, ella se ha vuelto muy emocional, incluso irracional. Le advertí que no permitiría que siguiera intentando controlar a todo el mundo y exigiendo cosas. Ahora he descubierto que está llevando deliberadamente mal la contabilidad, borrando información y poniendo cantidades incorrectas. Yo no soy contable y en la facultad de medicina no me enseñaron a dirigir una oficina, así que ¿cómo puedo supervisarla de una manera apropiada? Y si la despido ¿seré capaz de encontrar una sustituta? Me siento acorralado porque para mí y también para mis pacientes es importante estar tranquilos.

Los pensamientos de un saboteador

Ya sé que cuando empecé a trabajar aquí estuve de acuerdo en ello, pero estoy haciendo dos trabajos. Llevo la contabilidad y hago de recepcionista, así que me merezco un aumento. Tendré que demostrarle al doctor lo valiosa que soy para él. Si creo problemas introduciendo la información equivocada necesitará que lo arregle o es posible que pueda obtener mi aumento sin que él lo sepa, sisando un poco en la contabilidad.

ESTRATEGIA

Su objetivo es restaurar la tranquilidad y el orden. La única manera segura de eliminar la tensión y la discordia es eliminar al saboteador. No colpase su cerebro con «y si...» Actúe inmediatamente.

1. *Tenga una conversación educada, profesional y sensible con esa persona.* Divulgue información que es posible que este empleado no sepa. Explíquele el motivo de que no pueda satisfacer su exigencia. Pregúntele por qué hizo esa solicitud. Es posible que haya otro modo de conseguir el objetivo.

2. *Avísele de manera fehaciente y conserve documentos justificativos de esos avisos.* Esto puede evitarle acusaciones futuras de discriminación y también elimina la necesidad de largas y prolijas explicaciones. La conversación debería tener lugar en privado para no humillar al culpable.

3. *Ofrézcale la oportunidad de dimitir.* En caso de que no pueda demostrar que el empleado haya actuado de manera criminal, si usted le permite dimitir en lugar de despedirle, éste podrá guardar las apariencias. Como resultado habrá menos animosidad.

4. *Practique la prevención.* Insista en que el saboteador se marche al instante ya que no creo que usted quiera que le hagan más daño, como que incite a otros empleados o insulte a los pacientes. Si le despide al final del día, reducirá ese riesgo. Después, ocúpese de que cambien todas las cerraduras y los códigos de seguridad de sus ordenadores.

CONVERSACIÓN TÁCTICA

USTED: *María, tal como ya hemos hablado anteriormente, no estamos de acuerdo con la solicitud que has hecho respecto a tu sueldo. Pero más que eso, las demandas que haces al resto del personal están creando una atmósfera tan tensa que no puedo permitir que siga así.*

MARÍA: *¿Quién se ha chivado?*

USTED: *Eso no tiene importancia. Lo que sí es importante para ti es la manera en que un despido puede perjudicar tus posibilidades fu-*

turas de tener un empleo. Así que, en vez de eso, voy a permitir que dimitas.

MARÍA: *¿Cómo va a arreglárselas sin mí?*

USTED: *He decidido que mi contable instale un sistema nuevo. María, he aquí tu liquidación. Por favor, limpia ahora mismo tu mesa. Adiós y buena suerte.*

Consejo: Es importante que controle sus propias emociones y no revele su ira. Sea breve, tranquilo y considerado para reducir el riesgo de venganza.

LOS ZORROS

Los zorros son unos marrulleros, taimados y astutos comerciantes poco escrupulosos que todo lo que se proponen es ser más listos que usted.

Se preguntará por qué son tan evasivos, cambiantes o tan dados a las artimañas. Los trabajadores que a usted le parecen marrulleros es posible que en realidad sean tímidos, y que les cueste mucho pedirle unas tareas mejores o más responsabilidad. También es posible que prefieran ser inteligentes en lugar de presionarle o ser arrogantes, y tal vez les parezca que les dejan de lado, que se les ignora y que no forman parte de lo que sucede. Hacen lo que se les pide, pero se dan cuenta de que sus opiniones no tienen importancia en una superestructura inmensa y que no tiene rostro. Algunos son ingeniosos a la hora de crear problemas con el único propósito de que se les alabe por su brillantez al solucionarlos.

Lo que está usted pensando

Enrique es inteligente y su trabajo es estupendo, pero me pregunto si me engaña. Lo sucedido esta mañana es un buen ejemplo. ¿Cómo es posible que ese contrato con el cliente se liara tanto que Enrique tuviera que intervenir para solucionarlo? Es posible que esté intentando ser más listo que yo. Voy a tener que hablar con él con franqueza para averiguar qué es lo que está pensando.

Los pensamientos de un zorro

Bueno, me parece que en esta organización no estoy llegando a nada. Los trabajos jugosos siguen yendo a parar a los antiguos. Un buen trabajo no es suficiente para que se fijen en uno, así que ¿dónde podría yo ocasionar una pequeña calamidad para que el jefe pueda ver por sí mismo lo útil que soy cuando se trata de solucionar dificultades?

ESTRATEGIA

Los zorros son inteligentes. Su objetivo es conseguir que su rapidez de pensamiento y su agudeza trabajen en favor suyo y no en su contra.

1. *Planee tener más conversaciones cuando proporcione feedback.* Deles un reto para que encuentren y llenen los huecos en el proceso. Dígales que valorará su comportamiento en este tema, así como en el trabajo que ya tienen asignado.

2. *Establezca un sistema mejor de reconocimiento.* Deles el reconocimiento que se hayan merecido. Tome en consideración la posibilidad de dar premios a toda la unidad en lugar de a los individuos. Es posible que tenga usted que dar recompensas más frecuentemente, después de cada paso, o vincular los logros con incentivos financieros y planes de participación en los beneficios.

3. *Ayude a los trabajadores a salir de la rutina de su especialidad.* Vincule la formación con objetivos y ambiciones personales. Concédales más tiempo para que puedan dedicarlo a hacer trabajo creativo librándoles de papeleo innecesario.

4. *Tenga bien informada a su gente.* Dígales lo que están haciendo otros departamentos. Explíqueles de qué modo encaja su trabajo en el cuadro general y por qué son importantes sus esfuerzos.

5. *Refuerce la conducta positiva.* Defina el problema; explique qué es lo que tiene que cambiar el trabajador en términos mensurables, registre el progreso en un gráfico y alabe los buenos resultados.

CONVERSACIÓN TÁCTICA

USTED:　*¿Qué piensa usted, o qué sentimiento le producen los comentarios que he hecho respecto a su trabajo?*

O: *Sí, ya veo la dificultad que causa y cómo. En realidad yo dependo de usted, ¿sabe? ¿Cómo cree que debería solucionar el problema?*

O: *Teniendo en cuenta una tasa normal de desgaste, cada división se está concentrando en reducir la rotación de personal. Su proyecto es especialmente vital para que nosotros alcancemos este objetivo...*

> **Consejo:** La gente que intenta ser más lista que usted acostumbra a sentirse forastera. Llene ese vacío. Si les invita a formar parte de lo que sucede dejarán de hacer trampas.

LOS FANFARRONES

Los fanfarrones son impostores engañosos que ni saben nada ni van a comprobarlo. Esconden la verdad o mienten descaradamente mientras le proporcionan a usted una información errónea o incompleta. Le cuelan una cosa como si fuera otra, presentan datos como exactos sin preocuparse de verificarlos, o le aseguran que se han ocupado de un asunto cuando ni siquiera han movido un dedo.

Puede que le sorprenda enterarse de que algunos de estos subordinados que mienten, estafan y se burlan de usted, en realidad son personas que se preocupan de una manera obsesiva y que tienen miedo de no poder manejar la tarea, y por lo tanto, la posponen continuamente. Algunos fanfarrones utilizan tácticas de retraso porque tienen miedo de que si hacen lo que se supone que deben hacer estarán invadiendo el terreno de un compañero de trabajo.

Otros fanfarrones son perezosos e irresponsables. Una peculiaridad de su personalidad les hace mentir para escaparse del trabajo. Algunos, por venganza, se inventan trabajo. Le roban creando problemas que exigen que trabajen horas extra y, por lo tanto, cobran un dinero adicional.

Si se encuentra acosado por fanfarrones, lo más probable es que tengan problemas para «escucharse».

Lo que está usted pensando

Juan me dijo que ya se había ocupado del taller de formación en informática, cuando no era así. Ahora su equipo está haciendo lo imposible para ajustar sus programaciones de manera que puedan incluir los tiempos recién anunciados. Su personal está sufriendo un ataque de ansiedad por culpa de los plazos límite. ¿Por qué no ha sido capaz de decirme que tenía problemas? Podíamos haberlo solucionado de otra manera.

Los pensamientos de un fanfarrón

Mi jefe se olvida de que soy una persona y me da instrucciones como si yo fuera un robot. No escucha ni le importa nada lo que yo digo y es muy frustrante. Se trata de un estilo rígido de dar instrucciones y además éstas no son nada claras. En realidad yo nunca entiendo exactamente lo que quiere que haga, pero si me equivoco tengo que mentir diciendo que he hecho algo hasta que puedo solucionarlo.

ESTRATEGIA

Su objetivo es que todo el mundo tenga sintonizado el mismo canal. Así que ajuste la longitud de onda.

1. *Aclare las instrucciones.* Puede usted eliminar gran cantidad de fanfarronería y retrasos pidiendo a los trabajadores que vuelvan a definir los encargos con sus propias palabras para estar seguro de que lo entienden. Hablen de las preocupaciones que puedan tener. Acorte los períodos de presentación de informes con plazos límite *segmentados*. Asegure a los fanfarrones, que sean además perfeccionistas, que luego tendrán tiempo de pulir sus obras maestras.

2. *Idee un plan mejor de feedback.* El feedback debería ser más frecuente, más concreto, servir de más ayuda y ser menos amenazador. Con aquellas personas a las que considere irresponsables, mantenga un tono constructivo en lugar de crítico, concentrándose en las consecuencias en lugar de en las amenazas.

3. *Vincule la actuación individual con el espíritu de equipo.* Actúe como si ya hubieran desarrollado una capacidad potencial que usted había detectado. Hable en términos del valor que tiene su trabajo para toda la unidad.

CONVERSACIÓN TÁCTICA

USTED: *¿Por qué cree que fue incapaz de hacer lo que había prometido?...*
¿Qué sugiere que hagamos al respecto?

O: *¿Qué cree que le sucedería al departamento si todo el mundo se comportara así? ¿Sabe qué es lo que sucederá si sigue usted...? ¿Qué hará exactamente para corregirlo?*

O: *Su rápida acción ha sido de gran ayuda para nuestra unidad. Pero ¿por qué cree que nos encontramos en esa crisis? ¿Cómo podemos impedir que se repita?*

> **Consejo:** Los subordinados fanfarronean por muchos motivos. Una comunicación cara a cara más directa ayudará a calmar sus miedos, hará que crean que está usted de su parte y les animará a aceptar la responsabilidad de sus propias acciones.

LOS INSTIGADORES

Los instigadores son alborotadores que actúan sobre sus trabajadores y provocan la acción.

Estos subordinados dicen cosas feas, retorciendo la verdad para engañar a otros trabajadores, fomentando problemas innecesarios. A pesar de que no roban maquinarias ni suministros, son culpables de robarle el tiempo. Usted tiene que seguir apagando fuegos que ellos han encendido.

Algunos son personas capaces de hacer mucho trabajo y que están aburridos. No tienen retos a los que enfrentarse o no se les utiliza adecuadamente, podría tratarse de una mala conjunción de puesto de trabajo con cierto tipo de trabajador. O tal vez, no ven motivo alguno para trabajar en encargos que no les resultan excitantes y que consideran que no son importantes cuando saben que son capaces de hacer mucho más.

Algunos instigadores están expresando su resentimiento hacia su estilo directivo. Si sigue usted recalcando lo que hacen mal es posible que estén buscando oportunidades de crecimiento personal. O es posible que quieran vengarse de usted por haberles reprendido severamente, por haber echado un jarro de agua fría sobre sus sensacionales ideas, o por haber hecho imposible que entraran en el círculo íntimo de empleados selectos. Además, es posible que tengan problemas personales y estén descargando su hostilidad en usted.

Otros instigadores se rebelan en contra del papeleo que ahoga cualquier iniciativa. Algunos han sido desilusionados por la falsedad y los compromisos que se dan en el lugar de trabajo. Les han hecho daño y quieren exponer unos actos que consideran injustos o sin ética porque les sigue importando muchísimo la integridad.

Lo que está usted pensando

Julia me recuerda a esa chica que había en mi escuela y que siempre se lo hacía pasar mal a la maestra. Es demasiado brillante para seguir con el grupo, se aburre y se mete en problemas. No hay duda de que yo le presto la suficiente atención y reconocimiento, así que sólo me queda canalizar su energía hacia un nuevo reto.

Los pensamientos de un instigador

Esta organización está tan atrapada y tan agobiada por reglas y políticas que se solapan que nadie puede respirar. Empieza el mismo día que te contratan y sigue durante sus sesiones de orientación. He sugerido al jefe maneras de mejorarlo, pero no me prestó atención alguna. ¿Qué pasaría si consigo que nuestro grupo presione al jefe para cambiar gran parte de sus ridículos procedimientos? Incluso si no conseguimos que los cambien habré provocado algo de acción y, por lo menos, la rutina diaria habrá tenido una cierta excitación.

ESTRATEGIA

Su objetivo es darle la vuelta a los alborotadores y ayudarle a convertir en productivos sus esfuerzos destructivos.

1. *Añada emoción para reducir los líos.* Si los trabajadores tiene sus trabajos mal asignados, cámbieselos a fin de inflar, en lugar de aplastar, sus egos. Cuando sea factible, haga rotaciones en los puestos de trabajo para que disfruten de la alegría y del valor de aprender algo nuevo. Establezca competiciones entre sus unidades con premios importantes. Descubra esa única cosa que desea una persona de las que hacen pocas cosas (todo el mundo quiere algo) y anímela a ir en su busca.

2. *Ofrezca empatía para demostrar su comprensión.* Deje que los trabajadores se enteren de que siente una cierta afinidad con su posición, porque hubo un tiempo en el que estuvo usted en su piel. Haga averiguaciones sin intentar tenderles una trampa. Sugiéreles algunos cursos de formación que podrían ayudarles a alcanzar objetivos personales.

Amplíe el círculo de personas a las que usted escucha. Demuestre que confía en ellos planificando reuniones, talleres y sesiones informales para contrastar sus ideas y vuelva a comprobar sus políticas de personal a fin de asegurarse de que les está ofreciendo un tratamiento justo e igualitario.

3. *Concédales más control sobre su propio trabajo.* Elimine las normas que sean exageradamente restrictivas y que exijan montones de firmas antes de que ellos puedan actuar. Explíqueles el motivo de que la empresa se esté moviendo en una dirección dada y luego, deles la oportunidad de aceptar sus ideas. Permita que los rebeldes se vuelvan creativos diseñando un plan y poniéndolo en práctica una vez que usted lo haya aprobado. Comparta, delegue y elimine el exceso de superestructura.

CONVERSACIÓN TÁCTICA

USTED: *Julia, me doy cuenta de que eres una líder natural y que este trabajo no te permite desarrollar tus habilidades de liderazgo. Te voy a trasladar a Recursos Humanos y cuento contigo para que inspires a los nuevos trabajadores.*

O: *Beatriz, sé cómo te sientes porque yo también empecé desde abajo. Hablemos de tu futuro y de la manera en que puedes progresar. ¿Dónde te gustaría estar dentro de dos años?*

> **Consejo:** Los instigadores le causan problemas porque están aburridos, amargados o limitados. Repase sus reglas, políticas y procedimientos para añadirles emoción, comprensión y oportunidad. Debería eliminar, especialmente, lo externo o accidental para dejar lugar a lo espontáneo.

Cuando las acciones de los empleados son engañosas, solapadas y mentirosas, en lugar de intentar psicoanalizar su comportamiento concéntrese en los resultados que quiere conseguir y hágales avanzar en esa dirección. Algunos estudios indican que el aburrimiento es la queja principal de los trabajadores. Si es así en su campo, le toca a usted ayudar a sus subordinados a comprender el valor que tienen y la importancia de su trabajo. Infrautilizar a subordinados que tienen un gran potencial es como tener dinero en el banco, sólo que si usted los guarda no le producirán ningún interés. A los trabajadores aburridos debe concederles la oportunidad y el desafío de desarrollarse y hacer su contribución.

Cuarta parte

Cuando se trata con gente astuta o manipuladora

Cuando intentamos influir en los demás, decimos que se trata de persuasión. Cuando otras personas intentan influir en nosotros, decimos que se trata de manipulación. Hasta cierto punto, todos estamos intentando tomar el control para conseguir lo que queremos, pero los jefes, colegas y subordinados astutos o manipuladores de los que hablamos aquí, van más allá de lo que es un intento normal de convencer a alguien.

Estas personas no tienen respeto alguno hacia un punto de vista diferente y a causa de su necesidad de seguir teniendo la sartén por el mango, no son capaces de disfrutar de la competencia. No se detienen a pensar en el modo en que le afectará a usted y además, sencillamente, no les importa porque les consume el deseo de alcanzar un objetivo por el medio que sea. Para ellos, las personas no son más que peones, objetos que pueden ser llevados de un lado para otro y a los que no hay que prometerles nada. Son impostores que alaban y estimulan aprovechándose de su buen carácter.

A fin de conseguir el control, los explotadores acostumbran a ocultar sus verdaderos sentimientos bajo disfraces que van desde la arrogancia a la adulación, y como padecen una escasez absoluta de escrúpulos o sensibilidad se sienten libres para usurpar y abusar de su tiempo y talento. Su aguda perspicacia les permite tomar decisiones rápidas en situaciones delicadas, esquivando a toda velocidad los obstáculos que encuentran en el camino, tomando vías tortuosas e indirectas. No pueden correr el riesgo de ser francos y directos, por lo que es especialmente importante que observe usted su lenguaje corporal. Incluso es posible que le cueste cierto tiempo darse cuenta de que está siendo víctima de unos inteligentes explotadores.

10

Cuando su jefe es un explotador

- **Los que hacen chasquear el látigo**
- **Los que hacen la vista gorda**
- **Los que se camuflan**
- **Los aduladores**

Es posible que usted se pregunte, a veces, cómo es posible que ciertos jefes hayan sido capaces de llegar al lugar en que se encuentran en la organización. Usted sabe que es más rápido con los hechos y con las cifras, y es posible que así sea, pero probablemente ellos sean los primeros de la clase en política de oficina.

Es muy posible que sean muy ingeniosos y hábiles en evitar cualquier culpa y muy rápidos en arramblar con el aplauso, especialmente por el trabajo que han hecho sus colegas o subordinados. Probablemente se pasen la mayor parte de su tiempo haciendo amigos y tratos, sin prometer nada y prometiéndolo todo. Pueden mostrarse encantadores mientras le sacan toda la información que necesitan para conseguir colocarle a usted unos proyectos que nadie más quiere. O es posible que se muestren insensibles cuando le pidan que invierta una cantidad nada razonable de tiempo o esfuerzo.

Sea cual fuese la manera particular de ser, usted está convencido de que estos jefes explotadores le utilizan, y debido a su posición y poder cree que le tienen entre la espada y la pared, y aceptar esta clase de tratamiento no le parece divertido.

LOS QUE HACEN CHASQUEAR EL LÁTIGO

Son unos jefes increíblemente ambiciosos que le cargan exageradamente de trabajo, exigiéndole que haga una cantidad de horas extras absolutamente irrazonable o que le obligan a llevar un ritmo mucho más rápido de lo necesario.

En ocasiones, usted mismo le sigue el juego a un supervisor exigente y riguroso. Por ejemplo, cuando sabe que la sobrecarga procede de la falta de estructura del jefe o de su negativa a contratar a un sustituto y usted le da su aprobación tácita, permite que el jefe le embauque y jamás pone objeciones ni sugiere lo que está dispuesto a seguir haciendo y lo que no.

Usted desearía disponer de más tiempo para su vida personal, pero no sabe cómo pedirlo, no cuando ese negrero insiste en que esté usted de guardia constantemente. ¿Qué es lo que puede hacer y decir que no ponga en peligro su trabajo o su ascenso?

Lo que está usted pensando

Esto ya es demasiado. Desde que Andrea cogió la baja de maternidad, yo he estado haciendo su trabajo además del mío, y de eso ya hace dos meses. Ahora, precisamente cuando estoy a punto para irme a pasar una velada que tengo planeada con mi familia, el jefe me suelta encima de la mesa un problema de esos que no pueden esperar. Yo no puedo irme cuando hay algo pendiente, pero no me compensan en absoluto por las horas extra. De todos modos, el dinero no es tan importante para mí como mi tiempo. ¿Cómo puedo integrar y equilibrar mi vida personal y la profesional?

Los pensamientos de uno de los que hacen chasquear el látigo

Ya sé que prometí que cuando Andrea estuviera de baja contrataría a una sustituta temporal, pero parece que Laura se está ocupando bien de ambos trabajos y sin quejarse demasiado. Este comportamiento le está ahorrando una cantidad importante de dinero a la empresa. Laura no parecía demasiado contenta al tener que quedarse hoy de nuevo hasta más tarde. Es posible que esté un poco enfurruñada, pero puedo fiarme de que ella hará lo que yo quiero que se haga.

ESTRATEGIA

Su objetivo es doble: escapar de las garras de ese negrero e idear un plan que reduzca las horas que trabaja sin perjudicar su carrera.

1. *Negocie para que le den una carga de trabajo razonable.* Pídale a su jefe que adjudique prioridades a sus deberes actuales y que distribuya los menos importantes a otras personas. Discuta tranquilamente el ritmo abrumador, explicando que para usted es más importante tener más tiempo libre que ganar más dinero por horas extra. (Si su objetivo es más dinero, pregunte cómo pueden compensarle por sus responsabilidades adicionales.)

2. *Sugiera algo que siempre llega al corazón de cualquier directivo: muéstrele la manera de reducir costes.* A las empresas les sale mucho más barato conceder beneficios flexibles que pagar horas extra y eso también funciona en favor del empleado. En organizaciones en que es compatible el teletrabajo, la semana de trabajo reducida y un horario flexible, los trabajadores dicen estar satisfechos con el cambio que se ha producido en sus carreras, incluso si no han subido tan rápido como los que trabajan a tiempo completo.

3. *Defienda la posibilidad de realizar una prueba.* Pida la oportunidad de demostrar que puede producir la misma cantidad de trabajo en la oficina en cuatro días que el que acaba de comprometerse a hacer en una semana (o trabajando en casa cuando todo puede realizarse por medio del teletrabajo). Haga planes para que le informen periódicamente de su comportamiento en el trabajo.

4. *Calme el miedo a que no estará ahí cuando le necesiten.* Con la tecnología actual, usted y la oficina puede estar en contacto al instante y si se presentara algún problema el día que usted no va a estar allí, manifieste que está dispuesta a acudir.

5. *Consiga su autorización por escrito.* Esto ayudará a evitar malentendidos o que se echen atrás en una promesa.

CONVERSACIÓN TÁCTICA

USTED: *Jefe, yo disfruto trabajando para esta empresa y siempre estoy preparada para aceptar más responsabilidades. Ahora que Andrea está de baja, aquí tiene una lista de todo lo que estoy haciendo en la actualidad. ¿Sería tan amable de indicarme qué es lo que debo hacer primero, o mejor aún, establecer un orden de prioridades?*

JEFE: *Claro.*

USTED: *Usted sabe que quiero ser de ayuda. Así que la mejor manera de lle-*

> *gar a sus objetivos, si no va usted a contratar a una sustituta tempo-*
> *ral, es dar algunas de mis actividades menos importantes a otras*
> *personas o dejarlas en espera. Francamente, no puedo seguir traba-*
> *jando al ritmo actual, pero no estoy pidiendo que me paguen las ho-*
> *ras extra. Lo que yo necesito es más tiempo libre.*

JEFE: *No sé cómo puede hacerse.*

USTED: *Tengo la manera de que funcione. Quiero venir a la oficina cuatro*
días de más horas a la semana en lugar de cinco días. Sé positiva-
mente que puede cumplir con todas sus prioridades y podemos reu-
nirnos periódicamente para asegurarnos de que sigo en el buen cami-
no. O sea, que hago el mismo trabajo, pero paso menos días aquí.
Hacer una prueba no le cuesta nada. Si al cabo de un mes vemos que
no funciona volveré a mi anterior horario, pero si funciona ambos
salimos ganando.

JEFE: *Pero a mí no me va bien. Yo necesito tenerte aquí cuando surja un*
problema.

USTED: *Mire, tengo un teléfono móvil y un busca. Si se presenta un problema*
grave puede usted ponerse en contacto conmigo al instante. Y a pesar
de que sea mi día libre, si usted me necesita realmente, estoy dispues-
ta a ser flexible. Así pues, ¿qué hacemos? ¿Quiere usted confirmar
nuestro acuerdo por escrito o prefiere que lo redacte yo?

> **Consejo:** Negocie para volver a distribuir sus responsabilidades.
> Los jefes negreros están más interesados en conseguir que se
> haga el trabajo en el momento en que ellos quieren y de la mane-
> ra que ellos quieren que en hacerle sentir a usted miserable.
> Hable claro y muéstrele cómo pueden beneficiarse.

LOS QUE HACEN LA VISTA GORDA

Los que hacen la vista gorda, en realidad, le hacen creer que tiene usted
su consentimiento implícito, pero cuando algo sale mal le echan a usted la
culpa.

Lo fundamental es que los jefes que pretenden hacer la vista gorda nunca arriesgan su propia capacidad. Correr un riesgo significa aceptar una situación que está más allá de su control y los manipuladores *tienen* que no-

tar que poseen ese control. Los que hacen la vista gorda conservan el mando escondiéndose detrás de una posición poderosa.

Quieren que todo el mundo crea que ellos no tenían ni idea de lo que sea que ha salido mal. Acostumbran a ser muy cuidadosos y no dejan huellas o pistas delatoras que puedan llevar hasta ellos. A pesar de que usted y el jefe hablaron de lo que se proponían hacer antes de llevarlo a cabo, él le deja a usted tirado en lugar de compartir la responsabilidad del desastre. Y si necesitan salvar su propia piel, los jefes que hacen la vista gorda pueden llegar incluso a ser ellos mismos los que le dejen en evidencia. De una manera o de otra usted se convierte en la víctima.

Lo que está usted pensando

Unos cuantos meses atrás, el jefe dijo que teníamos que buscar fondos adicionales. Comprobé los puntos cruciales con él mientras preparábamos una de las propuestas a una fuente potencial. Desgraciadamente, la propuesta fue rechazada. De repente se convirtió en la «propuesta de Quino», como si el jefe no tuviera nada que ver con ella. Él tuvo un gran papel en cuanto a llevar la batuta y, por supuesto, firmó la solicitud. Es posible que ahora yo tenga la reputación de ser un perdedor y ni que decir tiene que odio parecer un fracasado, pero ¿cómo puedo oponerme al jefe?

Los pensamientos de uno de esos que hacen la vista gorda

Es una vergüenza que la propuesta que Quino preparó no consiguiera fondos. Yo pensaba que tenía muchas probabilidades de éxito, pero por lo menos la que redactó Carola sí que fue aprobada. Por lo tanto, en lo que respecta al gran jefe, mi departamento y yo seguimos quedando bien.

ESTRATEGIA

Su objetivo no es oponerse al jefe sino dejar de sentir que se aprovechan descaradamente de usted. Tenga bien presente que si su jefe se comporta del mismo modo con el resto del personal, su comportamiento no va dirigido exclusivamente a usted.

Su objetivo es conseguir que le apoyen en lugar de ser el escudo del jefe.

1. *Apele a su sentido de la justicia.* Su jefe no ha perdido ni un minuto de sueño pensando en usted o en la manera en que le ha afectado. Está preocupado protegiéndose a sí mismo. Utilice preguntas para que a él le quede clara la verdadera situación, preguntas que lleguen al corazón del problema. Si la conversación transcurre por los derroteros que a usted le interesa que vayan, cambie de dirección haciendo más preguntas.

2. *Haga sugerencias que refuercen la posición del jefe.* Obviamente es muy importante para él que sus colegas y superiores le tengan bien considerado. Trabaje más para conseguir información, destílela para utilizarla inmediatamente y ofrézcala con tacto. Ayude al jefe a convertirse en lo que a él le gustaría que todo el mundo creyera que ya es.

CONVERSACIÓN TÁCTICA

USTED: *Jefe, siempre le he considerado una persona justa e imparcial, así que creo que no se da cuenta de la posición en que me encuentro. ¿Tenía usted la intención de que quedara implícito que yo era el único responsable de la propuesta rechazada? Me siento como si me hubieran dejado tirado en mitad de la calle y a merced de los elementos. Eso no es lo que usted pretendía hacer, ¿verdad?*

O: *Jefe, he estado analizando estos informes de los acontecimientos y va apareciendo un patrón definido contra el que supongo que usted querrá hacer algo antes de que todos los demás se suban al carro. Incluso si no llegamos a las cantidades proyectadas, su enfoque será reconocido como innovador y ayudará a que la organización avance en una buena dirección.*

Consejo: Cuando su jefe (de los que hacen ver que hacen la vista gorda) le coloca entre la espada y la pared, se comporta de modo similar a un conductor que se sentara en el asiento de atrás y se negara a tomar el volante. Como no pueden tolerar que se les considere ineptos protegen su imagen, probablemente sin darse cuenta de que, habitualmente, le echen la culpa a los demás cuando toman un camino equivocado. Señale los beneficios mientras fuerza a su jefe, con suavidad, a aceptar un desafío.

LOS QUE SE CAMUFLAN

Los que se camuflan tienen agendas u órdenes del día ocultas, dicen medias verdades y omiten hechos necesarios.

Mientras que los que hacen la vista gorda se ocultan para que nadie crea que son ineficaces, los que se camuflan se esconden de modo que nadie se entere de sus verdaderos objetivos personales. Estos jefes no se sincerarán jamás con usted y siempre enmascararán el verdadero motivo de su solicitud. Son agradables y jamás amenazan, haciendo ver que están tan preocupados por usted como lo están por conseguir que se haga el trabajo. Siempre ofrecen tratos: «Si haces esto para mí yo haré eso para ti».

Son gente que constantemente está maniobrando y manipulando. Están tan ocupados intercambiando favores que a duras penas son capaces de cumplir los plazos marcados y creen, de verdad, que pueden pensar mejor y más rápidamente que usted. ¿Cómo podría enterarse de que lo que le están sugiriendo no tiene intención de servirle a usted de ayuda, sino sacarles a ellos de alguna dificultad en la que se han metido solitos? Usted hace lo que le piden y se encuentra, una y otra vez, desengañado y frustrado.

Lo que está usted pensando

No entiendo el jefe. ¿Por qué tiene que esperar siempre hasta el último minuto para preocuparse por un informe que hay que entregar al día siguiente? Me ha dicho que si me quedo hasta las tantas y lo tengo terminado a las diez de la mañana, él se acordará de mi ayuda la próxima vez que se hable de aumentos de sueldo. Se ha olvidado de que eso mismo es lo que me prometió hace seis meses, y el momento de los presupuestos llegó y pasó junto con otra promesa rota. Y luego cuando intenté hablarle del tema, de repente estaba demasiado ocupado para hablar conmigo. Me preguntó si seré capaz de volver a confiar en él.

Los pensamientos de uno de los que se camuflan

¡Vaya!, ¿cómo he podido olvidarme de ese informe que debo entregar mañana por la mañana en la reunión de las once? Tengo que hablar con Raquel para conseguir que se quede esta noche a hacerlo. Le diré que mencionaré su nombre al consejo y le dejaré entrever la posibilidad de un aumento de sueldo. Con eso debería bastar.

ESTRATEGIA

A la directriz de que hay que hacer cualquier cosa que pida el jefe siempre que no sea ilegal, inmoral o contrario a la ética, añada otra condición, que sea razonable. Cuando no le sea posible hacer lo que le han pedido, su objetivo es escapar sin incurrir en la ira o la venganza del jefe.

1. *Olvídese de los tratos de largo alcance y de las promesas rotas.* Al leopardo no van a desaparecerle las manchas ni al tigre las rayas, así que cualquier acuerdo por adelantado al que llegue usted con el jefe que se camufla, tiene que ser por escrito y preferiblemente ante testigos. No haga lo que esa persona le pide porque espere usted el premio o la recompensa prometida. Hágalo, si le es posible, porque usted quiere que le consideren como un trabajador razonable, cooperador y en el que se puede confiar.

2. *Sugiera una alternativa.* Es posible que un trabajo urgente pueda ser dividido entre unas cuantas personas o quizá hay un modo de conseguir más tiempo. También es posible que si enseñan a alguna otra persona a realizar una tarea técnica, usted pueda soltar las argollas que le encadenan a su mesa.

3. *Tiene que parecer un jugador de equipo a pesar de que no esté usted jugando el juego del jefe.* No se enfade, ni amenace, ni le recuerde al jefe que usted ya ha escuchado antes esa misma canción. Compórtese de una manera desapasionada, alegre y demuestre que quiere ayudar. Un profesional no hace tratos, tanto si es una persona de las que hacen las cosas, un mobilizador o un animador.

CONVERSACIÓN TÁCTICA

USTED: *(Aceptando.) Jefe, no tengo inconveniente en quedarme a trabajar toda la noche en el informe porque sé lo importante que es para nuestra división. Más adelante ya hablaremos del reconocimiento y los aumentos de sueldo ya que ése no es el motivo de que lo haga. Pero mañana necesitaré algo de ayuda con mis tareas habituales. ¿Cree usted que Carlos podría hacer unas cuantas cosas en mi lugar?*

O: *(Rechazándolo o atrincherándose.) Jefe, no tengo inconveniente en quedarme a trabajar toda la noche en el informe porque sé lo importante que es para nuestra división. Pero corremos un riesgo muy grande de que no pueda tenerlo terminado a tiempo para la reunión.*

¿Qué le parece si dividiéramos los cuatro segmentos entre Carlos, Juan, Mariana y yo?

> **Consejo:** Compórtese de manera profesional a pesar de que su jefe parezca haber olvidado cómo se hace. Si su jefe es un comerciante poco escrupuloso es problema suyo, no de usted. Usted puede estar por encima de todas las trampas y artimañas, cambiando el guión o marco hipotético. También le ayudaría mucho encontrar un mentor que no sea su jefe.

LOS ADULADORES

Los aduladores le proporcionan, con profunda falta de sinceridad, unas alabanzas excesivas a fin de poder utilizarle.

Estos jefes creen que si dicen constantemente cosas destinadas a complacerle, exagerando muchísimo la realidad, están desprendiendo encanto y carisma personal a borbotones. («Sin ti, este proyecto hubiera sido un completo desastre.») Quieren gustarle a nivel personal a fin de conseguir su apoyo y lealtad.

Tienen miedo de que su plan, procedimiento, política o encargo no pueda tenerse en pie sólo por sus propios méritos, así que emplean unas alabanzas inmerecidas para conseguir que usted les acepte a ellos y a su solicitud como *un solo paquete*. Inchar su ego y prometer recompensas de éxito para hacer que usted se una a ellos funciona durante un tiempo. No hay nada que nos haga disfrutar más que oír cómo el jefe nos alaba cuando honestamente creemos que nos lo hemos merecido y por el contrario, no hay nada que nos cause más sospechas que un jefe que nos ahoga con un exceso de felicitaciones que consideramos que no nos merecemos y que además son falsas.

Este método de motivar a los trabajadores puede ser contraproducente para los aduladores cuando sus planes no se tienen en pie y usted empieza a perder fe en el líder al que está siguiendo.

Lo que está usted pensando

¿Qué pasa? La jefa me dice que todo lo que hago es sensacional. Los resultados de la última reunión fueron sensacionales, pero los anteriores no fueron nada del otro mundo porque yo no tuve tiempo para mejorarlos. ¿Sabe cuál es la diferencia entre mediocre y calidad, y sabría distribuir ampliamente un trabajo excelente? ¿O es que tiene algún motivo ulterior por el que me está cubriendo de alabanzas de una manera excesiva para conseguir que yo haga algo que de otro modo no haría?

Los pensamientos de un adulador

Para ganarse a los empleados nunca se les presta demasiada atención con demasiada frecuencia, ya que no hay nada como los cumplidos para hacerles luchar por alcanzar la excelencia. Además, después de haberles felicitado es más fácil decirles algo que no quieren escuchar. Y como van a tener que hacer un montón de horas adicionales para que nuestro departamento consiga el apoyo extra que necesitamos, tengo que conseguir que todos ellos sean jugadores de un mismo equipo y por supuesto, completamente leales a mí.

ESTRATEGIA

Su objetivo es avanzar, preferiblemente con la ayuda de su jefe, pero sin participar en el plan de un farsante. El daño que causan los jefes aduladores es que usted queda desilusionado ya que nota el vacío o la carencia de un líder. De todos modos, esta puede ser su oportunidad ya que es posible que sea usted capaz de llenar, por lo menos, parte del vacío.

1. *Mantenga su objetividad.* Tómese las observaciones excesivamente edulcoradas con una pizca de sal. Si le alaban por una tarea que no estuvo a la altura, sea amable y agradecido y luego diga claramente lo que se necesita para mejorarla. Si su relación es bastante cordial, haga un chiste de la adulación y gástele una broma al adulador.

2. *Consiga que le manifiesten claramente los resultados deseados y el papel que debe desempeñar cada individuo.* Busque datos útiles que el jefe pueda emplear a la hora de decidir políticas. Anime a que se celebren conversaciones en grupo de las que pueden surgir estrategias mejores y unos planes claros. Un equipo que forma parte de la planificación está, automáticamente, más interesado en el resultado. Puede usted elevar la moral del grupo sin ser el jefe.

CONVERSACIÓN TÁCTICA

USTED: *Aprecio mucho esas observaciones tan amables, jefa, pero sé que a usted le gustaría que fuera aún mejor. A mí me parece que si pudiéramos dedicarle un poco más de personal, tiempo y maquinaria podríamos hacer más del doble...*

O: *Está bien, jefa, con esta adulación conseguirá lo que quiera.*

O: *¿No cree usted que necesitamos un plan más seguro para conseguir que tenga éxito? A mí me parece que tendríamos que descomponer las fases en...*

> **Consejo:** Un jefe adulador le da la oportunidad de mejorar sus propias habilidades de liderazgo. Ayude a que el plan de su jefe esté en un terreno más firme para que no tenga que depender de los cumplidos falsos para motivar al equipo.

Hay jefes que le sacarán hasta la última gota de capacidad de trabajo, que esconderán los verdaderos motivos de sus solicitudes, o le culparán a usted para protegerse ellos. Los que se comportan así con mayor frecuencia son los jefes explotadores, y el motivo es que están preocupados o son insensibles y no se dan cuenta de que parecen tramposos y que sólo le tienen atrapado cuando está usted demasiado asustado para hablar con franqueza. Piense que siempre se pueden sugerir otras opciones y que puede usted ser cooperador sin convertirse en la mosca que cae en la tela de la araña.

11

Cuando los explotadores
son sus colegas

- **Los que cautivan con la oratoria**
- **Los que se imponen**
- **Los que se escaquean**
- **Los timadores**

Muchos de los colegas que se aprovechan de usted no practican, intencionadamente, los métodos de Maquiavelo. Lo más probable es que pongan a un lado los sentimientos personales que tienen hacia usted, mientras analizan lo que necesitan para conseguir sus fines. Para ellos, lo que sienten y cómo se sienten hacia usted no viene al caso.

Esta ausencia de emoción, que usted percibe como insensibilidad, rudeza y engaño, les permite utilizarle para conseguir aquello que persiguen. Juegan sus cartas con astucia y delicadeza, sabiendo la manera en que probablemente usted reaccionará y planificando anticipadamente sus contraataques por si presentara usted algún obstáculo.

Cuando se da cuenta de que le están explotando o que le han engañado, quisiera dar rienda suelta a su rabia y atacar a los manipuladores, pero tenga bien presente que lo único que hace con eso es demostrarle a todo el mundo que ha perdido usted el control.

Lo que debe hacer es esperar hasta averiguar qué es lo que su colega quiere hacer impunemente. Sólo entonces podrá usted responder de una manera lógica y positiva.

LOS QUE CAUTIVAN CON LA ORATORIA

Estos colegas, a los que también podríamos llamar «encantadores», son unos tramposos que controlan las reuniones con unas pocas palabras mágicas.

Usted choca con ellos, especialmente cuando compiten por la influencia y ellos maniobran para conseguir aquello que persiguen. Los encantadores parecen tan auténticos y creíbles que los demás aceptan lo que dicen sin cuestionarlo.

Sacan a relucir normas sabiendo que la mayoría del grupo no las conoce. Enmiendan la propuesta que acaba usted de hacer o solicitan acudir al comité siempre que usted tiene una buena idea. Así es más fácil que ellos se apropien de su idea que se le reconozca a usted como un pensador innovador.

Los conflictos profesionales necesitan ser aireados y debatidos para que el grupo acepte de buena gana la decisión. A su grupo le hacen daño las técnicas inteligentes para evitar los comentarios, es decir, aquellas que abogan por una acción a la que se oponen los encantadores; y a usted le hace daño que le hayan echado a un lado.

Lo que está usted pensando

Esta es una asociación de negocios, no una asamblea legislativa, y aunque lo diga Carlos, ¿quién necesita adherirse a esas normas de una manera tan estricta? Nuestro presidente tiene demasiado buen carácter para detenerle y probablemente no conoce la manera legal para hacerlo. De todos modos, Carlos se ha convertido en una verdadera molestia. Hasta que pueda acabar definitivamente con él, no voy a poder hacer ningún progreso con este grupo.

Los pensamientos de un encantador

Estos bobos no tienen ni idea de las normas. Estoy seguro que puedo hacerle dar la vuelta al grupo y llevarlo a donde creo que debería ir. Sólo tengo que controlar las reuniones y luego, cuando lleguen las elecciones, estoy seguro de que seré investido como presidente.

ESTRATEGIA

Su objetivo es alentar discusiones y comentarios imparciales que permitan que se tomen en cuenta sus ideas.

1. *Cuando el presidente pierda el control, intervenga.* Si domina lo más básico, verá que las normas están destinadas a facilitar la libre expresión, no a impedirla. Acuda a las reuniones con una copia de éstas. No se exprese de una manera demasiado técnica, sino que marque las páginas en que, con autoridad, puede usted señalar ciertas normas que no se cumplen.

2. *Pula su propia presentación.* He aquí unas cuantas sugerencias:

   Haga prácticas. Anote los puntos principales y ensaye en su casa a fin de poder aparecer tranquilo y confiado. Su entusiasmo será contagioso.

   Vaya al grano. Prepare frases concisas y fáciles de entender. Dígale al grupo únicamente lo que necesita saber.

   Recalque la importancia. Humanice su presentación diciendo la manera en que cada miembro será afectado por el tema y vincule su presentación con los objetivos del grupo.

   Anticípese a las objeciones. Consiga el orden del día por anticipado. Piense detalladamente en los problemas venideros. Esté preparado para los argumentos en contra.

   Controle sus emociones. Utilice el humor para cuestionar la credibilidad de un oponente. Diga algo sencillo como: «No lo estás diciendo en serio, ¿verdad?». Soporte los chistes que le dirijan y luego siga adelante sin perder la concentración y no responda a la provocación. O pregunte de manera casual a los asistentes: «¿Están ustedes de acuerdo con eso?».

3. *Busque apoyo por adelantado.* Consiga que unos miembros clave apoyen la aprobación. Investigue para poder citar estudios y tendencias reconocidos.

4. *Métase en el comité.* Si se considera que su idea merece más estudio, ofrézcase inmediatamente voluntario. La directiva emitida debería incluir el propósito del comité, quién lo componen y cuándo y cómo informar.

CONVERSACIÓN TÁCTICA

CARLOS: *Tienes que admitirlo, eso es bastante absurdo. ¿Te quedaste despierto toda la noche pensando en esa idea loca?*

USTED: *(Quitándoselo de encima riendo.) Esta es buena. Lo que yo decía es... Por lo tanto, propongo que...*

O: *Propongo que limitemos el debate. (Usted contrarresta su maniobra para impedir que se vote hasta que lleguen más camaradas suyos.) Si cree que es mejor votar inmediatamente diga: Presento la moción sobre la pregunta anterior. (Esta moción detiene el debate. Entonces el grupo vota si quiere dejar de hablar y si la mayoría vota a favor de terminar el debate, el grupo vota luego sobre la propuesta.)*

O:

CARLOS: *Propongo que la cuestión se deje encima de la mesa. Tenemos asuntos más urgentes que tratar. (Esto deja de lado el problema hasta más tarde o hasta la siguiente reunión.) O Carlos puede decir: Presento la moción de que el tema se posponga indefinidamente. (Si es capaz de conseguir que no haya votación sobre el tema, éste queda en punto muerto.)*

USTED: *Estoy seguro de que mi amigo quiere decir que el asunto necesita más estudio. Por lo tanto, la moción debería pasar al comité. Me complace ofrecerme voluntario para trabajar con un grupo que usted nombre y volver a informar en la próxima reunión.*

> **Consejo:** Si su presidente no es capaz de detener a un encantador, cualquier otro miembro puede entrar en la arena diciendo: «Presento una cuestión de orden». No espere a que le reconozcan. Utilice esta frase para corregir a un miembro, así como a la presidencia. Estudie una guía legislativa simplificada y no le engañarán con unas reglas inventadas por esos guardianes de las leyes.

LOS QUE SE IMPONEN

Esas personas se aprovechan injustamente de su tiempo, su talento y su buen carácter.

Esta clase de colegas no son otra cosa que personas egoístas y que no tienen consideración por los demás. Está claro que a usted no le importa hacer un favor de vez en cuando y que le complace ayudar durante una emergencia, pero los que se imponen tienen la costumbre de explotarle. Están tan dedicados a lo que sea que quieren hacer que no ven los sentimientos o necesidades de cualquier otra persona. Prometen devolver el favor y nunca lo hacen, pero usted no busca favores. Lo que quiere es que le dejen en paz y que dejen de decir que usted debería ayudarles «porque eso es lo que hacen los amigos». Ningún amigo sería tan insensible y presuntuoso.

Algunos de esos que se imponen se comportan como pobres indefensos, aunque no lo son en absoluto y sólo montan ese número para conseguir que usted haga su trabajo mientras ellos utilizan el tiempo de la empresa para asuntos personales o actividades externas. Usted sabe que lo que ellos hacen está mal y odia formar parte de eso, pero no quiere herir sus sentimientos. Usted tiene grandes dificultades para decir no a los que se imponen.

Lo que está usted pensando

Estoy muy enfadado conmigo mismo por permitir que Miriam me haya colocado en esta posición. Me estoy retrasando en mi trabajo porque estoy respondiendo a las solicitudes que se supone que ella debería atender. Yo creí que ella necesitaba una hora más o menos, pero se ha pasado cada día de esta semana con su abogado o con los testigos para su juicio. He intentado decirle que no quiero hacerlo más, pero ha insistido tanto que no me he podido escapar.

Los pensamientos de uno de los que se imponen

Ojalá el jefe no me pillara tanto hablando por teléfono, pero no tengo otra solución. Tengo que atender a mis asuntos personales y el único momento en que puede encontrar a estas personas es durante las horas de oficina.

ESTRATEGIA

Su objetivo es librarse de hacer algo que no quiere hacer. Esto es especialmente importante si cree, además, que lo que le han pedido que haga está mal y se encuentra dividido entre ayudar a un colega y obedecer la política de la empresa.

1. *Recuerde que no necesita un motivo para negarse a una solicitud.* Es suficiente con que exprese su pesar. Pero si no puede porque tiene un

corazón blando, suavice su negativa diciéndole además dos cumplidos o comentarios amables.

2. *Practique en su casa la manera de dar respuestas firmes.* Grábese en un magnetófono y luego escúchese, o haga ver que se encuentra en situaciones en que debe dar respuestas firmes a fin de que sus negativas salgan de su boca, de una manera educada y tranquila. Sólo porque usted crea que su colega está siendo perezoso o desconsiderado, no tiene derecho a ser maleducado.

3. *Sugiera maneras más apropiadas de tratar con el problema.* Piense de qué otra manera más responsable pueden satisfacerse las necesidades de esa persona que se impone. Devuelva esa responsabilidad al lugar que le corresponde, es decir, al que se impone, sin mostrar señales de hostilidad o sarcasmo.

CONVERSACIÓN TÁCTICA

USTED: *(Una negativa sencilla, sin indicar los motivos.) Lo lamento, Melisa, pero hoy no puedo ayudarte.*

O: *(Con una respuesta practicada.) Huy, Miriam, ya veo que realmente estás muy liada, pero no puedo ayudarte porque yo también estoy muy retrasada en mi trabajo. Es posible que Rafael no esté demasiado ocupado. ¿Por qué no se lo preguntas a él?*

O: *Miriam, realmente necesitas ayuda. ¿Cómo vas a conseguir tener listo tu proyecto para la fecha límite? Resulta que sólo puedes hacer tus llamadas personales durante las horas de oficina, lo que está estrictamente prohibido. Si te pillan, tendrás un problema muy gordo. Pero hay una solución. Habla del problema con el jefe y pídele unas cuantas horas libres para atender una emergencia personal y ofrécete a recuperar ese tiempo más adelante.*

Consejo: Niéguese a permitir que le utilicen. En realidad usted no ayuda a las personas que dependen de los demás proporcionándoles una muleta en lugar de hacer que se enfrenten a sus responsabilidades. Y tampoco no se está ayudando a sí mismo quedándose callado cuando se le imponen de una manera nada razonable. Si es usted manso de corazón y no habla, no se gustará a sí mismo. La ira va creciendo en su interior y a veces explota, y después se encuentra usted pidiendo disculpas a colegas, amigos y familiares. ¡Hable alto y claro!

LOS QUE SE ESCAQUEAN

Los que se escaquean son personas que hacen planes con usted y luego le dejan colgado para que se enfrente solo a las consecuencias.

Estos colegas son cobardes. Le apoyarán mientras crean que el tema es popular y luego se detendrán y echarán a correr dejándole que cargue usted solo con la responsabilidad. Creía que eran amigos suyos y su comportamiento le hace daño.

Aunque no hay excusas para justificar a las personas que le animan a que suba usted a la rama más alta de un árbol y luego la sierran, tiene que enfrentarse al hecho de que un amigo de la oficina es diferente un amigo en la vida social. Los intereses egoístas pueden interponerse en su camino, por ejemplo, cuando ambas personas van en pos del mismo proyecto o de un ascenso. O sea, que mientras parezca que no hay problemas, los amigos de la oficina estarán de acuerdo con usted respecto a lo que debe hacerse. Luego, si el jefe se opone a la idea o no encuentra la aprobación del grupo, sus colegas empiezan a esquivarle antes de que usted se dé cuenta siquiera de lo que está pasando. Usted se siente absolutamente tonto por haberse quedado al descubierto y completamente solo cuando usted decía que hablaba en nombre de «unos cuantos» que habían tenido esa idea.

Lo que está usted pensando

Voy a encontrar el modo de vengarme de Ana y Gerardo por haberme dejado en la estacada. Cuando hablamos de presentar un taller de liderazgo para nuestros supervisores, todos estaban de acuerdo y prometieron apoyarme si yo presentaba el plan en la reunión de dirección. Luego, cuando el jefe empezó a fruncir el ceño y los demás empezaron a quejarse del coste y del tiempo que quitaría al trabajo, Ana y Gerardo se unieron al coro. Me sentí como un idiota, pero ya les devolveré la jugada.

Los pensamientos de uno de esos que se escaquean

Roberto no tiene la antena puesta. Por la expresión del jefe, debería haberse dado cuenta de que no era el momento de sacar a relucir una propuesta que costará un dinero que no está presupuestado. Nunca sabe cuándo tiene que retirarse. El momento no era el adecuado y de ningún modo iba yo jugarme el cuello por él.

ESTRATEGIA

Si pone usted los dedos en un horno caliente se quemará. Pero sigue teniendo que utilizar el horno, así que, la vez siguiente se pondrá una manopla protectora. Es algo parecido a lo que sucede con la gente que se escaquea. Vengarse de sus colegas no le será de ayuda ya que su objetivo es protegerse de cualquier clase de perjuicios futuros preparándose mejor.

1. *Haga planes para negociar.* Decida por anticipado dónde percibe usted que reside el poder entre sus colegas y cuánta influencia tiene cada uno de ustedes. ¿Qué es lo que usted quiere y qué es lo que está dispuesto a dar a cambio de algo que quiere?

2. *Conserve el control.* Cuando quiera que su idea se presente como un esfuerzo conjunto, actúe en lugar de reaccionar. Haga un plan detallado, por escrito, que todos firmarán. Decida cómo va a participar cada uno y si sólo va a hablar usted, antes de empezar presente a los colegas que han llevado a cabo la planificación. De ese modo, nadie podrá echarse atrás del compromiso.

CONVERSACIÓN TÁCTICA

USTED: *Ana y Gerardo, me alegro de que os guste esta idea porque creo que vuestras opiniones tienen mucha influencia en los demás. Habéis añadido algunos buenos detalles y me gustaría presentarlo todo como una propuesta conjunta a fin de reconocer la parte en que habéis participado para hacer que fuera vendible.*

O: *He incorporado vuestro pensamiento a este esbozo que podemos añadir a la presentación.*

> **Consejo:** No lance al aire una idea que no sea muy sólida hasta no haber organizado un apoyo adecuado. Antes de presentar una propuesta conjunta prepárela por escrito y consiga la firma de cada participante.

LOS TIMADORES

Estos personajes, con el encanto de su gran labia, le convencen para que haga usted lo que ellos desean.

Estos colegas son tan finos que usted no se da cuenta en absoluto de que le han timado, es decir, que se han aprovechado descaradamente de usted. Los timadores son locuaces, astutos, embaucadores y ladinos. Sus motivos son tan apremiantes que usted accede con facilidad a hacer lo que le piden.

En ocasiones, resultará que habrán violado la política de la empresa y querrán que haga usted unas cuantas llamadas o que interceda por ellos ante el jefe. A veces, se darán cuenta de la existencia de una ventaja potencial para su carrera y le sacarán información que supuestamente es confidencial. Sea lo que sea lo que persiguen, usted les sigue la corriente porque cree que está sirviendo a algún buen propósito y se dice a sí mismo que el resultado final excusa ese método tan cuestionable.

Por fin, después de un tiempo cae en la cuenta de que le resulta claramente incómodo verse mezclado en los tejemanejes de otra persona.

Lo que está usted pensando

Francisco me pide que le diga al jefe que lo que le condujo a violar esa política fue la existencia de unas circunstancias extenuantes. Yo puedo ver en qué, por qué y cuándo Fran pensó que estaba justificado y sé que necesito que Fran me ayude con mis proyectos. Odio encontrarme en medio de todo este lío, pero ¿cómo puedo negarme?

Los pensamientos de un timador

Cuando el jefe comunicó los objetivos de nuestra empresa, dijo que debíamos mantenernos alejados de ciertos contactos, pero creo que él no comprendía la verdadera situación. Si las cosas me hubieran salido bien, hoy yo sería un héroe, pero me veo obligado a utilizar toda mi maña para conseguir que me apoyen unos cuantos de los compañeros de trabajo a los que el jefe respeta, especialmente personas cuyo trabajo se beneficia de mi talento.

ESTRATEGIA

Su objetivo es evitar verse arrastrado a tomar parte en los astutos y puede que nada escrupulosos «montajes» de un timador.

1. *Haga un montón de preguntas.* Aunque los timadores son inteligentes y muy rápidos de ingenio, prefieren tratar con colegas que no exijan demasiadas explicaciones. Si su instinto inicial es que la solicitud que le hacen posiblemente sea impropia o no ética, lo más probable es que esté usted en lo cierto.

2. *Ofrezca la clase adecuada de ayuda.* No se tome el trabajo o el problema de otro como si fuera suyo. Mencióneles áreas en las que han tenido éxito. Haga más preguntas para concentrar la atención del colega en alternativas aceptables que tiene a su disposición y que vea que es capaz de solucionar sus propios problemas.

3. *Rechace favores que le ofrezca el timador para el futuro.* El precio que puede verse obligado a pagar puede ser tener que demostrarle una deferencia servil o algo peor.

CONVERSACIÓN TÁCTICA

USTED: *Fran, ¿te dijo el jefe concretamente que no hicieras estos contactos?... ¿Cuántos has hecho?... ¿Qué estabas intentado conseguir, exactamente?... ¿Por qué pensaste que no podías seguir los procedimientos habituales?*

O: *¿Qué otras opciones crees que puede haber?... ¿Has pensado en hacer una solicitud formal?... ¿Hay otras personas en el grupo que piensan como tú?... ¿Has probado a realizar una sesión de brainstorming con ellos?*

O: *Elisa, ¿por qué necesitas esta información?... ¿Cómo vas a utilizarla? Creo que ambos tendríamos un montón de grandes problemas si yo abriera los archivos y supongo que no quieres que suceda eso, ¿verdad?*

> **Consejo:** Deshaga el encantamiento que los timadores lancen sobre usted. Si formula preguntas directas y precisas, verá la magia negra del brujo o bruja bajo una luz nueva y reveladora.

Contrarrestar las acciones de colegas astutos y manipuladores exige honestidad y candor. Algunas personas se encierran en situaciones estresantes quedándose quietos y creyendo, como escribió Cervantes, que «en boca cerrada no entran moscas». Es posible que sea así, pero una boca cerrada tampoco ofrece alivio alguno contra las personas que se aprovechan de usted.

Deje de preocuparse por herir los sentimientos de colegas que le explotan porque no lo hará. Puede usted rehusar sin ser rudo ni maleducado. Es posible que pueda enseñarles una manera mejor de actuar y, si no quieren escucharle, sólo tendrán que intentar engañar a la siguiente persona con la que se encuentren para que haga lo que ellos quieren que haga.

12

Cuando los explotadores
son sus subordinados

- **Aduladores (pelotas)**
- **Soplones**
- **Los que propagan rumores**

Hay trabajadores que intentan manipular a sus jefes de un modo muy parecido a como lo hacen los niños cuando intentan manejar a sus padres. Entre las tácticas más populares está la de prodigar halagos a fin de que se les asigne cierta tarea o librarse de hacer alguna.

Otros subordinados se aprovecharán de que usted necesita saber lo que pasa y cuentan historias sobre sus compañeros. Algunos trabajadores llegan incluso a diseminar rumores a propósito para parecer más importantes. A pesar de que usted se oponga a las murmuraciones personales y a la soplonería o a los chivatazos, sólo por el hecho de estar ahí ya se ve envuelto en la política que se lleva a cabo en la oficina, tanto si quiere formar parte de ello como si no.

Se enfrentará al hecho de tener que distinguir entre opiniones retocadas por intrigantes manipuladores y noticias que son información válida de negocios y que debería conocer.

ADULADORES (PELOTAS)

Los pelotas le adulan servilmente, le procuran favores y le dicen lo que usted quiere oír.

Los subordinados serviles dicen cualquier cosa para llamar su atención y conseguir que usted les apoye. Utilizan cumplidos hipócritas para intentar gustarle. Se pegan como parásitos consiguiendo que otros hagan su trabajo y no es que sean perezosos o desvalidos, sino manipuladores.

Quieren hacerse notar y utilizan medios erróneos para captar sus ojos y sus oídos. Si cree usted que estos trabajadores tienen un potencial que vale la pena desarrollar, ayúdeles a aumentar su confianza reduciendo su dependencia.

Lo que está usted pensando

Rosa dice constantemente lo feliz que es de trabajar para mí, el jefe tan maravilloso que soy, lo mucho que está aprendido de mí y el modo en que mi liderazgo ha situado a nuestra división muy por delante de las demás. No hay duda de que sus halagos suenan bien y que consigue embaucarme. Se las ha arreglado para hacer conmigo lo que quiere librándose de tareas que le había encargado. Cuando le pedí que fuera con José a ver a un cliente, me suplicó que la dejara quedarse diciendo que necesitaba más tiempo para trabajar en el informe anual. Si la hubiera obligado a ir se hubiera puesto hecha una furia, así que se lo concedí. Creo que me está manejando más de lo que yo la dirijo a ella. ¿Cómo puedo conseguir que haga lo que yo quiero sin crear animosidad?

Los pensamientos de un pelota

El jefe se tragó el rollo ese sobre su estilo de liderazgo y el modo en que lo reflejé en nuestro informe anual. Tuve que decir algo porque antes dejaré que me cuelguen que ir a otra reunión con ese cliente. El jefe es realmente bueno, pero un poco blando. Está claro que yo quiero seguir cayéndole bien y seguir subiendo a medida que él avance dentro de la empresa.

ESTRATEGIA

Su objetivo es recuperar el control de su unidad.

1. *Hágase las preguntas adecuadas.* Deje de dar rodeos preguntándose qué puede hacer para evitar el resentimiento. Haga preguntas para las que haya respuestas como, por ejemplo: «¿Qué rasgos deberíamos ayudar a desarrollar a nuestros empleados?». La cooperación y la fiabilidad son dos de ellos.

2. *Cuando haga encargos muéstrese firme y resuelto.* Vaya al grano sin preámbulos. Siempre que sea usted educado y razonable, los subordinados comprenderán que su supervivencia depende de hacer lo que el jefe pide. Si, por ejemplo, necesita la experiencia de alguien en un momento dado, debe usted tomar la decisión basándose en una imagen más amplia de la que tiene el empleado. Si la respuesta del subordinado es inesperada y quiere usted modificar su solicitud, en lugar de dar una respuesta al instante diga que volverá a hablar con él o ella del tema un poco más tarde.

3. *Haga crecer la confianza del adulador.* Proporcióneles oportunidades para que se desarrollen en áreas en que ya hayan tenido éxito. Aliente las discusiones y esté presente en ellas, pero deje que solucionen por sí solos sus problemas de trabajo. Deles feedback con frecuencia, manifestando la opinión que tiene usted del resultado conseguido, cómo pueden mejorar y el por qué deben querer hacerlo.

4. *Enséñeles la manera adecuada de alabar.* Deles ejemplo de cómo se felicita a alguien por su trabajo, diciendo algo concreto respecto a la actuación en lugar de hacer un comentario general sobre la persona y diciendo por qué cree usted que fue importante. Desarrolle un sistema para reconocer el buen trabajo tanto en público como en privado.

5. *Que sus críticas sean constructivas.* Acentúe lo positivo; evite las amenazas, los sobornos y las comparaciones con los compañeros de trabajo. Hable del motivo de que algo le haga enfadar en lugar de acusarles de poner en peligro su trabajo de forma deliberada.

CONVERSACIÓN TÁCTICA

USTED: *Rosa, ya sé que dispones de muy poco tiempo, pero para nuestra unidad es importante que tú y tu experiencia asistáis a esa reunión. Más tarde ya hablaremos de tu carga de trabajo. Además, es importante para ti ya que has tenido algunos buenos resultados presentando nuestros casos y me gustaría que te hicieras notar más en ese terreno.*

O: *Estamos de acuerdo en que deberías tener una carga de trabajo razonable. Examinemos las alternativas y veamos qué podemos hacer.*

O: *Rosa, sé que quieres ascender y quiero ayudarte. Por lo tanto, creo que deberías estar enterada de ciertas percepciones que otros tienen sobre ti... Me molesta mucho darme cuenta de que podemos perder un contrato importante si no tenemos la presentación adecuada.*

Consejo: Cuando sus subordinados le exploten, ayúdeles a aumentar la confianza en ellos mismos. Además compruebe que es usted quien les está manipulando y ellos solamente reaccionen a esa manipulación. ¿Está intentando conseguir que hagan algo haciéndoles sentir culpables? ¿Espera usted demasiado de ellos? ¿Está ofreciendo tratos («Yo haré eso por ti si tú haces eso por mí»)?

SOPLONES

Los soplones son chivatos que divulgan secretos y cuentan chismes sobre sus colegas y que también hacen correr historias llenas de malicia.

A veces, los soplones cuentan cuentos porque están celosos o tienen ganas de vengarse. Es una manera infantil de intentar quedar ellos mejor haciendo que un compañero de trabajo quede mal. Es frecuente que los subordinados recurran a la delación, al chivatazo y a la soplonería porque se sienten frustrados si no son capaces de sobrepasar su nivel actual.

Adoptan el papel de delatores confiando tener una ventaja cuando quede libre algún puesto que ellos deseen. Si ése es el caso, tiene usted que tirar de sus riendas directivas. Fíjese en sus objetivos mensurables, existentes o no, la manera en que califica y recompensa el buen comportamiento y la calidad de las conversaciones y discusiones con cada uno de sus trabajadores.

Cuando se enfrente a críticas mezquinas, busque más allá de las murmuraciones y encontrará los motivos que las están produciendo. ¿Cuál es el motivo de que estos trabajadores estén cotilleando entre ellos o acudiendo a usted con sus historias? ¿Qué luchas por el poder están teniendo lugar? ¿Los resultados no tienen consecuencias o hay gente inocente que sale perjudicada?

Lo que está usted pensando

Andrés me contó un par de cosas sobre Jaime que posiblemente es importante que yo sepa. Según los rumores que corren, Jaime y su esposa tienen problemas y, por lo tanto, no es un buen momento para que se haga cargo de una tarea nueva y retadora. Por otro lado, es posible que Andrés me dijera eso para que yo le pidiera a él, en lugar de a Jaime, que hiciera ese trabajo que le permitiría hacerse notar. Andrés también se quejó de que Jaime entregaba con retraso las cifras mensuales. Jaime es un trabajador demasiado bueno para permitir que eso suceda, así que creo que será mejor que hable con él para averiguar lo que ocurre de verdad.

Los pensamientos de un soplón

Creo que he difundido muy bien ese chisme respecto a Jaime ofreciéndolo como una posible explicación para que su trabajo no esté a la altura acostumbrada. Si el jefe pasa cerca de la máquina de café o de la fuente de agua, oirá comentar lo mismo. No se tarda mucho en cubrir todo el terreno de la oficina con chismorreos nuevos.

ESTRATEGIA

Su objetivo es clasificar y elegir la información que recibe de los soplones. Debe usted separar los chismorreos dañinos y llenos de malicia y malevolencia de los datos útiles procedentes del servicio de espionaje.

1. *Enseñe a los chismosos y acusicas a solucionar sus propios problemas.* Al tomar en consideración las puñaladas traperas motivadas por los celos, pregúntese el motivo de que estén intentando utilizarle a usted. ¿Se ha convertido en el medio indirecto de manejar problemas a los que se niegan a enfrentarse directamente? Obligue a los subordinados a aceptar la responsabilidad y no se deje atrapar en las luchas internas.

2. *Decida si necesita cambiar algunos procedimientos que posiblemente estén alentando a los chismosos.* Cuando haga el seguimiento de algún informe que le hayan dado, como en el caso de un trabajador que tenga un problema o un cliente insatisfecho, no tiene que revelar su fuente.

3. *Esté alerta para detectar pistas sobre modelos de comportamiento, problemas y cambios potenciales.* Vaya a comer con frecuencia con sus colegas. Escuche a sus subordinados cuando hablan los unos con los otros. Permanezca alerta. Descubrirá lo que sucede de verdad en su organización y en qué debería usted estar pensando o planeando. Cuando acuda a una fiesta de la oficina, tenga los oídos bien abiertos y vigile quién habla con quién. Converse con secretarias y con los repartidores de correo, o sea, con cualquiera que esté en contacto con los diversos niveles de su organización.

CONVERSACIÓN TÁCTICA

USTED: *Andrés, me parece que el problema es entre Jaime y tú y yo no quiero que me pilléis en medio. Pero es importante que lo soluciones de algún modo porque no podemos permitir que esas tonterías interfieran...*

O: *Jaime, ¿tienes o estás pasando por alguna dificultad? Me fijé en que entregaste tarde las cifras del mes y como no es tu costumbre entregar nada tarde te pregunto si puedo hacer algo para ayudarte.*

> **Consejo:** Si en su oficina hay demasiados chismorreos y chivatazos, fíjese en la manera en que motiva usted a sus subordinados. Es posible que se encuentren en un callejón sin salida y recurran a convertirse en soplones a fin de hacerse un lugar cuando se presente la oportunidad de ascender. Compare y sopese lo que se dice con lo que el soplón puede ganar diciéndoselo a usted.

LOS QUE PROPAGAN RUMORES

Estas personas son cotillas que hacen circular hechos no comprobados de un origen cuestionable.

Los que propagan rumores, igual que los soplones, también hacen correr historias. Sin embargo su propósito es más amplio que el ataque personal. Su intención es conseguir llamar la atención sobre su persona, agrandando mensajes no ciertos o que sólo son verdad en parte. Acostumbran a adornar la historia llenando los vacíos para que parezca más importante, o más creíble, o que sea como ellos creen que «debería» ser. También pueden hacer todo lo contrario, olvidando detalles, recordando sólo partes muy destacadas, distorsionando los hechos y omitiendo información vital.

Los que propagan rumores interpretan lo que ha sucedido o que está a punto de suceder basándose en sus propios intereses. Sus propias experiencias, expectativas y opiniones tiñen y limitan la manera en que informan de una situación. Para usted la dificultad reside en decidir qué historia o qué parte de una historia debe creer.

Lo que está usted pensando

Huy, huy, huy... por ahí viene el chismoso de Luis. Me pregunto qué va a contarme hoy. Tengo que prestar atención a lo que me diga a pesar de que sólo parte de ello es cierto. En la empresa pueden estar sucediendo cosas que afecten a mi departamento.

Los pensamientos de un propagador de rumores

Esa información que me ha dado el amigo que tengo en la oficina de dirección puede ser importante. ¿Por qué han tenido una reunión secreta los peces gordos? Es mejor que se lo diga enseguida al jefe. Veamos, tengo que recordar lo que he oído...

ESTRATEGIA

Usted nunca sabe si un propagador de rumores está contando una historia cierta, sólo cierta en parte o completamente falsa. Su objetivo es escucharle y buscar partes de la información que puedan ser comprobadas y si es necesario, actuar de acuerdo con ellas.

1. *Mantenga abierta la puerta.* Anime a su gente a que contacte constantemente con usted a fin de oír lo que sucede. Permita que los propagadores de rumores acudan a hablar con usted ya que quiere enterarse de problemas que puedan afectar a su departamento antes que todos los demás.

2. *Debe usted cortar rápidamente las conversaciones que, obviamente, no tengan sentido y sean chismorreos con mala intención.* Responda de una manera desinteresada y evasiva.

3. *Haga montones de preguntas a los propagadores de rumores.* Intente averiguar dónde se originó la historia y lo fiable que es la información. Averigüe también si se trata de un relato de primera mano o de séptima.

4. *Compruebe los hechos.* ¿Qué hay de cierto y cuánto se ha distorsionado? ¿Cuáles son los peligros de actuar —o de no actuar— inmediatamente de acuerdo con esta información?

CONVERSACIÓN TÁCTICA

USTED: *Luis, ¡qué historia más interesante! ¿Dónde la has oído? ¿Quién te dijo eso? Tenemos alguna evidencia de que una reunión así haya tenido lugar? ¿Están preparando alguna clase de informe?*

O: *Daniel, estoy intentando seguir la pista a un rumor que podría ser una bomba y tú eres el único que sabe lo que está sucediendo de verdad. Me han dicho que... ¿Puedes confirmármelo? Bueno, me gustaría sugerir que el jefe emitiera una declaración antes de que este rumor tan peligroso llegue más lejos.*

> **Consejo:** Puede escuchar a los propagadores de rumores sin dedicarse por ello al cotilleo inútil. Es importante que escuche atentamente y averigüe qué está sucediendo que pueda influir en su trabajo. Pero al igual que con cualquier rumor, tiene usted que seguirle la pista, comprobarlo y confrontarlo con la realidad.

Estar al tanto de la última información es una parte importante de su trabajo. Algunos subordinados intentarán manipularle con halagos. Otros le tentarán con fragmentos de noticias que usted podría utilizar. No acepte estos mensajes por lo que aparentan. Cuestione la motivación del que los transmite, rebusque hasta encontrar la fuente y compruébelo todo.

Quinta parte

Cuando se trata con gente ruda o abrasiva

Las palabras *rudeza grosería* y describen uno de los grandes cambios que se están produciendo en el lugar de trabajo. Empleados a los que se ha entrevistado recientemente dicen que la descortesía y la mala educación han aumentado. Afirman que cada vez hay más comportamientos insensibles, desconsiderados, insolentes, insultantes e irreverentes.

La rudeza es un círculo vicioso que empieza en lo más alto y al final empapa a cada estrato de la organización. Cuando la dirección ignora el problema se enfrenta a pérdidas significativas en beneficios, producción y retención de buenos trabajadores.

Algunos dicen que las nuevas tecnologías (e-mail, buzón de voz, teléfonos móviles, etc.) nos privan del contacto cara a cara y es más fácil atacar a la gente cuando no te están mirando a los ojos. Otros dicen que algo de culpa la tiene el ritmo frenético actual. Todo el mundo tiene prisa y algunos están tan tremendamente sobrecargados que ni siquiera se detienen para decir buenos días.

A medida que las organizaciones han empezado a permitir una vestimenta más informal, esta actitud permisiva ha pasado también a los patrones de habla. Algunos consideran que hablar de una forma dura y agresiva es rudo y abrupto. Parte del problema es generacional. Algunos profesionales jóvenes imitan la informalidad de Internet y la mala gramática y el lenguaje vulgar de la televisión, mientras que otros trabajadores se quejan de que esta manera «ruda» de hablar les molesta.

Así que ahí está usted, rodeado de personas con malos modales. Sus jefes, sus colegas o sus trabajadores es probable que no sepan que irritan a los demás. Seguir siendo educado en esta atmósfera más relajada es bastante difícil, especialmente si no se tienen unas directrices nuevas respecto al lenguaje que es apropiado y al que no lo es.

13

Cuando su jefe es descortés

* **Los zoquetes insensibles**
* **Los que ridiculizan**
* **Los condescendientes**

Los jefes descorteses ni siquiera intentan comprender nada respecto al punto de vista que usted tiene. Los trabajadores dejan de ser personas y sólo están ahí para producir para la empresa. No muestran respeto alguno por sus pensamientos ni por sus sentimientos.

No hay duda de que todos tenemos días malos. De vez en cuando, incluso los mejores jefes ladran, fruncen el ceño y gritan a los inocentes. Si usted no es capaz de seguirles la corriente, si permite que sus sentimientos respecto a lo que usted vale suban y bajen con el buen y mal humor del jefe, busque la causa del problema en su propio interior.

Por otro lado, si tiene un jefe que acostumbra a ser abrasivo y un abusón emocional aprenda a recuperar algo de respeto hacia su propia persona.

LOS ZOQUETES INSENSIBLES

Estas personas son jefes insensibles y desconsiderados que pisotean sus sentimientos.

Usted había preparado algunos puntos importantes para comentar mientras esperaba ansiosamente su reunión semanal privada con su jefe (un ritual que fue idea de él). Está intentando que le aconseje o hacerse comprender y el jefe sigue interrumpiéndole para contestar llamadas o recibir visitas. Ese tiempo precioso que tenía programado acaba de evaporarse.

Es posible que el jefe tenga la cabeza baja, afirmando con ella mientras usted habla, y tiene la vista fija en el monitor de su ordenador en lugar de mirarle y otorgarle toda su atención. ¿Le está usted aburriendo? ¿Es que no está interesado en lo que le está diciendo? Claro que sí. Pero al intentar hacer dos cosas a la vez no se da cuenta de lo rudo e insensible que es, así como de su eficacia decreciente como director.

En otros momentos, su jefe hace cambios que afectan directamente a su trabajo y se olvida de hablarle de ellos, por lo que tiene usted que enterarse por otra persona. No estar al corriente de la última decisión que se ha tomado respecto a una unidad que se supone que usted dirige es algo muy embarazoso además que socava su posición.

Lo que está usted pensando

Para el caso que hace el jefe a lo que estoy diciendo daría lo mismo que fuera un mueble. No hay duda de que es un personaje desconsiderado. Fíjate en este presupuesto. Ha recortado una cantidad considerable de mi proyecto y aunque tengo que admitir que tiene todo el derecho a hacerlo, ¿no podría haberme avisado de lo que se me venía encima? ¿Por qué tengo siempre que leer estas cosas en un memorándum o enterarme de ellas a través de los rumores?

Los pensamientos de un zoquete insensible

Veamos. Esta mañana tengo tres diferentes reuniones de personal que deberían ser rutinarias y una montaña de e-mails que contestar. Debería recibir algunas llamadas importantes con información que necesito para tomar la decisión de un tema importante y Rafa tiene que pasar a decirme que el nuevo trato es un éxito.

ESTRATEGIA

Su jefe está tan concentrado en los productos y los beneficios que no ve a su personal como los individuos que son. Su objetivo es conseguir que le muestre el respeto que usted se merece. Permanezca tranquilo y firme, y haga algunas observaciones sencillas.

1. *Siga siendo educado y no compita con la rudeza.* Cuando alguien está sien-

do maleducado (hablando con otra persona durante «su» tiempo, leyendo mientras usted habla y cosas por el estilo) pida excusas y márchese, o por lo menos ofrezca volver en otro momento.

2. *Haga preguntas.* Esto le permite saber si la otra persona le está escuchando y también revive su interés consiguiendo que esa persona se exprese. Para mantener ese interés, sus comentarios deben ser tan sucintos como sea posible.

3. *Explique el asunto enfocándolo a los problemas que le crea al jefe.* No puede usted aparecer y decirle al jefe que es un simplón insensible y estúpido, pero sí que puede demostrarle que le conviene tener una comunicación mejor con su gente.

CONVERSACIÓN TÁCTICA

USTED: *Jefe, es obvio que está usted demasiado ocupado para que sigamos adelante. Volveré a concertar una cita con su secretaria para otro momento que sea más conveniente para usted.*

O: *Jefe, presiento problemas. Necesito que me conceda su atención exclusiva durante cinco minutos para que pueda usted evitar una crisis y una posible pérdida de ingresos.*

O: *Jefe, parece que en nuestro departamento hay un problema de comunicaciones. Yo sé que usted quiere que le llame la atención sobre el asunto para que pueda corregirlo...*

Consejo: Usted no conseguirá respeto hasta que lo espere. Cuando unos jefes rudos le magullen el ego, olvídese de sus fantasías sobre cómo vengarse. Concéntrese en ser tratado educadamente, dedicando atención a su pensamiento y a sus sentimientos. No se quede quieto mientras los jefes le atropellan, pero tampoco permita que le vean llorar o no recibirá el feedback crítico que necesita. Siempre puede levantarse e irse. Si no le proporcionan información esencial, pídala. Empiece por respetarse a si mismo.

LOS QUE RIDICULIZAN

Estos personajes son los que le menosprecian con un ingenio burlón que a duras penas releva su verdadera intención.

Algunos jefes rudos utilizan el sarcasmo para cubrir levemente sus críticas. Creen, erróneamente, que esta marca de humor hace que a usted le sea más fácil aceptar una corrección, pero resulta que usted no lo ve como un chiste. Usted sólo nota unos dardos muy agudos e intenta reír cuando en realidad lo que quiere es esconderse y mostrarse resentido.

Otros jefes hacen ver que le están gastando bromas, a fin de ocultar su impaciencia, diciendo cosas como: «Sólo mi anciano abuelo que tiene noventa años de edad tardaría tanto tiempo en conseguirme esta información.»

Usted puede aceptar las bromas de buen corazón y también las críticas sobre su trabajo. Pero estos jefes se burlan y le humillan con ataques personales, especialmente delante de otras personas. Para usted la implicación es clara, le están diciendo al mundo que creen que usted es un imbécil.

Lo que está usted pensando

¿Por qué tiene la jefa que utilizar el sarcasmo para decirme que estoy haciendo algo mal? ¿Por qué no viene y me dice que debería estar haciéndolo de otro modo? Creo que tiene que seguir demostrándose que es mejor y más lista que todos los demás. Ahí estaba yo, hablando con mi cliente y aparece la jefa y toma el mando de la situación haciendo un chiste sobre lo mucho que tardo en hacer el papeleo. Esa represión tan exasperante me hizo quedar ante el cliente como un incompetente.

Los pensamientos de los que ridiculizan

Hace bastante tiempo que no lo hacía, pero sigo siendo la mejor cuando se trata de cerrar un trato. Brenda es buena, pero si yo no hubiera intervenido no hubiera terminado ni por Navidad.

ESTRATEGIA

Usted nota que el sarcasmo del jefe le está enviando un mensaje. Su objetivo es conseguir que se vuelva más directo a la hora de decirle lo que quiere que haga y la manera en cómo quiere que lo haga.

1. *Programe una reunión privada con el jefe o la jefa.* Sea franco y admita que se siente un poco molesto y que quiere aclarar las cosas. No criti-

que al jefe por haberle ridiculizado sino que sea profesionalmente desapasionado para no quedar como un llorón.

2. *Pídale al jefe que le explique lo que quería decir con sus observaciones.* Muéstrese receptivo a recibir cítricas constructivas y con buena intención. No se excuse, limítese a escuchar y prometa mejorar.

CONVERSACIÓN TÁCTICA

USTED: *Jefa, ya sé lo importante que es para usted que cerremos todas las ventas y comprendo su temor cuando otra persona está haciendo algo que usted es capaz de hacer tan bien. Pero cuando se hace dueña de la situación a mitad de mi trabajo, el cliente pierde el respeto que siente por la empresa, lo que debería darnos vergüenza a ambos.*

¿Podemos hablar de cuál es la mejor manera de proceder? ¿Preferiría usted que le pasara mi cliente en el momento de cerrar el trato? ¿O puede que pueda enseñarme una manera mejor de hacerlo?

> **Consejo:** A menudo, los jefes que utilizan el humor para corregir o criticar a sus trabajadores se ven a sí mismos como humoristas que hacen monólogos. A menos que usted les diga lo contrario, seguirán pensando que su sarcasmo es una manera bien recibida de suavizar un ataque.

LOS CONDESCENDIENTES

Estas personas le tratan con aire condescendiente y le hablan con altivez como si le hicieran el favor de permitirle estar con ellos.

Estos jefes tienen una opinión exagerada sobre sí mismos y una devaluada de los demás. Altivos y desdeñosos, son presuntuosos intelectuales que le permiten, tácitamente, que se una a la discusión. Luego ignoran sus ideas tapándole la boca con desaires a medida que menosprecian sus sugerencias.

Son muy rápidos en captar todas las implicaciones de un problema y más rápidos que usted en ver las soluciones. También son insultantes cuando le permiten que haga algo por sí solo: «Este es un trabajo fácil. José es capaz de hacerlo».

Lo que está usted pensando

Mi jefe es realmente muy inteligente respecto al negocio, pero jamás aprenderá a actuar con tacto. Todo el mundo aguanta sus modales abrasivos porque consigue resultados. Supongo que tengo suerte de que sus comentarios rudos no estén dirigidos únicamente a mí sino que reparta su arrogancia entre todos nosotros. Yo hago una observación y él siempre añade algo al respecto.

Bien, de acuerdo, pero ¿por qué tiene siempre que introducirlo con «lo que José está intentando decir es...»?. Yo soy perfectamente capaz de expresarme, así que ¿por qué le permito que me haga sentir como un idiota?

Los pensamientos de un condescendiente

El modo en que he conseguido que el Consejo estuviera de acuerdo con mi propuesta ha sido puro genio. Me he anticipado a todas las reacciones y tenía todos los hechos y las cifras para calmar sus preocupaciones. Mi personal todavía está jadeando intentando estar a mi altura. Ojalá dejaran de ofrecerme sus ideas después de que ellos mismos se meten en un buen lío. En primer lugar, lo que causa los problemas es su pensamiento distorsionado y necesitan mi claridad de análisis para sacarles del embrollo. Antes de que llegue la próxima crisis tengo que recordarles que sólo me traigan el problema, no sus soluciones desencaminadas.

ESTRATEGIA

No se equivocará si asume que estos jefes han sido aplaudidos por sus logros durante toda su vida y nadie se ha molestado jamás en enseñarles humildad. Creen que son administradores excelentes y es muy poco probable que nada de lo que usted diga vaya a cambiarles o a ablandarles y suavizar su rudeza extrema. Pero lo que sí puede usted cambiar es su reacción a esa falta de tacto. Además, puede protegerse de un posible ataque inmerecido.

1. *Decida extenderse en lo bueno que usted es y el enorme talento que tiene.* Los jefes no pueden hacer que se sienta mal por lo que usted vale a menos que usted les deje. Con el tiempo, ni siquiera oirá los comentarios carentes de tacto. Estará usted demasiado ocupado pensando y planeando con el jefe su próximo éxito.

2. *Haga, amablemente, que el jefe recuerde que usted desempeña un papel en lo que él está consiguiendo.* Usted quiere que él aprecie sus intentos a pesar de que no siempre está a la altura de sus normas excesivas. Antes de las reuniones de personal prepare las observaciones que hará. Utilice los informes de progreso para decirle al jefe, de manera hábil y delicada, lo capaz que es usted, *cuantificando* los esfuerzos que ha hecho. Los números causan una mayor impresión que los adjetivos. Deje que todo el mundo se regodee en la gloria del producto o servicio terminado.

3. *Preste mucha atención a los rumores de la oficina.* Un jefe arrogante es un candidato poco probable a compartir la culpa con usted cuando las cosas salgan mal. Para evitar convertirse en el tipo fracasado debe estar muy al corriente de lo que sucede y no esperar a que su problema se convierta en una crisis. Pida pronto la ayuda del jefe, pero espere a sugerir soluciones hasta que éste se las pida.

CONVERSACIÓN TÁCTICA

JEFE: *El punto siguiente del orden del día es la encuesta de actitud. José, supongo que no habrás podido...*

JOSÉ: *Jefe, como usted ya sabe, este tema está repleto de mitos. A menos que planeemos una acción que lo contrarreste, nos enfrentaremos a unas exigencias nada realistas para que... De acuerdo con nuestra encuesta, el 64 por ciento dijo que... Y el 87 por ciento expresó su deseo o disposición a...*

JEFE: *José estuvo sorprendentemente cerca de lo que necesitamos, pero tiene que enfrentarse a la realidad de...*

JOSÉ: *Lo que usted diga, jefe. Sin embargo, piense en que si esperamos a... los costes aumentarán alrededor de un 22 por ciento.*

Consejo: Las observaciones condescendientes de los jefes irán disminuyendo en proporción con la cantidad de mayor respeto que usted sea capaz de ganar. Ellos son listos y presuntuosos, usted puede ser listo y considerado. Tenga preparados algunos hechos que habrá comprobado dos y tres veces para estar seguro de su exactitud. Reconozca que ellos son los jefes, pero cuando reciba la señal de que puede seguir adelante, muévase con rapidez y confianza y manténgales informados.

Lo más importante cuando se enfrente a la rudeza es que usted no tiene que aguantarla, ni siquiera de su jefe, incluso si teme que su trabajo pueda estar en peligro. No importa el género del ofensor, el primer paso es creer que usted se merece respeto ya que no lo conseguirá si no lo espera.

Luego puede demostrarle respetuosamente a su jefe cómo puede beneficiarse si es educado. Si cree que los jefes están utilizando observaciones rudas para enmascarar quejas, es probable que así sea. Averigüe cuál es el problema y corríjalo. Usted puede hacer desaparecer la rudeza si es directo y cuida sus propios modales.

14

Cuando los descorteses son sus colegas

- Los que interrumpen
- Los que halagan falsamente
- Los que insultan

Con los colegas, como con los jefes, usted no puede permitirse pelear sin descanso con los rudos. Este enfoque no hará más que desperdiciar su tiempo y energía, aumentar el problema y no le ayudará a conseguir lo que usted quiere. Tampoco puede aceptar la rudeza o se irá sintiendo cada vez más agitado y nervioso. Usted quiere terminar con las descortesías, pero la idea de decirle a la gente con la que trabaja cada día que están siendo rudos le hace sentir vergüenza. Así que se queda usted ahí sentado preguntándose por qué se comportan esas personas como si fueran gamberros o delincuentes juveniles.

Algunos compañeros de trabajo inmaduros creen que es sensacional «hacerle frente» y que los modales eran algo que pertenece a la época de sus padres. Algunos son bruscos porque se sienten inseguros. Pero tanto si interrumpen su trabajo como si hacen observaciones sarcásticas y mezquinas, como si se meten en sus asuntos, existe un hilo conductor común. Estos egocéntricos están tan interesados en ellos mismos que no le dedican a usted ni a sus sentimientos ni un solo segundo de su pensamiento. Para conseguir que se comporten de manera adecuada siga dos directrices: la honestidad y la cortesía.

LOS QUE INTERRUMPEN

Estos colegas irrumpirán bruscamente en sus conversaciones, aparecerán de repente en su oficina sin haber sido invitados o le perseguirán con e-mails o llamadas telefónicas.

Lo que a usted le irrita más de los que interrumpen es que atacan sus horas más productivas. Aparecen frente a su mesa durante ese momento que usted ha reservado para preparar un proyecto potencialmente grande. Cuando se van o terminan con sus charlas, ya no es usted capaz de recuperar el hilo de lo que estaba pensando cuando ellos le interrumpieron.

Casi igual de enojoso es cuando desperdician su tiempo en las reuniones apartando la discusión del tema adecuado. Cuando está usted intentando oír los comentarios que está haciendo el jefe sobre el último informe de marketing, hablan con compañeros de trabajo cuchicheando de tal modo que todo el mundo les oye. Y jamás dejan que termine usted de demostrar algo o de hacer la observación que quería hacer.

Habitualmente, los que interrumpen no saben que se les considera una plaga o unos aburridos pedantes. Su crimen es ser egoístas y desconsiderados, y al final, su castigo es ser ignorados. Mientras tanto, su nivel de estrés aumenta y se siente a punto de estallar.

Lo que está usted pensando

Pedro parece haberme tomado por su confesor. Me gusta hablar con él cuando tengo tiempo, pero sigue interrumpiendo mi trabajo apareciendo de repente y saliendo y entrando de mi oficina. Tengo que encontrar la manera de impedírselo sin herir sus sentimientos.

Los pensamientos de uno de los que interrumpen

Es un tipo sensacional. Ha sido una verdadera ayuda para mí durante los últimos meses de este nuevo trabajo. Hoy el jefe me ha enviado una nueva cifra de producción que no me parece correcta. Llamaré a Quique y le preguntaré qué piensa de ella y cómo debería manejarlo. O mejor aún, me pasaré por su oficina ahora mismo.

ESTRATEGIA

Su objetivo es deshacer el patrón irreflexivo de conducta de su colega y, para hacerlo, tiene usted que interrumpir al que interrumpe. Pero tenga mucho cuidado o ese que interrumpe se convertirá en un antagonista y esto podría producirle otros problemas.

1. *Cuando interrumpa sea educado.* Sonría, empiece por pronunciar el nombre de la persona y acompañe su tono amistoso con frases sensibles. Sea considerado a pesar de que el que le interrumpe no lo sea.

2. *Cuando explique el motivo de que ahora no se le puede interrumpir sea directo y franco.* Cuando uno se encuentra bajo presión la gente lo entiende. No necesita trucos falsos, como golpear sobre su mesa, para que el que llama por teléfono entienda que alguien le está esperando. Sólo tiene que limitarse a explicar que tiene usted una fecha límite que cumplir, un informe que preparar, o recoger materiales para una conferencia que tiene que dar. Si no tiene tiempo para hablar precisamente en ese momento, pero quiere seguir la conversación, sugiera un momento que sea mutuamente conveniente.

3. *Cuando intercepten su conversación recupere rápidamente el control.* Interrumpa al que le interrumpe durante un minuto o dos para terminar lo que estaba usted diciendo.

4. *Detenga al que divaga con comentarios y preguntas muy bien enfocados.* Devuelva la conversación al propósito manifestado. Intervenga educadamente para resumir un interminable monólogo del que interrumpe.

5. *Desaliente a los que le interrumpen para que no acudan y se queden en su oficina.* Cambie su mesa de lugar para que los que pasan por delante de la puerta no puedan captar su mirada. Limite el número de sillas y además, llénelas con pilas de informes o listines telefónicos. Cuando uno de los que le interrumpen entre en su oficina, póngase en pie y siga así.

CONVERSACIÓN TÁCTICA

USTED: *Pedro, espera un minuto. Por lo que estás diciendo, creo que necesitas hablar de esto con el jefe y no conmigo.*

O: *Pedro, ¿es verdaderamente importante? Estoy tratando de prepararme para una reunión y si necesitas más de un minuto tendremos que hablar más tarde.*

O: *Me gustaría hablar contigo, pero ahora no puedo. ¿Qué te parece a la hora de comer?*

O: *Me gusta mucho tener noticias tuyas, pero voy a salir. Te volveré a llamar tan pronto como pueda.*

O: *Sí, es posible que sea así, pero, por favor, déjame terminar. Tenemos*
          que hacerlo de esta manera porque...

O: *Parece que nos hayamos olvidado del tema de esta reunión. Tal como*
          yo lo entiendo, lo que dices es que... ¿He expresado correctamente tu
          punto de vista?

O: *Creo que eso es todo, ¿no te parece?*

O: *Sólo una cosa más antes de que te vayas.*

O: *He ocupado demasiado tiempo tuyo.*

> **Consejo:** Los que interrumpen, o bien no se dan cuenta de que son
> egoístas al imponer sus necesidades a los demás, o bien no les im-
> porta en absoluto. Puede usted negarse a aceptar esta clase de
> rudeza y sin embargo ser educado. Si le interrumpen y no se le ocu-
> rre qué decir, recuerde la observación de George Bernard Shaw:
> «El silencio es la más perfecta expresión de desdén.»

LOS QUE HALAGAN FALSAMENTE

Esta clase de personas empiezan alabándole y terminan con un desaire
descalificador.

La primera vez que sucede le pilla desprevenido. Se siente tan bien con
las alabanzas que no se da cuenta de que podían llevar una implicación negativa. Un poco más tarde, usted se pregunta si sólo se imaginó la bofetada
o era un golpe de refilón intencionado. La vez siguiente que el que halaga
falsamente le golpea, usted sabe que su imaginación no estaba haciendo
horas extra. La observación hipócrita estaba destinada a ser una ironía, e intentando no mostrar señales de que le han herido, sonríe y se oye murmu-
rar «gracias», a pesar de que sabe que esa no es la manera en que debería
responder. Luego se da a sí mismo una bofetada por haberle dado las gracias a alguien que acaba de irse tan fresco después de haberle desairado.

Lo que está usted pensando

Me descubro a mí mismo intentando evitar a Laura. No tengo ni idea de
por qué está siendo ruda conmigo, pero parece pasárselo en grande ha-

ciendo que me crezca a la vez que me tira por los suelos, todo al mismo tiempo. A lo mejor me estoy volviendo paranoica. ¿Había un significado oculto cuando dijo que estos días tengo mucho mejor aspecto? ¿Qué había de malo con el aspecto que tenía antes? Y ese sarcasmo respecto a que mi informe era sensacional, *esta* vez. Ya tengo suficientes problemas sin tener que preocuparme por ella.

Los pensamientos de uno que halaga falsamente

Estos días, Francisca se comporta de un modo muy arrogante. Le he pedido que venga a comer conmigo un par de veces y siempre está demasiado ocupada. Está decidida a destacar de entre todos nosotros. No me gusta nada la manera en que hace que los demás trabajen a su ritmo.

ESTRATEGIA

Su objetivo es mantener su compostura al tiempo que se apodera del control de la conversación. En algunos casos, es posible que necesite feedback de su supuesto ofensor antes de estar seguro de que realmente está tratando con un culpable.

1. *Mantenga la calma y cuestione la intención de la observación.* Siempre que se les piden cuentas por sus comentarios inapropiados, los que halagan falsamente se apresuran a buscar cobijo. Intentarán culparle a usted por haberles interpretado mal. Pero también es menos probable que le ataquen ahora que han visto que no es usted tan vulnerable como creían.

2. *Rebusque un poco más hasta encontrar una causa subyacente.* Lo que usted interpretó como un falso cumplido puede estar ocultando algún tipo de resentimiento o enfado hacia usted. Una confrontación agradable puede aclararlo todo.

3. *Divida la observación en dos partes, la alabanza y el desaire.* Acepte con sinceridad el cumplido que le ha complacido. Corrija o ignore el insulto implícito.

CONVERSACIÓN TÁCTICA

LAURA: *Ese informe es sensacional, Francisca. ¿Por qué no puedes hacer siempre esa clase de trabajo?*

FRANCISCA: *Me alegro de que te gustara mi informe. Trabajé mucho en él como hago con todos mis proyectos. El jefe me dice que está muy contento con mi actuación. (Dividiendo la observación y aceptando únicamente la alabanza.)*

O:

LAURA: *Estos días tienes un aspecto mucho mejor, Francisca.*

FRANCISCA: *Gracias, Laura. Pero estoy algo confundida. ¿Qué es lo que te parece que me da un mejor aspecto?*

LAURA: *¿Por qué eres tan susceptible?*

FRANCISCA: *¿Qué es lo que te hace decir que soy tan susceptible? Laura, me parece que es posible que estés disgustada conmigo. Si he hecho algo que te haya ofendido dímelo, por favor, a fin de que podamos solucionarlo.*

> **Consejo:** Cuando le parezca que sus colegas están utilizando dardos disfrazados para herir sus sentimientos, deténgase a comprobar esa suposición. Una vez convencido, responda agradablemente a la parte que le halaga mientras que ignora o rechaza el aspecto negativo.

LOS QUE INSULTAN

Los que insultan sueltan observaciones o comentarios intencionadamente desafiantes y que parecen una bofetada en toda la cara.

Mientras es posible que usted se pregunte si los que halagan falsamente le han hecho un desaire, no tendrá duda alguna en el caso de los que insultan. Estas afrentas se emiten a propósito y usted no conoce el motivo.

En ocasiones, los que insultan están reaccionando ante su falta de aprecio, como, por ejemplo, aquella vez que su colega hizo tanto por ayudarle en su presentación y pensó que se merecía mucho más que su e-mail seco, insensible y de una sola línea que usted le envió. Es posible que se sienta agobiado por las prisas y esté absorto en sí mismo, sin darse cuenta de que los compañeros de trabajo consideran que el que usted no les haga caso cuando se cruzan en el pasillo es un comportamiento deliberadamente hostil.

O puede que sean las libertades que se toma con el lenguaje. Como usted es desinhibido, puede que no se pare a pensar que sus observaciones, comentarios y chistes pueden percibirse como humillantes y perjudiciales.

Lo que está usted pensando

¿Por qué se porta así Ramón? Me suelta un insulto detrás de otro. Refunfuña a todo lo que le digo y parece que está excesivamente susceptible. Creo que está resentido por algo y no quiero dejarlo pasar, pero me gustaría que ya que hemos de trabajar juntos, nos lleváramos mejor. ¿Cómo puedo llegar a él?

Los pensamientos de uno de los que insultan

Estoy furioso por el comentario de María. Hago ver que no estoy enfadado, pero en realidad estoy furioso. Es obvio que no sabe escuchar cuando hablo con ella. Me doy cuenta de que procedemos de lugares diferentes. Eso no debería ser un problema, pero ella no ha intentado nunca comprender nuestras diferencias culturales. Todo lo que quiero es que me demuestre un poco de respeto.

ESTRATEGIA

Su objetivo es detener la guerra abierta. Lo primero que debe hacer es encontrar la causa, y luego podrá corregirla. En el insulto acostumbra a haber una pizca de verdad.

1. *Pregunte y preste mucha atención a la respuesta.* Los conflictos son buenos cuando se consigue sacar a la luz un problema, pero son destructivos cuando van acompañados de una conducta inadecuada.

2. *Convenza a los que insultan de que ser educados les reportará beneficios.* Por el contrario, recálqueles que si no lo son podrían perjudicar sus carreras.

3. *Pónganse de acuerdo en unos límites que ambos puedan aceptar.* Adopte una política de lo que se puede y no se puede hacer. Hablen claramente de ello. ¿Qué acciones y palabras ofenden a los que le insultan y que a partir de ahora va usted a evitar? ¿Qué método utilizarán los que le insultan para reaccionar a lo que ellos creen que es una ofensa?

CONVERSACIÓN TÁCTICA

MARÍA: *Ramón, ¿qué está pasando aquí? ¿Por qué me estás lanzando todas estas observaciones y comentarios de censura? Todo el día le estoy dando vueltas a este tema.*

RAMÓN: *¿No lo sabes? Es porque eres tan egoísta. Ni siquiera quieres enterarte de lo ofensivos que pueden ser tus comentarios étnicos.*

MARÍA: *Yo no me di cuenta...*

RAMÓN: *Bueno, pues ya es hora de que te enteres.*

MARÍA: *Pues hablemos de ello. Puede que no te hayas dado cuenta de que las disputas actuales pueden poner en peligro nuestras carreras. Si admito que he sido descuidado e insensible, ¿admitirás que insultarnos mutuamente no es manera de solucionar nuestras diferencias?*

RAMÓN: *Está bien, de acuerdo, ¿qué sugieres?*

MARÍA: *Bueno, podríamos acordar un método. Tú me dices el motivo de que algunas expresiones te hagan enfadar. Hazme una lista de las palabras que debo evitar y cuando te sientas ofendido, llámame en lugar de lanzar dardos a mi cara.*

> **Consejo:** Cuando crea que alguien está siendo rudo, no se limite a enfurruñarse. Deje de aceptar un comportamiento que usted no quiere tolerar. Enfréntese a ello con calma. De lo contrario, si intenta tragarse insultos reales o imaginarios se ahogará con ellos.

Los colegas rudos tienen muchas caras. Lo abrasivo de su comportamiento desconsiderado se va haciendo cada vez más irritante. Es como llevar un zapato que aprieta hasta que finalmente aparece una ampolla. No espere a explotar antes de actuar. No tiene usted motivo alguno para seguir aguantándolo, pero tampoco quiere salirse de sus casillas. Si responde con rudeza permitirá que la mala conducta se refleje en usted. Muéstrese firme y sea directo, franco y educado.

15

Cuando los descorteses son sus subordinados

- **Espíritus libres**
- **Los mordaces**
- **Los desafiadores**
- **Los aguijoneadores**

Cuando los jefes son irrespetuosos y humillantes, los trabajadores dicen que son arrogantes. Cuando los subordinados se comportan así, los supervisores dicen de ellos que son descarados y presuntuosos.

Es sorprendente, pero esta actitud descortés es provocada, a veces, por jefes que son demasiado buenos para ser verdad: jefes que hacen lo imposible por ser amables y considerados; jefes que tienen mucho cuidado en permitir que sus subordinados solucionen sus propios problemas.

Los trabajadores que están buscando instrucciones de lo alto y que no las reciben pueden sentirse constantemente en un estado de crisis. Pueden, por ejemplo, necesitar una división clara de quién está haciendo qué pasos en el trabajo y para qué fechas límite. Cuando sus jefes son «tan encantadores» que los subordinados no pueden quejarse, su frustración puede traducirse en que los trabajadores son mordaces, desafiantes, o aguijoneadores.

Si ser demasiado amable no es su problema, sus trabajadores puede que se sientan presionados por alguna otra fuente y sencillamente, no saben como arreglárselas. Descargan su ansiedad o enfado en usted y sus compañeros de trabajo. Sea cual fuera la causa, usted quiere reducir la tensión en la oficina.

LOS ESPÍRITUS LIBRES

Los espíritus libres —irreverentes, animados, impulsivos y que no tienen pelos en la lengua— son tan cándidos que parecen no tener tacto, ser irrespetuosos y ofensivos.

En primer lugar, estamos contemplando un vacío generacional que separa al jefe y al trabajador. Lo que usted ve como desvergonzado, los espíritus libres lo ven como entusiasta. Usted cree que son bruscos, descaradamente impertinentes y a veces groseros; mientras que ellos piensan que usted es soso, severo y lo que sus padres llamaban viejos quisquillosos y anticuados.

Aunque usted se pregunta si los espíritus libres son el producto de padres excesivamente permisivos o de la ausencia de guía paternal, en realidad está preocupado por lo que debería hacer cuando se pierden clientes por culpa de su manera de hablar.

Lo que está usted pensando

El saludo «Hola, tíos» es tan corriente hoy en día que ya no es ofensivo. Pero los adultos jóvenes, como Úrsula y algunos de los demás, deberían ser más profesionales y menos presuntuosos, especialmente cuando no están hablando con uno de sus iguales. Aunque yo aprecio su talento, va a necesitar algo más que toda su sabiduría tecnológica. Su arroyo de expresiones atrevidas, vulgares y vivaces está cruzando la línea de lo que es un lenguaje aceptable y entrando en la rudeza no intencionada. Muestra una falta de juicio que me temo que tendrá consecuencias para esta oficina, así como para su futuro.

Los pensamientos de un espíritu libre

La jefa está más tensa que las cuerdas de una guitarra. Se sobresalta cuando yo hablo de una manera tan lanzada. Por supuesto que es un estilo franco y sin restricciones, pero también es amistoso y animado. Muestra mi honestidad y mi franqueza, y yo creo que los clientes en realidad están buscando eso. Este es un trabajo de calidad y me hace vibrar. Soy tan buena en lo que hago que me siento emocionada. Hay mucha demanda para esta clase de habilidades, así que si a ella no le gusta, ¡mala suerte! Otras empresas me querrán.

ESTRATEGIA

Su objetivo es encontrar una manera de hacer que dos opiniones obviamente divergentes sean más compatibles.

1. *Aproveche todas las oportunidades.* Si escucha cuidadosamente lo que dice el espíritu libre encontrará motivo para empezar una discusión. Si vuelve a formular sus pensamientos como una pregunta, no les obligará a tragarse sus sentimientos.

2. *Convoque una reunión de su grupo para hablar de su preocupación.* Mencione los comentarios que ha escuchado de personas ofendidas. Hable de su deseo de ayudarles a progresar aprendiendo a hablar de una manera menos agresiva y con más dignidad. Ser cortés no quiere decir que no se pueda ser amistoso.

3. *Decidan juntos un objetivo.* Haga que sea un objetivo que ayude más a la empresa y a su gente. Entérese de lo que piensan permitiendo que todos y cada uno tengan una oportunidad para hablar. Reciba sus sugerencias sobre la manera de poner en práctica cambios en los patrones de lenguaje que alcancen los objetivos.

CONVERSACIÓN TÁCTICA

ÚRSULA: *Jefa, ¿sabes? Esta carta de promoción es una mierda. Es tan carroza. Quiero decir que nadie va a leerla.*

USTED: *(Viendo una oportunidad.) Úrsula, tengo que hablar contigo ahora mismo. Has sido una adición sensacional a la oficina, una infusión de vida y de aire fresco. A la gente le gusta estar contigo.*

ÚRSULA: *¿Lo crees de verdad?*

USTED: *Sí. De todos modos, estoy segura de que no te das cuenta de que cuando hablas con los que no son de tu generación, tu manera habitual de hablar no tiene mucho éxito. Además, si vas a llamar a las personas mayores que tú y a las que acabas de conocer por su nombre de pila, sería mejor que les preguntaras cómo prefieren que les trates. No prestar atención a este tipo de cosas puede impedir que progreses.*

O:

USTED: *(Al grupo.) Os he pedido que vinierais para informaros de un pro-*
          blema y discutir maneras de solucionarlo. Tengo dos motivos para
          ello, ayudar a la empresa y ayudaros en vuestras carreras individua-
          les. Algunos clientes se han quejado de que el personal es tan agresi-
          vamente amistoso que es desvergonzado e impertinente. Esa manera
          de hablar tan brusca y casi en la cara de la gente, y que es natural
          cuando habláis entre vosotros, puede costarnos parte del negocio.
          Quiero empezar por escuchar lo que pensáis al respecto. ¿Lo veis tam-
          bién como un problema?

O:

USTED: *(Después de la sugerencias del grupo.) Gracias, me habéis dado un*
          montón de buenas ideas para estudiar. Me gusta en especial la idea
          de la formación en sensibilidad. Creo que os sorprenderíais de lo mu-
          cho que disfrutaríais con ella.

> **Consejo:** Enséñeles a los espíritus libres lo que ganarán con su
> plan de juego. Luego pruebe con un enfoque colaborador dejan-
> do que sus trabajadores le presenten soluciones.

LOS MORDACES

Los mordaces hacen observaciones y comentarios cortantes e impertinentes.

Estos subordinados son almas miserables y es muy desagradable tenerlos
cerca. Parece que se mueren por tener una discusión. Casi cada día después de llegar al trabajo hay algo que les hace saltar. Una entrega retrasada,
por ejemplo, puede hacer que se pasen el resto del día ladrándole a cualquiera que pase por su lado.

Como las personas mordaces se concentran tanto en ellos mismos, carecen del respeto y cortesía que se debe a los demás. Lanzan sus agudos dardos verbales a los jefes así como a sus compañeros de trabajo, y como la
gente quiere evitar su línea de fuego, se les permite emitir con impunidad
sus observaciones sarcásticas.

Lo que está usted pensando

El trabajo de Eduardo es muy bueno y no hay duda de que ha demostrado una y otra vez que me es leal. Pero creo que es el principal responsable de gran parte de los altercados triviales que se dan en esta oficina. Parece ser exageradamente protector de su terreno. Puede ser impaciente e insultante y rápido en responderme a mí, o a cualquier otra persona, con un comentario mordaz, sea quien sea el que resulte que está presente.

Los pensamientos de una persona mordaz

Yo pensaba que podía contar con el apoyo del jefe, pero resulta que uno no puede fiarse de nadie que no sea uno mismo. ¿Cómo puedo hacer mi trabajo si el jefe pasa por encima mío y da instrucciones a mi gente? Él sabe la importancia de respetar la cadena de mando y, que me traten así me duele y me hace enfadar. Después de todo lo que he hecho por él, por lo menos podría respaldarme.

ESTRATEGIA

Cuando la gente se muestra mordaz es probable que esté reaccionando a algo o a alguien que les hizo daño o que ha interferido en sus planes. Su objetivo es conseguir que expresen su ira o su enfado para que pueda descubrir el verdadero problema y solucionarlo.

1. *Vuelva a examinar su estilo directivo.* ¿Por qué su subordinado no cree tener libertad para hablar con usted de lo que le está molestando? ¿Ha hecho usted algo que desaconseje este tipo de conversación? ¿De qué tiene miedo? ¿Qué es lo que cree que peligra si se lo cuenta todo a usted?

2. *Haga que el subordinado se sienta cómodo.* Permítale que hable con usted. Cuando empiece a hablar, limítese a asentir con la cabeza o decir «ya veo», para demostrar que le comprende, pero no le interrumpa.

3. *Haga preguntas.* Los dos juntos, como un equipo, busquen cada vez más a fondo para llegar a la raíz del problema o del malentendido. Si el enfoque pasa a algo en lo que su subordinado no había pensado o no había tenido en cuenta y necesita un poco más de tiempo, sugiera que vuelvan a reunirse de nuevo dentro de poco tiempo.

CONVERSACIÓN TÁCTICA

USTED: *Eduardo, últimamente pareces estar muy nervioso. Hablemos de ello.*
           ¿Cuál parece ser el problema?

O: *Bueno, Eduardo, me gustaría poder aclarar el malentendido respecto*
           a la cadena de mando. Pero ¿qué crees que podemos hacer para solu-
           cionar tu ira en lugar de recurrir a observaciones sarcásticas? Tú
           quieres progresar y esa clase de conducta te lo impedirá.

> **Consejo:** Empiece por asumir que los subordinados mordaces
> ladran e intentan morder porque se sienten frustrados. No saben
> cómo expresar sus sentimientos o tienen miedo de hacerlo. Una
> vez que consiga usted que hablen, irán reduciendo su ansiedad,
> mejorarán su rudo comportamiento y disminuirá el nivel de ten-
> sión en la oficina.

LOS DESAFIADORES

Son personas insubordinadas e irrespetuosas que se oponen a la política
establecida.

Usted da una orden a algunos subordinados y ellos no la cumplen, ni la
cumplirán, o bien retrasan su cumplimiento. Reciben cada uno de los encargos como una confrontación, se resisten a ellos y le desafían a que haga
usted algo al respecto. Al final el trabajo se hace, pero usted queda agotado
por la batalla.

Lo que está usted pensando

Tania desafía deliberadamente todas mis órdenes. Supongo que, técni-
camente, es culpable de insubordinación, pero yo no puedo demostrarlo
aunque quisiera hacerlo. Tania está decidida a manejar el trabajo a su manera, incluso a pesar de que ello nos cree otros problemas. Sigue insistiendo en que su método es mejor. Tengo que conseguir que deje de socavar
mis decisiones.

Los pensamientos de un desafiador

La jefa me hizo responsable del proyecto, pero no puedo hacer mi trabajo si ella me estorba a cada momento. ¡Todas esas normas estúpidas! Tiene que dejarme libertad para hacer las cosas a mi manera.

ESTRATEGIA

Su objetivo es conseguir que todos sus trabajadores trabajen lo mejor posible. Quiere ser razonable con cada uno mientras tiene bien presente la imagen general. Su posición ventajosa no está a la disposición de sus subordinados y, por lo tanto, a menos que usted les explique lo que se ve desde el lugar en que está, ellos no lo sabrán.

1. *Compruebe su propia actitud.* Cuando los trabajadores se muestran desafiantes, pregúntese a sí mismo si está usted siendo franco y jugando imparcialmente. ¿Solicita u ordena que le obedezcan? ¿Les explica la importancia de hacer algo de un cierto modo? ¿Convierte usted las equivocaciones en experiencias de aprendizaje para ambos? ¿Se resiste a ofrecerles promesas a menos que esté seguro de que va a poder cumplirlas?

2. *Vaya directo al motivo de su reunión.* No se ponga a dar rodeos o a charlar de cosas sin importancia. Haga, inmediatamente, que su subordinado se sienta cómodo expresándole su deseo de seguir con su relación de trabajo.

3. *Deje que los trabajadores desafiantes suelten todo lo que llevan dentro y que les molesta.* Luego ceda cuando y en lo que le sea posible, pero explique el motivo de que deban seguirse ciertos procedimientos. Pídales, de una manera tranquila y profesional, que expliquen el motivo de que hayan desobedecido deliberadamente una directiva. Consiga que sean ellos los que le digan las consecuencias probables de esta clase de acciones. Pregúnteles cómo piensan enfrentarse a la situación.

CONVERSACIÓN TÁCTICA

USTED: *(Exigiendo.) A las 10 de la mañana debe tener hechas todas esas llamadas de notificación.*

O: *(Solicitando.) ¿Cuándo tendrá terminadas todas las llamadas de notificación?*

O: *(Haciendo que el subordinado se sienta cómodo.) Aprecio de verdad*
            las muchas contribuciones que ha hecho a la empresa y confío en que
            seguirá haciéndolas. Pero primero hemos de solucionar este tema de
            cumplir las órdenes...

> **Consejo:** Un subordinado que trabaja en un segmento del nego-
> cio no puede tener la misma imagen global que el jefe que lo está
> supervisando todo. Aunque las opiniones de los trabajadores
> son inapreciables y deben ser comentadas en reuniones de gru-
> po, y aunque los trabajadores deben tener libertad para quejarse
> ante usted, todavía sigue siendo responsabilidad suya el hacer
> cumplir la política de la empresa, así como los procedimientos
> importantes. Si tiene usted tacto, ambos se darán cuenta de que
> en la conversación se ha ganado algo.

LOS AGUIJONEADORES

Estas clase de personas utilizan un humor muy punzante para provocar y aguijonearle a usted y a su equipo.

Criticar al jefe, incluso cuando se tratan ustedes en los términos más amistosos, es un tema delicado. Los subordinados aguijoneadores han descubierto que disfrazar de humor los comentarios y observaciones inteligentes, agudas y aguijoneadoras, es una manera de quejarse sin que le consideren un atacante. Intentan controlar una situación sin que se les haga responsables de la nueva dirección.

Los aguijoneadores necesitan un público como el resto del personal o un cliente. Si protesta usted por sus bufonadas, ellos dicen que intentaban ser divertidos. ¿Por qué no se ríe usted mientras su ego está siendo pisoteado?

Lo que está usted pensando

Miguel sabe que le necesito de verdad porque es uno de nuestros mejores trabajadores. He intentado demostrarle que estoy de su parte ofreciendo hablar de cualquier problema que tenga. Cuando le dije que algunas personas encuentran ofensivas sus observaciones aguijoneadoras se limitó a ponerse de malhumor y a la defensiva. Él dice que en este grupo no hay nadie que tenga sentido del humor. ¿Qué voy a hacer respecto a este aguijoneador y cómo puedo conseguir que deje de pinchar-me a mí?

Los pensamientos de un aguijoneador

¿Por qué no son capaces de ver lo que hay de malo en todo esto? Trabajas durante años dando lo mejor de ti y ¿qué es lo que hacen? Traen a alguien de fuera en lugar de ascender a alguien de dentro. Yo debería te-ner ese puesto que tiene mi nueva jefa, pero si la critico tendré problemas. Lo que voy a hacer es camuflar mi desencanto bajo un cierto aguijoneo y no podrán culparme de nada, a pesar de que podré conseguir que todos vean la poca experiencia que en realidad tiene la nueva jefa.

ESTRATEGIA

Su objetivo es obligar al aguijoneador a salir de su escondrijo y ser fran-co con sus críticas. Vaya directo al grano y pinche al aguijoneador. Para conseguirlo, es esencial que a usted le vean como agradable y amistoso.

1. *Pida aclaraciones repetidas veces.* Utilizando toda una variedad de fra-ses, solicite que el aguijoneador deje bien claras sus críticas siendo más concreto.

2. *Cambie la dirección.* Consiga que los aguijoneadores dejen de pinchar-le a usted y a los demás y empiecen a atacar los problemas. Puede que estén sobre la pista de algo importante. Es posible que haga falta ha-cer algunos cambios y que haya que volver a examinar los procedi-mientos.

3. *Hablen en privado.* Con una amplia sonrisa en su cara, haga saber a los aguijoneadores que sus «chistes» no consiguieron su propósito. Luego tranquilíceles diciendo que su pensamiento es inapreciable y que usted y el resto del equipo pensarán en profundidad en sus suge-rencias. Lánceles un desafío, algún problema adicional para que puedan empezar a pensar cómo solucionarlo.

4. *Piense en la posibilidad de devolver los chistes.* Puede que deba usted tomárselo más a la ligera. Piense en la posibilidad de devolver los chistes o de sonreír en silencio para quitarle la diversión al aguijo-neador.

CONVERSACIÓN TÁCTICA

USTED: *(En frente del grupo.) Miguel, por favor, vuelve a explicarnos eso.
¿Qué es, concretamente, lo que te está preocupando al respecto?... ¿A
qué estás objetando exactamente?... Algunos no terminamos de comprender lo que quieres demostrar...*

O: *(Sacudiéndose el ataque de encima.) Miguel, es posible que tengas
razón.*

O: *(Riendo.) ¡Debes estar de broma!*

O: *(En privado.) Miguel, como probablemente ya habrás adivinado, no
creo que tus «chistecitos» en la reunión fueran muy divertidos. Pero
quiero que sepas que aprecio el buen trabajo que has estado haciendo... La tendencia parece indicar una cierta expansión en tu área.
Hay, por lo menos, dos problemas que podría crearnos eso y quisiera
que pensaras en ello, así como en la manera para que podamos hacerlo todo más aerodinámico...*

> **Consejo:** Al intentar disfrazar la crítica con el humor, los aguijonea-
> dores frecuentemente se equivocan. Para que los críticos se gana-
> ran a la gente deberían incluirse ellos mismos en el chiste. De lo
> contrario, parece que se mofan o riñen y eso ofende. Teniendo esto
> bien presente puede derrotar a los aguijoneadores en su propio jue-
> go. Inclúyase en la discusión del problema. Además, no debe per-
> mitir que los aguijoneadores se den cuenta de que le molestan. Una
> vez que empiece usted, de una manera juguetona, agradable y pro-
> fesional a pinchar al aguijoneador, los demás se le unirán.

Para que todo el personal se sienta tenso basta con unos cuantos trabajadores rudos y abrasivos. En ocasiones, atacan abiertamente con observaciones llenas de insinuaciones sarcásticas y de rebelión. En otras ocasiones,
intentan disfrazar sus críticas por medio de insinuaciones bromistas, pero
maliciosas. Como resulta que estos subordinados problemáticos acostumbran a ser buenos trabajadores, someterse a ellos puede destruir cualquier
espíritu de equipo que exista. El enfado se limita a arder a fuego lento y sin
llama. A fin de que tanto el trabajador como el jefe queden como ganadores hay que solucionar inmediatamente y sin amenazas la cuestión de la
descortesía. De un modo profesional y amistoso haga preguntas que le con-
duzcan a la causa y déjeles hablar. Una vez que preste atención a las necesidades de todos, la tensión se disolverá y podrá usted empezar a influir en
sus trabajadores para que sean más productivos.

Sexta parte

Cuando se trata con personas egoístas o egocéntricas

Según Disraeli, Primer Ministro británico del siglo XIX: «Si le hablas a la gente sobre ellos mismos, te escucharán durante horas». A muchos de nosotros nos halaga que nos presten atención y todos necesitamos que se fijen en nosotros, pero los egocéntricos llegan a extremos increíbles. Una cosa posee valor únicamente según la relación que tiene con sus intereses. Creen que usted debería tener tanto interés en ellos como ellos lo tienen por sí mismos.

Algunos incluso quieren que usted siga reviviendo sus glorias pasadas. Estos pretenciosos aburridos se olvidan de que para mantener las aclamaciones, tanto en la sala de conferencias como en el escenario o en el campo de fútbol, uno sólo es tan bueno como su último esfuerzo. Esa ansia tan burda y excesivamente desarrollada por ser admirado frecuentemente les convierte en personas que actúan para impresionar al público. Se entrometen y se apoderan de la situación. La gente egoísta es doblemente difícil porque no son capaces de ser jugadores de equipo. Creen que si le ayudan, usted puntúa y a ellos se les niega la atención que buscan desesperadamente.

Al tratar con egoístas es natural que quiera usted poner al descubierto su engreimiento y su egocentrismo. No permita que le distraigan ya que a pesar de que estos jefes, colegas y subordinados son problemáticos, usted puede tratar con ellos y seguir concentrando su energía en sus propios y legítimos objetivos.

16

Cuando su jefe es egoísta

- **Los que desperdician talentos**
- **Los que se quitan a la gente de encima**
- **Los negligentes**
- **Los creídos/ostentosos**

Los jefes egocéntricos se concentran en ellos mismos. Promocionan sus propios intereses sin que les preocupe en absoluto la manera en que sus acciones pueden afectar a sus subordinados. Usurpan decisiones que debería tomar usted y no permiten que sus directores dirijan porque creen que ellos saben más y mejor de todo.

Cuando los jefes no le dejan trabajar en paz o cortan la cadena de mando pasando por encima suyo y dando órdenes directamente a sus subordinados, la ayuda no sirve de nada. Los jefes egocéntricos también pueden ser muy irritantes cuando se pasan el día comprobando las cosas y cuando a pesar de no haber fijado plazos límite, le llaman todos los días. Algunos se van al otro extremo: Son capaces de parecer estar demasiado ensimismados en sus propias tareas para molestarse por usted o interesarse por lo que está haciendo.

LOS QUE DESPERDICIAN TALENTOS

Son unos jefes bobos que no utilizarán jamás, ni siquiera pensarán en utilizar, las ideas de aquellos a los que supervisan.

Son engreídos y petulantes ya que creen que saben todas las respuestas. No sólo carecen del deseo de escuchar a aquellos que hacen el trabajo, sino que también evitan utilizar motivadores como feedback frecuente o la delegación de responsabilidades.

Esta ausencia de atención al talento y las necesidades individuales —en particular la posibilidad de crecer en el trabajo— es una razón primordial para que los que desperdician talentos pierdan buenos trabajadores.

Lo que está usted pensando

Tengo algunas ideas de diseño gráfico sensacionales con las que todos nosotros podríamos entusiasmarnos, pero no hay manera. El jefe no quiere oír hablar de cambio alguno en el statu quo. De él no sale nada, no hay manera de que escuche, de que participe, ni de que yo pueda desarrollar mi potencial. Esta atmósfera asfixiante hace que me sienta aburrido y vacío cuando debería estar entusiasmado. Hay más satisfacciones en el trabajo que un buen sueldo. Yo podría estar desarrollando unos diseños nuevos muy enriquecedores y no quiero irme, pero lo haré a menos que pueda conseguir que las cosas cambien pronto.

Los pensamientos de un desperdiciador de talento

He fijado unos buenos objetivos para la empresa y sé cómo podemos alcanzarlos, así que no necesito que estos advenedizos me cuenten sus ideas disparatadas. Con el sueldo que cobran deberían estar contentos de hacer las cosas a mi manera. Tengo que tener cuidado con Federico porque está ansioso por hacerse con más responsabilidad. Pero si le paso algunas de mis tareas, ¡a saber qué métodos extravagantes utilizará! Como dice el viejo refrán: «Si quieres algo bien hecho, hazlo tú mismo».

ESTRATEGIA

Su objetivo es persuadir a su jefe para que utilice esas habilidades especiales que tiene usted y que aprecie las maneras de pensar que sean diferentes de la suya.

1. *Haga sus deberes.* A través de los que hace tiempo que están en la empresa averigüe el motivo de que el jefe adopte ciertas posturas. Busque áreas en las que, en el pasado, se le ha visto ser algo flexible. Adopte la actitud de que le está haciendo un favor a su jefe al solucionarle *su* problema.

2. *Póngase en la piel del jefe.* Imagínese lo que él quiere, lo que es impor-

tante para él. ¿Cómo podría beneficiarse valiéndose de las potencias que usted tiene y liberar así su energía?

3. *Concierte una cita con su jefe.* Dígale que quiere hablar de un tema importante. Deje de bombardearle con ideas y de decirle lo que usted quiere. En lugar de eso, háblele de cómo puede ayudarle a conseguir lo que él quiere. Busque un terreno común de una manera tranquila, moderada y profesional. Entérese de los costes financieros y no financieros involucrados y la manera concreta en que su idea ayuda a la empresa.

4. *Piense en un plan gradual a corto plazo.* En lugar de pedirle al jefe que se arriesgue a comprometerse totalmente o a aceptar un cambio radical, elija un plan que le cause la menor vergüenza o de pérdida de autoestima posible. Mencione los resultados potenciales no deseados si no se adopta su plan.

CONVERSACIÓN TÁCTICA

JEFE: *Federico, si vienes con otra de esas propuestas tuyas, ahora no tengo tiempo.*

USTED: *Lo comprendo, jefe. Quería llamar su atención sobre un pequeño problema que tenemos y sugerirle que usted podría dedicar unos cuantos minutos cada semana, al final de la reunión, a dejar que le dijéramos lo que nosotros creemos que está sucediendo.*

JEFE: *¿De qué problema me estás hablando?*

USTED: *El de atenernos a nuestra programación cuando nos cuesta tanto conseguir la aprobación de los clientes en los nuevos diseños.*

JEFE: *Sí, ya estoy trabajando en ello.*

USTED: *En mi último trabajo me utilizaron con mucho éxito como persona de contacto. Puede que yo pudiera resultarle más útil y valioso si usted no tuviera que perder tiempo en trabajos que otros pueden hacer en lugar suyo. Para sacar lo mejor de todos nosotros, ¿por qué no aprovecha nuestras potencias individuales?*

JEFE: *Francamente, no sé si puedo aprovechar esta oportunidad.*

USTED: *Bueno, ¿qué le parecería si probara con un solo proyecto, por ejemplo el de...? Es posible que usted no se dé cuenta de ello, jefe, pero cuando nos permite poner algo de nosotros en la empresa nos sentimos más responsables. Y claro está, tenemos un interés personal en que la empresa tenga éxito y usted se dará cuenta de que ha creado un equipo más fuerte y leal.*

> **Consejo:** Cuando a usted le parece que el jefe no utiliza sus habilidades y su talento, es porque o bien no ha hablado con claridad o no le ha demostrado los beneficios potenciales.

LOS QUE SE QUITAN A LA GENTE DE ENCIMA

Esta clase de jefes se lo quitan de encima, lacónica y fríamente. Están demasiado ocupados para responder a sus preguntas o para proporcionarle lo que usted necesita.

¿Por qué están demasiado ocupados para atenderle? Es posible que no lo admitan ni siquiera ante ellos mismos, pero lo quieren de ese modo. Están empantanados en tareas que otros deberían estar haciendo y no sólo no consigue usted la ayuda que necesita, sino que también impiden que otros les ayuden. Los jefes que desairan tienen problemas para delegar principalmente por un motivo: ellos creen que pueden hacerlo todo mejor que cualquier otra persona.

Otro motivo es que temen que si desarrollan a su personal y le dejan algunas de las tareas ya no se les considerará vitales para la empresa, pero lo que consiguen con esto es que ahogan su propio crecimiento. No se permiten tener tiempo para planear movimientos futuros importantes y hacen que usted se sienta frustrado.

Lo que está usted pensando

Me doy cuenta de que el jefe se ha molestado porque le pedí consejo a Julia, el jueves pasado, cuando él no estaba. Él me ha dado responsabilidad y autoridad para actuar y así, si algo sale mal, siempre es culpa mía. Está claro que me hace falta ayuda, ahora necesito esos documentos antes de poder seguir adelante y él se me sigue quitando de encima diciendo: «Ya lo arreglaré». Comprendo que está muy ocupado, pero no tiene que ser tan brusco y seco. Demuestra más respeto a las máquinas de la oficina que a mí.

Los pensamientos de uno de esos que se quita de encima a la gente

Esta gente no puede ni imaginarse la enorme responsabilidad que tengo al dirigir un gran departamento. Sería de esperar que me demostraran algo de consideración y se dieran cuenta de que estoy sometido a una gran presión. Pablo, por ejemplo, sigue sin dejarme en paz con lo de esos documentos. ¿Por qué no se marcha de una vez y espera a que yo pueda atenderle?

ESTRATEGIA

Su objetivo es terminar los trabajos que le han sido asignados. Eso incluye la extracción de datos necesarios de un jefe muy ocupado.

1. *Pase la pelota, no se enfrente.* Si le dice al jefe que se equivoca, él tendrá que defender su ego con un contraataque, así que procure que ni siquiera parezca que está discutiendo con él. A menudo podrá devolverle la pelota pidiéndole su opinión o que haga una elección.

2. *Concéntrese en las necesidades del jefe, no en las suyas.* Si se queja perderá terreno. Oblíguese a ignorar completamente sus modales secos y hable, en cambio, de las opciones que tiene él de aumentar su reputación o alcanzar sus objetivos. Se sentirá más inclinado a ayudarle si ve la acción como una ayuda para sí mismo. Sus sugerencias positivas pueden iluminar el camino.

CONVERSACIÓN TÁCTICA

USTED: *Jefe, ahora que estamos atrasado en el proyecto X, ¿cree usted que sería mejor visitar a nuestro cliente o escribirle primero, adjuntándole una lista de los puntos que tenemos que saber para completar los impresos?*

O: *Jefe, tengo una idea que podría ayudarnos a disponer de algo más de tiempo. ¿Qué le parecería si utilizáramos ese programa de ordenador que proporciona un gráfico como éste para indicar las fases de realización?*

> **Consejo:** Usted quedará mucho mejor cuando ayude a que su jefe quede bien. Los jefes egocéntricos se preocupan por la percepción que sus supervisores y colegas tienen de su profesionalidad. Deles ideas que puedan presentar como suyas: «Ayer cuando estaban ustedes hablando de los procedimientos para ahorrar costes, se me ocurrió que...»

LOS NEGLIGENTES

Son jefes que sienten indiferencia hacia lo que se necesita y no les importa nada en absoluto si eso es un inconveniente para usted.

A diferencia de los jefes que se quitan de encima a la gente y que están demasiado ocupados para ayudarle, los negligentes son líderes de los que dejan hacer y que tienen demasiado poco interés para hacer nada en absoluto. Se sienten felices al dejarle decidir por dónde debe usted ir y contentos de que cargue con la culpa si fracasa. Algunos se negarán a darle consejo u opiniones porque se niegan a correr riesgos.

En general, los negligentes están tan involucrados en sus propios propósitos o cuestiones personales que ni siquiera les importa ni se preocupan de averiguar si sus subordinados tienen lo necesario para actuar bien.

Lo que está usted pensando

No estoy seguro de si la jefa no me hace sugerencia alguna porque quiere mantenerlo en secreto o en realidad no le importa lo bastante para hacer ese esfuerzo. Mientras, me deja abandonado a la deriva y me siento como si estuviera dando vueltas en círculo. ¿Debería seguir adelante y tomar yo las decisiones? ¿Hasta dónde debo poner mi cuello en peligro tomando las decisiones que mi jefa debería estar tomando?

Los pensamientos de un negligente

Mis trabajadores son gente capaz. En realidad no me necesitan. Además, si cometen errores, ya aprenderán. Yo tengo muchas otras cosas que atender.

ESTRATEGIA

Su objetivo es maniobrar alrededor del desinterés aparente de su jefe y si es posible, hacer que esta situación vaya en favor suyo.

1. *Primero, determine si es que el jefe es sencillamente olvidadizo.* Es posible que tenga buenas intenciones, pero que no sea capaz de acordarse de hacer lo que ha prometido. Si es así, puede que él esté esperando

que usted le pregunte por lo que sea que se suponía que iba a hacer, demostrando así su interés.

2. *Pruebe a «sacarle» alguna dirección hacia la que pueda usted moverse.* Aunque parezca que está usted extrayéndole un diente, por lo menos haga el intento.

3. *Llene el vacío de liderazgo.* Si su jefa se olvida o no le indica la dirección adecuada, muévase lentamente de motu propio. Escoja unos cuantos objetivos mensurables, alcáncelos y fíjese unos cuantos más. Pero siempre *tenga informada a su jefa o jefe* de lo que está usted haciendo. Enséñele su plan antes de poner en marcha su proyecto. Haga sus informes por escrito para tener pruebas de que usted la tuvo constantemente informada.

CONVERSACIÓN TÁCTICA

USTED: *Jefa, ¿qué sucedió cuando usted habló con Manuel respecto a nombrarme para pertenecer al Comité de Operaciones?*

O: *Jefa, tengo la sensación de que usted cree que me estoy apartando del curso adecuado. ¿Qué es concretamente lo que debería ajustar? ¿Estoy haciendo énfasis en algo equivocado?*

O: *Mire, aquí tengo un bosquejo de las fases para alcanzar mis objetivos principales a lo largo de los próximos seis meses. Si no tiene usted objeciones, tengo planeado hacerlo así.*

> **Consejo**: Establezca sus medidas de autoprotección. A pesar de que los negligentes parezcan ignorarle, pueden sentirse resentidos de que a usted eso le beneficie. Pase a escrito las conversaciones en las que los propios jefes se niegan a comprometerse o le dicen que haga cosas que ellos deberían estar haciendo. («Le adjunto un resumen para estar seguro de que le he comprendido correctamente.») Envíe copias de sus informes de progreso a alguna otra persona que tenga un derecho razonable a ser informado, además de su jefe.

LOS CREÍDOS

Son jefes reservados y presuntuosos y a los que les gusta ser ostentosos respecto a sus logros.

Los creídos quieren impresionarle. En lugar de interrumpirle le tratan con arrogancia. Son unos jefes altivos y presuntuosamente superiores. Como son personas que logran muchas cosas, consideran que se hallan en el reino exclusivo de los potentados gobernantes.

Lo que está usted pensando

De acuerdo, es inteligente y puede que tenga cierto derecho a creérselo. Y sí, es cierto que tiene la responsabilidad de tomar las decisiones difíciles, pero ¿por qué tiene que hacer que me sienta tan estúpido? Me engaña para que le dé respuestas inadecuadas. Tengo la sensación de que está jugando con todo el personal para satisfacer su ego insaciable.

Los pensamientos de un creído

No hay duda de que mi personal tiene un gran potencial, o de lo contrario no hubiera seleccionado a todos y cada uno de ellos. Tienen que comprender que al trabajar conmigo les estoy ofreciendo una oportunidad para su crecimiento. No quiero que me den ninguna sorpresa que pueda avergonzarme y si les intimido un poco, puedo impedirlo. Van a tener que ganarse mi confianza y si son tan listos como yo creo que son, conseguiremos hacer un trabajo excelente.

ESTRATEGIA

Mantenga la vista fija en su objetivo para tener éxito en la organización. Tiene la oportunidad de aprender de un maestro.

1. *Quédese quieto y observe.* Su confianza será el resultado de saber lo que hace usted bien y de trabajar en lo que quiera mejorar. Sólo usted puede decidir si quiere tener pensamientos positivos o negativos en su cabeza y nadie puede hacerle sentir estúpido, excepto usted mismo. Así que no se meta en un concurso de fanfarronería con un fanfarrón, especialmente con uno cuya oficina esté decorada con títulos y aclamaciones en cada centímetro de pared.

2. *Merezca la confianza de su jefe.* Póngase a prueba y demuestre lo que vale gracias a su buena actuación. Aprenda el modo en que el jefe quiere que realice las tareas e informe de los progresos. Si prevé us-

ted que habrá problemas hágaselo saber, pero no le diga la manera de solucionarlos a menos que él le pida sugerencias.

CONVERSACIÓN TÁCTICA

USTED: *Partiendo de los objetivos que acordamos, he preparado este gráfico PERT, indicando las metas de cada uno con quién hemos de ponernos en contacto, para qué fecha y los diversos enfoques que utilizaremos. ¿Qué le parece?*

O: *Jefe, puede que quiera dar un vistazo a estas cifras. Es posible que se haya desarrollado un patrón que pueda presentar una cierta dificultad cuando intentemos poner en práctica en método nuevo...*

> **Consejo:** Cuando trabaje para un jefe creído, presuntuoso e inteligente, tenga como lema: «Escucha y aprende.» No tiene necesidad alguna de inclinarse en presencia de la realeza intelectual, pero ponga la oreja para recoger todo lo que sale de la boca de su señoría.

Tanto si se han ganado el derecho a estar exorbitantemente orgullosos de sí mismos como si no, los jefes egocéntricos le proporcionan oportunidades. Por un lado, si el jefe es un pomposo cabeza de chorlito, probablemente le encantará que usted dé un salto y se ponga a liderar al grupo, siempre que lo haga con tacto y sobresalga por encima de los demás. Si, por el contrario, su jefe es brillante, tráguese su orgullo y absorba todo lo que pueda ya que ésta puede ser una de sus mejores experiencias de aprendizaje.

17

Cuando los egocéntricos
son sus colegas

- • **Los que siempre dicen la última palabra**
- • **Los sabelotodo**
- • **Los que funcionan como poleas**

A pesar de que está usted en el mismo nivel que sus colegas egocéntricos, ellos se comportan como si sus puestos de trabajo fueran más importantes que el suyo. Sea lo que fuera lo que está usted haciendo, seguro que ellos saben más del tema que usted.

Tanto si son unos verdaderos expertos como unos falsos, a usted le molesta que actúen como si fueran el centro del universo.

Y todavía más que eso, le disgusta que permitan que su arrogancia y presunción le engañen, le despisten e incluso le humillen, a fin de que ellos parezcan más importantes.

LOS QUE SIEMPRE DICEN LA ÚLTIMA PALABRA

Estas personas tienen que decir la última palabra respecto a lo que usted dice y ser aún mejores que usted.

Los colegas fanfarrones se dividen en dos clases, los competentes y los incompetentes. Ambos tipos tienen una necesidad extraordinaria de contar con su admiración y eligen una manera irritante para conseguir que usted piense que son importantes.

Manifiestan de manera clamorosa que dominan gran cantidad de procedimientos y habilidades técnicas avanzadas, que tienen amigos en las altas esferas o cualquier cosa que le impresione a usted que tenga que ver con lo mucho que saben o a quién conocen. Y para salirse con la suya no les importa nada exagerar.

Lo que está usted pensando

Yo soy igual de capaz que Candela y me molesta mucho que ella dé por supuesto que puede hacerlo todo mejor que yo. Incluso la última vez que estuve de baja por enfermedad, ¡fanfarroneó diciendo que ella estaba más enferma! Habla con tal confianza y con un orgullo tan exagerado que me pregunto si se da cuenta de que me sigue rebajando. Dice: «Mis informes son agudos y claros» o «Mi personal siempre sobrepasa nuestro objetivos de producción» en ese tono superconfiado que implica que yo no estoy a su altura. Se muestra amistosa, pero estoy segura que es una falsa. Puedo verlo.

Los pensamientos de uno que siempre tiene la última palabra

Envidio la manera tan eficaz de tiene Nieves de hablar ante el grupo. Ojalá pudiera ver que yo también puedo hacer muchas cosas bien. De hecho, no sé cómo algunos de mis compañeros de equipo han conseguido llegar a este nivel. No deberían estar en él, pero sonreiré y me mostraré amigable con ellos. Esa es la manera políticamente inteligente de comportarse.

ESTRATEGIA

A fin de aliviar su propio estrés, quiere conseguir una atmósfera más amistosa y eso exige respeto y reconocimiento *mutuos*. Deje de jugar al juego de los que siempre tienen la última palabra de «yo puedo hacerlo todo mejor que tú».

1. *Bromee con los que siempre tienen la última palabra en un tono ligero y amigable.* Demuestre sensibilidad, aun a pesar de que ellos no lo hagan, interrumpiendo de una manera amable la actuación de autoengrandecimiento. Si a su vez, se siente tentado a fanfarronear, sonría, pida excusas y siéntese en el otro lado de la habitación.

2. *Deles el reconocimiento que se han ganado.* Encuentre áreas concretas en las que sobresalgan de verdad. Se ganará su amistad y cooperación si les anima con cumplidos sinceros y genuinos.

CONVERSACIÓN TÁCTICA

USTED: *(Sonriendo sin sarcasmo.) Candela, aquí tienes un vaso de agua. Bébetela porque debes tener la garganta seca. Haz un descanso. Descansa un poco porque llevas diez minutos hablando sin parar.*

O: *Mira, Candela, no hay nadie que te llegue ni a la suela del zapato cuando se trata de organizar al personal. Tu capacidad para coordinar nos gana a todos. Pero en este problema nos encontraremos con un factor adicional que hay que tener en cuenta. ¿Qué sugieres que hagamos con respecto a la limitación de tiempo?*

> **Consejo:** A los que siempre tienen la última palabra deles lo que más quieren —su atención— y no se sentirán desesperados por señalar sus grandes logros. Se sienten justificados a asumir un aire arrogante porque creen, en cierto modo, que usted ha menospreciado sus esfuerzos. Considere esa presunción que expresan como una súplica para que usted les felicite.

LOS SABELOTODO

Los sabelotodo son sabihondos que insisten de forma arrogante en que lo saben todo de todo.

Los sabelotodo rebosan confianza en sí mismos y son unos extrovertidos detestables que quieren hacerle tragar sus opiniones a la fuerza. Son maestros en promocionarse a sí mismos y acostumbran a saber mucho.

Los sabelotodo hacen alarde de su inteligencia y su vanidad brilla a través de cada palabra que sale de su boca. Como son competentes, eficientes y buenos planificadores que cubren todos los aspectos, la opinión que usted tenga les sirve de bien poco y no toleran que cuestione sus obstinadas afirmaciones.

Lo que está usted pensando

Ricardo parece inofensivo y se comporta con dignidad, pero yo puedo notar su actitud de superioridad. Después de hablar con el jefe y conseguir que tengamos un programa de reuniones, nos ha dado una conferencia a todos nosotros sobre la manera de alcanzar los objetivos de la empresa mejorando nuestras técnicas de trabajo. He analizado cuidadosamente mis notas y he llegado a la conclusión de que unas cuantas de las técnicas que Ricardo defiende son potencialmente peligrosas porque violan los derechos de los empleados. Por culpa de su tono condescendiente, me siento terriblemente tentado de poner al descubierto los agujeros que tiene su argumento.

Los pensamientos de un sabelotodo

A pesar de que nunca digo nada al respecto, es obvio que mis colegas pueden ser bastante espesos y si el jefe no les pone en debida forma y lo arregla tendré que hacerlo yo. Mi charla en la reunión debería demostrarles que conozco todas las respuestas.

ESTRATEGIA

Como resulta que los sabelotodo acostumbran a tener razón, su objetivo es extraer y utilizar los pensamientos inteligentes que les hacen cacarear con entusiasmo, sin dejar que sus palabras se queden pegadas en su buche.

1. *Escuche cuidadosamente para hacer buenas preguntas.* No le interrumpa con argumentos en contra sino con preguntas sólidas y fuertes. Pregunte, por ejemplo, con qué puede compararse, de qué resultados se ha informado, durante qué período de tiempo o qué recursos se requieren.

2. *Haga sus propios deberes.* Verifique la información. Si cree que los sabelotodo están equivocados o no tienen razón, presente los datos contradictorios de una manera práctica. No desafíe directamente su experiencia o su especialidad, pero sugiera otra manera de ver la situación.

CONVERSACIÓN TÁCTICA

USTED: *¿Cómo afectaría eso a la tasa, y cuál es el coste estimado para el primer año?*

O: *Ya sé que eso no va a solucionar nuestro problema, pero ¿qué pasaría si empezáramos aquí? ¿Cree usted que podría darnos el ímpetu que necesitamos?*

Consejo: Los sabelotodo son brillantes y acostumbran a tener razón. Si en las ocasiones en que esté usted seguro de que están equivocados intenta atacarles frontalmente o acorralarles en un rincón, los sabelotodo le bombardearán con datos irrelevantes para apoyar su postura. Ellos consideran cualquier oposición como una afrenta personal y la única manera de hacerles callar y de tranquilizarlos es ofrecerles una manera indulgente de no quedar mal.

LOS QUE FUNCIONAN COMO POLEAS

Esas personas creen que empujándole hacia abajo se elevan ellos.

Le humillan deliberadamente a fin de convertirse en el centro de atención. Estos colegas se sienten amenazados siempre que usted hace bien las cosas porque se comparan con usted y eso les hace sentirse obligados a atacarle.

De acuerdo con su estropeado sistema de valores, si usted hace bien las cosas significa, automáticamente, que su actuación es peor que la de usted. Sin embargo, el trabajo debe juzgarse por sus propios méritos. El valor es constante, no fluctúa con las comparaciones. Su buen trabajo puede hacer que el de los demás parezca peor (o mejor) de lo que es en realidad. Usted no es bueno porque alguna otra persona sea mala. Usted y ellos son tan buenos —o tan malos— como siempre han sido, independientemente de cada uno.

Sin embargo, los que funcionan como poleas, al carecer de fe en sus propias capacidades necesitan empujarle hacia abajo para poder notar que han subido hasta su nivel o aún más arriba.

Lo que está usted pensando

Desde que el jefe hizo que Laureano y yo intercambiáramos nuestros trabajos, Laureano ha sido incapaz de dejarlo estar. Les dice a los clientes que él era mejor que yo en el puesto que ahora tengo. Dice que a mí no me va bien ese puesto, contrariamente a como le sucedía a él, porque yo no tengo su instinto para satisfacer las necesidades de los clientes.

Los pensamientos de un polea

¿Qué está intentado hacer Paco, dejarme en ridículo? Bueno, pues ya le enseñaré yo. Si puedo conseguir que ellos vean lo débil que parece, apreciarán lo fuerte que soy yo en realidad.

ESTRATEGIA

Su objetivo es ayudar a que esos poleas sientan confianza en sus propias capacidades sin utilizar las comparaciones como vara de medir.

1. *Reconozca sus conocimientos y experiencia.* Dé o comparta el crédito con los poleas por la mejora de una mala situación. Si deja que se sientan importantes sentirán menos necesidad de dejarle en mal lugar. Sea extremadamente sensible por lo que respecta a calmar los egos heridos o lastimados. Luego, si surge algún problema que involucre a su unidad, es más probable que acudan primero a usted antes que ir corriendo a informar de ello al jefe y a otras personas.

2. *Esté al tanto de lo que sucede en otras unidades.* Reúnase con frecuencia o tenga comidas semanales con los poleas y sus otros colegas. Establezca y mantenga una buena relación y hablen de maneras de cooperar y ayudarse mutuamente.

3. *Encuentre maneras sencillas de involucrar a sus colegas.* Tanto si se trata de confiar en ellos, pedirles consejo, solicitar un pequeño favor o pedirles que lleven a cabo una pequeña parte de su proyecto a cambio de que usted haga algo por ellos, intente convertirles en una pequeña parte de lo que está usted haciendo. Así tendrán un interés personal en que le vaya bien.

CONVERSACIÓN TÁCTICA

USTED: *Laureano, debo decir que has manejado esta crisis con mucha tranquilidad. Si no lo hubieras hecho así, podríamos haber tenido una verdadera emergencia.*

O: *Los directores de división se reúnen de manera informal para comer el martes. Espero que puedas venir, Laureano, porque creo que podemos ayudarnos mutuamente a solucionar algunos problemas.*

O: *Laureano, en interés del tiempo y la eficiencia, ¿qué opinas de que unamos nuestras fuerzas y mi división hace esta parte y la tuya esa otra?*

> **Consejo:** Es difícil formar un equipo cuando algunos miembros del mismo se dejan guiar compulsivamente por sus propios intereses. Como son personas que están tremendamente impresionadas por ellas mismas, no sólo le afectan a usted sino que también pueden perjudicar la moral de todos los subordinados —los de ellos y los de usted— con salidas del tipo: «¿Tú no sabes con quién estás hablando? ¡Voy a quedarme con tu trabajo!». Cuando los poleas le pisan a usted y patean a sus trabajadores, conserve la cordura haciendo que tengan más confianza en ellos mismos.

Cuando los actos y las costumbres de los colegas egocéntricos interfieran en su trabajo, debe decidir que ha llegado la hora de hacer amigos y no enemigos. Las discusiones con los egocéntricos suben de tono con facilidad hasta llegar al rencor. Mire más allá de la presunción y el engreimiento y, por su propio bien, mantenga la calma. Fíjese en la manera en que Thomas Jefferson ejercía el autocontrol en este extracto de sus escritos: «Cuando oigo a otro expresar una opinión que no es la mía, me digo a mí mismo que tiene tanto derecho a tener esa opinión como yo a tener la mía, así que ¿por qué debería cuestionarla? Su error no me hace daño... Si él prefiere estar equivocado es cosa suya y no mía».

18

Cuando los egocéntricos
son sus subordinados

- **Los constructores de imperios**
- **Los prima donna**
- **Los exagerados**

A los subordinados egocéntricos les preocupa su propio bienestar y progreso. Antes de actuar sopesan la manera en que cierto pensamiento o hecho afectará a su posición. Algunos exigen una consideración especial ya que resulta que tienen contactos importantes o poseen una habilidad inusual que usted necesita desesperadamente.

Si no son capaces de ver de qué manera la imagen general de conjunto puede beneficiar a su trabajo o proyecto particular, estos trabajadores egoístas no se preocupan en absoluto por ella. Si no perciben una ganancia o ventaja personal obvia, pueden volverse descuidados en su actuación o concentrarse únicamente en aquellas partes del trabajo que pueden hacer progresar sus objetivos. Cuando usted intenta supervisar y motivar a un equipo son una influencia desmoralizadora.

LOS CONSTRUCTORES DE IMPERIOS

Los constructores de imperios son «trepas», o sea, arribistas. Su interés en los demás está limitado a lo bien que pueden servirles como escalones.

Con un solo objetivo en su mente, los subordinados egocéntricos hacen su trabajo como si ellos fueran los únicos que importan. La opinión de la mayoría del personal es que los constructores de imperios no cargan con su parte del trabajo. No son jugadores de equipo sino estrellas solitarias a las que les encanta recibir toda la luz de las candilejas y que aparecen cuando saben que serán el centro de la atención. No se sienten motivados por lo que es bueno para el grupo, sino por la cantidad de gloria personal que puede generar una acción.

Los constructores de imperios son astutos a la hora de comprender las implicaciones políticas de un problema. Se han aprendido de memoria todas las casillas del organigrama, conocen el flujo de información y dónde se toman las decisiones. Hacer favores (y por lo tanto, que les deban favores) es su manera de amasar una combinación de defensores y partidarios en múltiples niveles. Sus gigantescos egos y su insensibilidad les permiten utilizar a la gente como escalones para poder llegar a construir sus pequeños imperios.

Lo que está usted pensando

Mónica es encantadora, animada y persuasiva cuando le conviene a su propósito. En nuestras reuniones de personal es rápida en ofrecerse voluntaria y está llena de sugerencias para ayudar. Sin embargo, la he oído gruñir cuando se trata de trabajar en un proyecto de equipo que requiere un esfuerzo conjunto. Entonces Mónica, o bien se desvanece en el aire o se las arregla para apoderarse del control del grupo. Si no es capaz de aprovechar la actividad para obtener reconocimiento personal, desaparece y convence a otra persona para que haga su trabajo. Por otro lado, si el proyecto tiene potencial para proporcionarle una publicidad favorable se hace cargo de él, ofreciendo una manera mejor de llevar a cabo la planificación.

Los pensamientos de una constructora de imperios

Creo que es importante que consiga que el jefe me asigne al equipo de planificación de nuestra división. Por lo que leí en el boletín de la empresa, ese proyecto está en línea con el mayor énfasis que el Director General puso en su charla a la Junta Directiva. Creo que veo una manera de expandir nuestros resultados más allá de nuestra propia división incluyendo gradualmente a todas las demás divisiones. Eso me permitirá trabajar con varias personas clave que, de lo contrario, no tendría oportunidad de conocer y espero ganarme la atención favorable de los de arriba.

ESTRATEGIA

Su objetivo es ser capaz de andar sobre la cuerda floja. Mantenga el entusiasmo y la eficacia de los constructores de imperios, al tiempo que les impide que se aprovechen de sus compañeros para promocionarse ellos.

1. *Aplauda el talento que tienen los constructores de imperios para conseguir entusiasmar a la masa.* Los constructores de imperios pueden ayudarle a establecer equipos como parte del proceso de producción o de solución de problemas. Puede con seguridad dar por sentado que toda su gente quiere mejorar el clima emocional de la oficina. Una manera segura de conseguirlo es permitir que cada uno actúe como miembro de un equipo. Esto permite que cada trabajador adquiera más identidad y reconocimiento del que tendría si trabajara solo.

2. *Establezca un límite para el comportamiento de un constructor de imperios.* Decida exactamente qué es lo que no va a tolerar. No puede cambiar la personalidad de los constructores de imperios, pero sí que puede cambiar la manera en que usted interactúa con ellos.

CONVERSACIÓN TÁCTICA

USTED: *Mónica, tienes una habilidad organizadora tan sensacional que me gustaría que montaras un concurso en el que cuatro equipos de planificación de nuestra división explorarán nuevas maneras de alcanzar nuestros objetivos.*

O: *Mónica, explícame por qué pensaste que tenías que hacer que Jaime se ocupara de tu trabajo mientras asistías a esa reunión de departamento... Él ya tiene una carga muy pesada y añadirle algo más es una imposición seria. A partir de ahora, si quieres intercambiar trabajos dímelo primero.*

> **Consejo:** Los subordinados constructores de imperios son una ayuda a la vez que un estorbo. Anímeles a dirigir, pero insista en que se atengan a las reglas que usted ha establecido.

LOS PRIMA DONNA

Los prima donna son trabajadores temperamentales que exigen que usted les trate de una manera especial.

Es frecuente que se comporten de manera presuntuosa y vana, y saben encontrar la manera de intimidarle y de manipularle para que crea usted que la empresa no sería nada sin ellos. Podemos especular que fueron unos niños consentidos y malcriados, y que muy pronto aprendieron la manera de conseguir que otros hicieran su trabajo. No son perezosos sino sagaces y astutos.

Para conseguir una atención especial utilizan muchos trucos como el de emitir ultimátums. A cambio de ciertas exigencias le tientan con premios que usted desea ansiosamente, como el de prometerle que le presentarán a personas que toman decisiones y que pueden cerrar un trato. Por lo general, los prima donna cambian repentinamente de humor y tienen poco aguante. El peligro está en que pueden desgastar su resistencia y son perjudiciales para el equipo.

Lo que está usted pensando

La mayor parte de mi personal coopera alegremente cuando les encargo trabajo, pero puedo estar seguro de que Gregorio me lo hará pasar mal. Siempre hay alguna circunstancia especial por la que no puede quedarse hasta tarde a trabajar o el fin de semana o dirigir el proyecto. Se pone muy nervioso cuando se enfrenta a tener que hacer algo que obviamente no quiere hacer. En lugar de empezar una escena he estado cediendo a sus caprichos, pero me está volviendo loco porque hace que me sea muy difícil tratar con imparcialidad a todos los subordinados.

Los pensamientos de un prima donna

Le he dedicado gran cantidad de tiempo y energía a esta empresa y no veo motivo alguno para aceptar ningún trabajo extra. Es posible que los demás se traguen el cuento ese de que todos tenemos que esforzarnos para reducir el trabajo pendiente. Bueno, dejemos que la plebe trabaje. Yo me escaparé de ello porque el jefe tiene miedo de ponerse en contra mía.

ESTRATEGIA

Su objetivo es mantener el control guiando a los prima donna para que actúen de una manera más responsable.

1. *Tómeles la palabra.* Deje de sentirse intimidado y permitir que los prima donna interfieran en su funcionamiento. Sea lo que sea que tengan que usted quiera, es mejor arreglárela sin eso que permitir que usurpen su autoridad y que puedan llegar a destruir el espíritu de equipo.

2. *Ayúdeles a convertirse en parte del equipo.* Muéstrese amistoso, pero muy firme, insistiendo que se sigan sus procedimientos. Si quiere que todo su grupo actúe a una debe tratarles a todos del mismo modo. Consiga que los colegas de los prima donna les presionen también para que se unan al equipo.

CONVERSACIÓN TÁCTICA

USTED: *Bueno, Gregorio, me temo que vas a tener que cambiar esa cita. Necesito que te hagas cargo de esos casos. Es el único modo imparcial de distribuirlos. Gracias por comprender la situación.*

O: *Gregorio, el equipo de dirección ha ideado un plan para reducir el número de casos. Te involucra a ti, a Julio, a Jorge y a Alex porque consideramos que sois los mejores trabajadores. Formaréis una fuerza de trabajo que se ocupará únicamente de esos casos que...*

> **Consejo:** Reconozca los juegos a los que se dedican los primas donna. Igual que los niños que hacen morritos, patalean y tienen berrinches, utilizan toda una variedad de técnicas irritantes para agotarle y salirse con la suya. Lo que debe hacer usted es reforzar sus reglas y atenerse a ellas.

LOS EXAGERADOS

Estas personas exageran muchísimo las tareas menores a fin de parecer más importantes.

Algún bromista dijo una vez que un egoísta es un fanfarrón que pone sus hazañas en su boca. Los exagerados van aún más lejos. Agrandan *todo* lo que hacen, *sea lo que sea,* convirtiendo incluso lo insignificante en algo muy grande. Son inmaduros en su deseo de impresionar a los demás con un trabajo que no es importante; a pesar de que hay que admitir que el trabajo puede estar bien ejecutado.

Los exagerados se quejan con frecuencia de que no tienen tiempo para esos trabajos suyos tan importantes. Están demasiado ocupados intentando conseguir que se fijen en ellos porque están dando en cada pequeño trabajo todo lo que tienen, tanto si se merece el esfuerzo como si no. Esos subordinados tienen que crecer emocionalmente.

Lo que está usted pensando

Gina se pasa demasiado tiempo diseñando gráficos maravillosos que en realidad no necesitamos. Supongo que he sido demasiado sutil para ella así que voy a tener que ponerme serio respecto a las cuestiones de prioridad. Además, para ser alguien tan nuevo en el trabajo, presume demasiado de tener todas las respuestas. Ya lo demostró cuando decidió llamar la atención sobre sí misma antes de tener alguna experiencia en este puesto, cuando se ofreció voluntaria para escribir un artículo para la revista de la empresa. Le dijo a todo el mundo el modo en que podrían mejorarse nuestros servicios, sólo para enterarse un poco más tarde de que muchas de sus conclusiones no son factibles en esta empresa. Su determinación en convertir este puesto de trabajo en más grande de lo que es, me avergüenza a mí y al resto de mi equipo.

Los pensamientos de un exagerado

Quiero que todos vean que esta chica recién llegada va a representar una gran diferencia para esta empresa. He hecho algunos dibujos elaborados que indican las rutas de nuestros diversos sistemas. También he preparado una serie de gráficos que descomponen toda la información. Sé que el jefe comprenderá que no he tenido tiempo de hacer algunas de las cosas que me pidió que hiciera, pero estoy segura de que quedará agradablemente sorprendido al ver el estupendo trabajo que he hecho al recopilar todos estos datos.

ESTRATEGIA

Su objetivo es ayudar a los exagerados a distinguir entre encargos que son de la máxima prioridad y los que pueden despacharse rápidamente con un esfuerzo mínimo.

1. *Explique la diferencia entre tareas importantes y trabajo rutinario.* Explique que uno debería sentir un orgullo justificable por conseguir altos ni-

veles de calidad cuando es necesario y ningún orgullo por desperdiciar tiempo en lo que no es importante. Hasta que aprendan la diferencia, evite dar a los exagerados encargos que deban ser realizados inmediatamente.

2. *Establezca un código de calificación y fechas límite.* Por ejemplo, utilice categorías A, B y C para indicar el tiempo y el esfuerzo requerido para tareas diferentes. Diga con la máxima claridad que antes de ponerse a trabajar en cualquier otra cosa debe haber terminado las tareas que se le han encargado en la fecha límite.

CONVERSACIÓN TÁCTICA

USTED: *Ana, eres capaz de hacer un buen trabajo y con el tiempo se te reconocerá por haber alcanzado los altos niveles de calidad de este departamento. Pero primero tienes que dejar de exagerar y ampliar las tareas menores para hacer que parezcan mayores de lo que realmente son y concentrarte en terminar lo que se te ha encargado.*

O: *Confío en que, una vez que hayas aprendido a seguir unos cuantos procedimientos sencillos, lo harás bien.*

> **Consejo:** Los exagerados insisten en exponer y enfatizar excesivamente todas y cada una de las pequeñas tareas que realizan a fin de intentar aumentar la importancia que usted les otorga a ellos. Esta clase de comportamiento indica inmadurez emocional y exige que tenga una mano firme.

Como director, está usted encargado de crear un equipo fuerte y eficaz. No puede usted permitir que cualquier subordinado egocéntrico, sin tener en cuenta para nada el valor de sus contribuciones, le dicte qué, cómo, cuándo y si harán lo que usted dice. Puede mostrar una preocupación sensible por los individuos y un aprecio sincero por sus esfuerzos y seguir manteniendo la disciplina necesaria acompañada de un tratamiento justo e imparcial para todos.

Séptima parte

Cuando se trata con personas morosas o vacilantes

La gente que pospone *de manera irracional* lo que tiene que hacer acostumbra a tener una autoestima vulnerable. A pesar de que es posible que otros les alaben y les alienten, estos jefes, colegas y subordinados dudan de sí mismos y siguen posponiendo el tomar decisiones y actuar. Un solo comentario crítico puede dar por resultado otro retraso.

Los retrasos afectan a todo el funcionamiento. Los morosos y vacilantes son la causa de las carreras precipitadas del último minuto acompañadas de tensión y discusiones. Las decisiones y los resultados no son tan buenos como podrían haber sido si todo no hubiera surgido tan apresurado.

Los que retrasan las cosas, frecuentemente culpan de su costumbre de posponerlas a no tener bastante tiempo. Por supuesto, tienen el mismo número de horas que todos los demás, pero es posible que intenten hacer demasiadas cosas al mismo tiempo o que malgasten su tiempo en cuestiones insignificantes. Esa pérdida de velocidad no tiene su raíz en una escasez de tiempo sino en el miedo o en la rebelión. Algunas personas temen que lo que hacen o dicen no esté a la altura de unas normas excesivamente altas, o temen no poder hacerlo correctamente. Los que se retrasan por rebeldía creen que retrasar a toda la oficina les da una cierta medida de control sobre los jefes o colegas de los que quieren vengarse.

19

Cuando su jefe causa retrasos

- Los que posponen las cosas
- Los que hacen las cosas sin orden ni concierto
- Los que se comprometen excesivamente
- Los camaleones

Toda la organización se desbarata cuando la actitud morosa o vacilante empieza en lo más alto y va cuesta abajo. Algunos jefes van dando largas al asunto hasta que reúnen fuerzas para actuar. Carecen de la confianza que debe tener un líder.

Algunos jefes cambian de opinión porque, en primer lugar, nunca habían querido hacer ese movimiento. Empiezan por bromear agradablemente diciendo «ya veremos», y al final acceden únicamente para evitar una discusión. Otros van y vienen entre el sí y el no tan fácilmente como el camaleón cambia de color.

Aunque los problemas a los que se enfrentan los jefes morosos y vacilantes varían, la dirección que debe usted seguir cuando trate con ellos es clara: Tiene que hacer que abandonen —y usted también— esa posición en que se han quedado atascados.

LOS QUE POSPONEN LAS COSAS

Se trata de personas con capacidad de decisión que van arrastrando los pies, pero que al final estarán de acuerdo con usted.

Mientras que los que dan largas al asunto esperan que el problema desaparezca, los que posponen las cosas parecen estar de acuerdo con usted, pero lo que sucede es que la preocupación que usted siente no es, sencillamente, *su* prioridad. Su lenguaje evasivo es engañoso y usted se va sintiendo cada vez más frustrado e incapaz de comprender el motivo de que se retrasen. Es como si tuviera que arrancarle un diente para conseguir un compromiso firme.

El problema en la típica relación jefe-trabajador es irritante y es peor en los negocios que se desarrollan en el hogar. Los trabajadores independientes se han multiplicado a medida que la tecnología ha ido acentuando la tendencia al *outsourcing*. Ellos también tienen que enfrentarse a personas que toman decisiones y que les ponen a la espera. Han invertido mucho tiempo, pero no saben qué más pueden hacer para que las cosas se muevan. ¿Deberían abandonar y tratar de salir lo menos malparados posible? Todavía no. Todavía hay unas cuantas cosas que intentar.

Lo que está usted pensando

La propuesta multimedia que presenté era de primerísima calidad. Pude darme cuenta de que Daniela estaba muy receptiva. Vio el potencial en cuanto hice mi presentación y ella es la que da la aprobación final. Además, el comité que toma en consideración y recomienda las propuestas no hizo ninguna objeción seria. Sin embargo y a pesar de que Daniela me ha dicho unas cuantas veces que pronto tendremos una reunión, todavía no ha accedido a tener una. ¿Qué es lo que la está reteniendo? ¿Qué la empujaría a tomar una decisión favorable? Necesito alguna clase de respuesta, ya que si esto no funciona tendré que empezar a pensar en otras alternativas.

Los pensamientos de uno de esos que retrasa las cosas

Andrés sigue solicitando una reunión para discutir esa propuesta multimedia. Creo que promete bastante, a pesar de que yo podría sugerir unos cuantos cambios importantes. Sin embargo, tengo tan excesivamente comprometido mi tiempo que no sé dónde puedo meter eso. Andrés está tan entusiasmado que odio tener que herir sus sentimientos. Seguiré retrasándolo hasta que tenga más tiempo para enfrentarme a esta decisión.

ESTRATEGIA

Su objetivo es conseguir una decisión muy pronto y, lógicamente, que sea a su favor.

1. *Deje de presionar.* Reduzca su nivel de entusiasmo. No deje ver su impaciencia o enojo ante la indecisión. Para contrarrestar la culpabilidad que muchos de esos que retrasan las cosas sienten al decepcionarle, transmita su deseo de mejorar. Muéstreles que agradecerá sus sugerencias.

2. *Haga que les sea fácil ponerse a su altura.* Luego puede ayudarle a enfrentarse sin sufrimiento al motivo real que se oculta detrás del retraso. Rebusque suavemente haciendo preguntas indirectas y ayude a clarificar y a asignar prioridades a las metas y objetivos para que ambos comprendan mejor lo que se requiere. Sugiera alternativas.

3. *Fíjese en la terminología evasiva.* Preste especial atención a las palabras calificativas que den pistas sobre lo que está ocasionando el retraso. Mantenga el contacto visual, toque al orador, si es posible, y no le interrumpa. Concéntrese en lo que no se dice, en las expresiones faciales, los gestos, el tono y el tempo.

4. *Aprovéchese de su deseo más apremiante.* Vaya más lejos de lo que necesitan o quieren; busque lo que ansían y vincúlelo con su propuesta. Demuestre que su preocupación principal es por ellos y no por usted, ya que usted es el único que tiene precisamente lo que ellos están buscando.

CONVERSACIÓN TÁCTICA

DANIELA: *Andrés, lo lamento, pero precisamente acabo de tener la oportunidad de trabajar en la propuesta. Dentro de un par de semanas tendré que reunirme contigo después de que me haya quitado de delante un montón de cosas importantes.*

USTED: *Comprendo. (Dejando amablemente que se salga con la suya.) De todos modos, me gustaría decirle lo siguiente: Yo creo que mi papel consiste en hacer que sea usted la Directora General más reconocida de toda la industria. (Su ansia es su cebo.)*

DANIELA: *(No puede resistir saber más.) ¡Vaya! Eso es muy ambicioso.*

USTED. *Pero completamente posible si pudiera dedicar ahora un par de minutos a decirme cuál ha sido su reacción inicial a la presentación.*

DANIELA: *Pensé que era más bien prometedora. (El que haya utilizado el «más bien» indica que ella le está indicando que necesita mejora.)*

USTED: *Por supuesto, incluso las buenas propuestas pueden mejorarse.*

DANIELA: *Era buena, pero no exactamente lo que queremos.*

USTED: *De acuerdo, ¿a qué objetivos estamos intentando acercarnos?*

DANIELA: *Bueno, me pregunto si podría atacar un poco más duramente y los ejemplos necesitan tener un atractivo más universal.*

USTED: *Eso es bien factible. He estado estudiando las tendencias e investigando los datos. Sé cómo se puede añadir el empuje que están buscando. Si tengo los cambios en su mesa mañana por la mañana, ¿podría verme durante unos minutos a las 5 de la tarde?*

DANIELA: *De acuerdo. Le veré entonces.*

> **Consejo:** Escuche con atención para captar las indicaciones que le den los que posponen las cosas. Hay probabilidades de que quieran ser honestos con usted, pero que no se lo digan directamente por miedo a que no sea capaz de aceptar las críticas y hieran sus sentimientos.

LOS QUE ACTÚAN SIN ORDEN NI CONCIERTO

Estas personas son jefes que tienen grandes dificultades para cumplir los plazos límite a causa de sus métodos desestructurados y frágiles.

Todo el mundo tiene que correr en el último minuto para cumplir lo acordado y se produce una crisis detrás de otra. Sin definir claramente quién tiene que hacer qué para cuándo, estos jefes logran que en la oficina reine la confusión.

Mientras que es frecuente que la gente se queje de jefes que son malvados, los jefes que son demasiado amables —tan amables que se resisten a emitir órdenes— resultan ser igual de problemáticos. Es difícil decirle a unos directores agradables y amigables que sus métodos no sistemáticos producen problemas. Pero si no quiere quedar exhausto apagando fuegos diariamente, eso es precisamente lo que tiene usted que hacer, claro está que con tacto y de una manera profesional.

Lo que está usted pensando

No llegamos o casi no llegamos a los plazos límite a causa de los métodos desordenados del jefe. Y como resulta que no hay un responsable concreto, existe un apresuramiento constante del último minuto para cumplir con los tiempos prometidos. La jefa parece tener dificultades para decirnos lo que hemos de hacer y para ajustar las prioridades de modo que se eviten las emergencias. Odio tener que herir sus sentimientos, pero necesitamos definitivamente algunas directivas claras y la delegación de responsabilidades.

Los pensamientos de uno de los que actúa sin orden ni concierto

Creo que he creado una atmósfera buena, amistosa y familiar en esta oficina. Todavía me acuerdo de supervisores que estaban siempre ladrando órdenes y haciendo que todo el mundo estuviera tenso. Aquí todo el mundo se siente feliz de echar una mano a pesar de las interrupciones y las distracciones. Yo confío en que mi gente lo solucionará todo.

ESTRATEGIA

Esto no es ninguna carrera de caballos, así que tiene usted que quitarle las anteojeras al jefe o a la jefa.

1. *Prepare una hoja de tiempos.* Para empezar, demuestre lo mucho que se está tardando en manejar las crisis. Luego pueden hablar de la manera en que podrían solucionarse con mayor rapidez.

2. *Sugiera la adquisición de nuevos programas informáticos.* Explique que esto le permitirá ver el estado de los proyectos y el momento en el cual deben estar listos. El Management Information Systems dice, instantáneamente, a los directores el momento en que la actuación no cumple lo esperado.

3. *Prepare gráficos para jefes que necesiten recordatorios sobre papel.* Después de que el resultado deseado se identifica con un diagrama de Gantt, realice una aproximación del tiempo necesario para cada paso y anote a quién se asigna el trabajo, todo ello dispuesto en una secuencia lógica y con una programación realista. O muestre

un diagrama PERT*. Con columnas verticales para las semanas o meses, descomponga los encargos en sub-objetivos críticos, dibujando una línea de fecha horizontal desde el inicio al final para cada tarea específica.

4. *Solicite reuniones breves y periódicas de personal (semanales).* Reunirse durante sólo quince minutos ayudará a que todo el mundo permanezca concentrado en los objetivos y prioridades, compruebe los progresos, haga ajustes y delegue la toma de decisiones para evitar emergencias de fecha límite.

CONVERSACIÓN TÁCTICA

USTED: *Jefe, sé lo mucho que ha trabajado intentando crear una atmósfera plácida y todos lo apreciamos. Sin embargo, hay algo que creo que usted querrá que le diga. Parece que estamos invirtiendo muchísimo tiempo y eso está recortando nuestra productividad y nuestros beneficios. Eche un vistazo a esta hoja de tiempos.*

JEFE: *Vaya, no tenía ni idea de...*

USTED: *(Interrumpiéndole para darle un tono positivo al tema.) Me gustaría enseñarle un par de cosas que creo que podrían sernos de ayuda. (Al utilizar el «nosotros» está diciendo que formamos parte de un equipo. Explique el programa informático y los diagramas.)*

JEFE: *Bueno, supongo que podríamos ser más definidos en lo que respecta a los encargos. ¿Por qué no trabajamos en eso mañana por la mañana? Me has dado mucho en qué pensar.*

USTED: *Me complacerá mucho ayudarle. Ya sé lo importante que es para usted que todos nos llevemos bien. Puede que si el personal pudiera reunirse cada semana, aunque sólo fuera durante unos minutos, podríamos eliminar algunos problemas potenciales.*

JEFE: *No es mala idea.*

> **Consejo:** Sea cual fuere el motivo por el que su director no consigue dirigir, usted puede hacerse cargo de la situación. Siempre que tenga cuidado y sea respetuoso, puede guiar el funcionamiento y eliminar la mayor parte de las emergencias.

* Técnica de evaluación y revisión de programas. *(N. del T.)*

LOS QUE SE COMPROMETEN EXCESIVAMENTE

Son personas buenas y agradables que no son capaces de negarle nada a nadie y luego se encuentran con que no tienen tiempo para terminarlo.

Puede estar seguro de que a los que se comprometen excesivamente les encanta la armonía. Estos jefes estarán de acuerdo con cualquier cosa que les pida quien sea porque odian discutir. Una confrontación podría herir los sentimientos de alguien y, por lo tanto, debe evitarse.

Pero al *hacer ver* que están de acuerdo a fin de impedir una pelea o un lío, los que se comprometen excesivamente prometen demasiado o prometen hacer algo con lo que, en realidad, no están de acuerdo. Sobrecargados e incapaces de manejarlo todo, posponen la acción o las decisiones y rompen sus promesas. No tienen intención de causar ningún daño, pero no hay duda de que usted siente resentimiento por la manera en que ha fastidiado su horario y no han conseguido terminar lo que fuera aquello con lo que usted contaba.

Lo que está usted pensando

Promesas, promesas... mi jefa sigue rompiendo sus promesas. Yo parezco bobo porque le aseguré a mi personal que la jefa nos daría hoy una respuesta respecto a la cuestión de las vacaciones. Siempre nos está decepcionando, así que tengo que llegar a la conclusión que todo ese estar de acuerdo es una fachada falsa y el «somos todos una gran familia feliz» no es más que una frase hecha. Le estoy perdiendo el respeto y lo que es peor, ¿cómo puedo fiarme de lo que dice que va a hacer?

Los pensamientos de uno de los que se comprometen excesivamente

Me gustaría acceder a la solicitud del personal concediéndoles permiso para salir más pronto los viernes antes de empezar las vacaciones. Pero estoy preocupada por terminar a tiempo lo del trimestre y es posible que necesitemos esas horas extras. Sé que les prometí darles hoy una respuesta, pero voy a tener que pensarlo un poco más. ¿Qué puedo hacer para que el personal no se enfade?

ESTRATEGIA

Su objetivo es ayudar a su jefe a tomar decisiones sin que se sienta amenazado por la impopularidad.

1. *Haga suyo el problema.* Cuando note que el jefe se queda atrapado en las garras de un dilema («¿Debería complacer a la empresa o a mis trabajadores?») elimine una de las posibilidades para que no tenga que elegir. Dé un paso adelante y acepte el problema como si se tratara de *su* responsabilidad.

2. *Enfoque las prioridades.* Ayude al jefe a encontrar maneras de hacer lo correcto. Es posible desempeñar la responsabilidad de un director hacia la organización y al mismo tiempo, reducir el impacto negativo previsto sobre los subordinados. Estudie la situación, examine las necesidades de todos y luego ofrezca soluciones potenciales. Es probable que pueda negociar un compromiso en el que todos ganen y nadie pierda.

CONVERSACIÓN TÁCTICA

USTED: *Jefe, he estado pensando que la solicitud que hicimos de trabajar menos horas los viernes puede que le haya colocado en una posición difícil. ¿Qué le parecería si intercambiara algunas ideas con mi personal sobre cómo podríamos solucionarlo y seguir con el programa original?*

O: *Jefe, mi personal me sugiere que pueden terminar lo del trimestre si se quedan algunas horas más el jueves en lugar de quedarse el viernes por la tarde. ¿Le parece bien a usted?*

> **Consejo:** Cuando los jefes excesivamente comprometidos aparten la vista de sus prioridades y se preocupan en demasía por complacer al mundo inmediato se crean dilemas. La mejor manera de que usted les haga actuar es o bien eliminando un aspecto del dilema u ofreciéndoles opciones adicionales que permitan que el jefe se escape de las garras del dilema.

LOS CAMALEONES

Los jefes camaleones son mudables e indecisos y vacilan en sus decisiones.

Mientras que los que se comprometen excesivamente rompen las promesas en nombre de la armonía, los camaleones dejan de cumplir la palabra dada a causa de su inseguridad. En ocasiones, los jefes camaleones son incompetentes y es posible que les hayan ascendido más allá de sus capacidades. En lugar de admitir que no saben lo que están haciendo, van retrasando la decisión de lo que han de hacer. Hoy dicen una cosa y mañana la contraria, enturbiando deliberadamente las aguas.

En ocasiones, los camaleones están buscando la decisión absolutamente perfecta. Creen que la han encontrado y luego descubren un defecto, por lo que vuelven a cambiar de opinión.

Pusilánimes e inconsistentes, los camaleones pasan de una opinión a otra sin parar. A los tipos organizados (los que hacen planes para cada contingencia excepto para las idiosincrasias individuales) les resulta especialmente enloquecedor que cuando creen que el jefe ha solucionado un problema, resulte que, después de todo, no está solventado en absoluto.

Lo que está usted pensando

Se supone que soy el ayudante de mi jefe, pero me resulta muy difícil ayudarle. A mí me parece que no está seguro de sí mismo, no sabe si está haciendo lo correcto y, por lo tanto, cambia constantemente sus directivas. En el último trato hizo como de costumbre, la semana pasada quería seguir adelante, a toda máquina, con el contrato. Esta semana me dice que cancele nuestras reuniones y pare las negociaciones. Es imposible terminar nada cuando los jefes cambian constantemente de opinión.

Los pensamientos de un camaleón

Cuando acepté este trabajo pensaba que sería una transición fácil. En definitiva, todo el mundo sabe que las habilidades directivas son transferibles. El problema es que sin conocer la historia ni la política de esta división tengo que ser terriblemente cuidadoso para no cometer un error tremendamente caro. Ahora mismo, no estoy seguro de en qué personal puedo confiar.

ESTRATEGIA

Su objetivo es acelerar las decisiones para que los problemas que han quedado pendientes puedan solucionarse por fin. Esto exige que haga usted un esfuerzo especial para ganarse la confianza del jefe.

1. *Refine el contenido de la información.* Incluso si el jefe no es nuevo en este puesto de trabajo, facilítele todos los datos y antecedentes esenciales. Pero no le dé más información sobre un tema de la que necesita saber para poder tomar una decisión. Primero analice, y luego, resuma. Sugiérale soluciones en lugar de limitarse a dejarle caer los problemas.

2. *Negocie el nivel de información.* ¿En realidad, tiene el jefe que tomar *todas* esas decisiones? ¿No está usted de acuerdo en que, como ayudante, puede tener responsabilidad delegada para terminar tipos concretos de acción? Cuando hable con él, mantenga una actitud tranquila a fin de ser más persuasivo.

3. *Monitorice el flujo de información.* Lleve un cuidadoso archivo de problemas. Fíese de un calendario recordatorio para que le llame la atención, con mucha antelación a los plazos límite, respecto a la marcha del proyecto. Habitualmente, si no espera al último minuto para comprobarlo, podrá evitar los atascos o bloqueos.

CONVERSACIÓN TÁCTICA

USTED: (*En lugar de «¿Qué deberíamos hacer respecto a...?»*) *Jefe, como ya sabe, estamos examinando tres alternativas: 1)..., 2)...., y 3)... Parece que la segunda opción es la mejor para nosotros en este momento porque... ¿Opina usted lo mismo?*

O: *Jefe, como sabe, he estado trabajando en esto durante varios años. ¿No le ayudaría a descargarse un poco si yo diera la conformidad a los dos primeros pasos y usted diera la aprobación final a los tres últimos?*

> **Consejo:** Los jefes que vacilan puede animarse si reciben información clara, concisa y pertinente. No se supone que deban ser expertos en todo. Fíjese en las áreas en las que su jefe necesita apoyo adicional y proporciónele la información vital, de tal modo que pueda ser utilizada inmediatamente, y se ganará la confianza de su jefe.

Usted no es el guardián de su jefe. La manera en que los jefes deciden actuar es responsabilidad propia de ellos, así que no se queje de los retrasos que causen, ni les proporcione excusas. Su meta es ayudar a facilitar el flujo operativo. Es posible que a su jefe le hayan elegido para liderar el proyecto porque tiene ciertos talentos que para usted no son obvios. Cuando los jefes causan retrasos, puede usted asumir que es probable que tengan miedo de fracasar o que se sientan amenazados. Puede ayudarles proporcionándoles los datos que necesiten para tomar decisiones acertadas, sólidas y finales.

20

Cuando los que causan retrasos son sus colegas

* **Los que hacen mucha vida social**
* **Los perfeccionistas**
* **Los tardones**

Igual que sus jefes, las tácticas dilatorias de sus colegas también pueden tener sus raíces en el miedo al fracaso, pero tienen otro componente. En general, los colegas morosos están tan absortos en la persecución de sus propios objetivos, intereses o placeres, que no se dan cuenta de la manera en que sus acciones están afectando a toda la oficina.

Algunos están demasiado ocupados siendo amistosos, otros están demasiado preocupados por su propia imagen y algunos son demasiado descuidados respecto a los plazos límite para atender sus responsabilidades.

LOS QUE HACEN MUCHA VIDA SOCIAL

Esta clase de personas retrasan el trabajo mientras saltan de mesa en mesa, envían mensajes personales o disfrutan de la sala de descanso.

Estos colegas que hacen tanta vida social y que están dedicados a pasárselo bien no parecen tomarse nada en serio. En su búsqueda de la felicidad traspasan la línea que hay entre la cordialidad y la responsabilidad, acentuando la primera e ignorando la segunda. Los colegas que alternan mucho socialmente en la oficina son extrovertidos y quieren tener, de verdad, a todo el mundo como amigo.

Se paran junto a su mesa para tener una larga charla. Reúnen al grupo para comer. Siempre están hablando por teléfono o haciendo un descanso para tomar café. Tienen tiempo para todo excepto para el producto acabado que le prometieron a usted. Es posible que el trabajo sea demasiado difícil para ellos, puede que tengan miedo de hacerlo mal, puede que no aprueben el sistema. Sea lo que fuere lo que hace que pospongan las cosas sabemos una cosa con certeza: Está más que claro que les resulta mucho más agradable hacer cualquier otra cosa que no la tarea que les han asignado.

Las personas que alternan mucho socialmente son gente feliz y amistosa y usted disfruta con su compañía, pero interrumpen la rutina de todos los demás y causan retrasos graves, y a usted, sus bufonadas le ponen cada vez más nervioso.

Lo que está usted pensando

Ernesto es un tipo estupendo, con un gran corazón y muy divertido, pero me recuerda a ese chico que no quería dejar de jugar para hacer los deberes. No me corresponde a mí darle lecciones, sólo desearía tener una varita mágica que pudiera hacer que se quedara quieto e hiciera su trabajo. No puedo avanzar en este proyecto hasta que Ernesto me dé sus estimaciones.

Los pensamientos de uno que hace mucha vida social

Me encanta trabajar aquí. ¡Es una oficina tan agradable y he hecho tantos buenos amigos! Lo que me recuerda que tengo que llamar a la peña para ver si podemos comer juntos hoy y si vamos a organizar ese equipo de...

ESTRATEGIA

A pesar de que no tiene autoridad sobre ellos, su objetivo es persuadirles para que cooperen y terminen su trabajo.

1. *Explíqueles claramente la importancia de la tarea y de los papeles que desempeñan.* Haga que se enteren bien de los beneficios que representa para la empresa, el departamento y los trabajadores el hecho de que se haga bien el trabajo y las consecuencias si no se hace así. Recálqueles que ellos controlan un factor esencial para hacer que eso suceda. Sea sincero, nada de frases falsas o engañosas.

2. *Limite su solicitud a su preocupación inmediata.* No pida nada que no sea el trabajo exacto o la parte del mismo que usted necesita en este momento. Mantenga la concentración y la conversación sobre ese pun-

to. Intercale períodos de gracia dentro de su planificación original (por ejemplo, establecer los plazos límite para el trabajo de estas personas una semana antes de cuando usted lo necesita realmente) para que sus tácticas dilatorias no le afecten.

3. *Empújeles de forma educada sin demostrar pánico.* Controle su genio y oculte su enojo. Al pedir el trabajo sea agradable, pero no pida disculpas por haberle interrumpido. Actúe de manera amigable y seguro de sí mismo a fin de ganarse su confianza.

4. *Pídales su opinión.* Ayúdeles a sentirse más involucrados y que, de verdad, forman parte de lo que sucede. Es posible que le den ideas para hacer cambios que pueden desbloquear un atasco de trabajo o incluso mejorar los resultados.

5. *Vincule lo que usted quiere a su ansia o interés particular.* Cuando charle con esas personas les oirá expresar sus deseos («Ojalá pudiera...», «Ojalá tuviera...»). Intente ver una situación de la manera en que ellos la ven y sugiérales que terminar la tarea les ayudará a alcanzar ese deseo.

CONVERSACIÓN TÁCTICA

USTED: *Francamente, Ernesto, sé que eres una persona justa y que quieres hacer tu parte del trabajo. Pero el hecho es que estamos empantanados porque eres el único que sabe cómo hacer esta clase de estimaciones. Lo que necesitamos precisamente ahora es esa única cifra.*

O: *¿Tienes alguna idea del motivo de que estemos tan atascados? ¿Qué crees que podríamos probar para que las cosas fueran un poco más rápidas?*

O: *Cuando terminemos tendremos que celebrarlo y tú eres nuestro experto en diversión.*

> **Consejo:** Los que hacen tanta vida social en la oficina han equivocado su vocación porque serían unos estupendos directores recreativos. Para conseguir su cooperación debe usted primero ganarse su confianza poniéndose a su altura. No suplique por usted sino que presiónoles para que hagan lo que es importante para ellos mismos y para la empresa. Luego vincule ese esfuerzo a cualquier cosa por la que se mueran de ganas.

LOS PERFECCIONISTAS

Los perfeccionistas siguen puliendo su trabajo, pero jamás llega a la altura de sus extravagantes exigencias.

Estos colegas esperan demasiado de ellos mismos. Creen que todo lo que intentan debería cumplir sus expectativas, las cuales siempre son excesivamente altas. Para ser tan inteligentes como acostumbran a ser, son unas personas que se preocupan terriblemente.

Tienen miedo de que el trabajo no llegue a la altura del ideal que tienen en mente, o que puede que no lo hagan perfectamente al primer intento. Si su carga de trabajo les prohíbe tener tiempo extra para pulir y pulir y pulir un poco más, se sienten frustrados. Así que siguen posponiendo terminar el trabajo. Cuando más se preocupan, menos producen. Creen que si no entregan el trabajo, nadie sabrá jamás que no han alcanzado ese objetivo artificial e idealizado que han creado en sus mentes.

Lo que está usted pensando

Es posible que Luis esté estropeando las cosas. Al ser nuestro especialista multimedia, si no termina el trabajo voy a tener problemas de verdad. El jueves tengo que hacer la presentación a nuestro nuevo cliente y hasta ahora, todo lo que he visto es su bosquejo original para la parte de vídeo de la presentación. Dice que lo tiene casi terminado, pero que necesita pulirlo y editarlo un poquito más. Estoy nervioso porque Luis jamás está satisfecho con lo que produce. ¿Qué voy a hacer si no lo tiene listo a tiempo? No puedo estar siempre molestando al jefe para que Luis se dé prisa. Ojalá pudiera hacer que Luis comprendiera lo que nos jugamos aquí.

Los pensamientos de un perfeccionista

Yo pensé, realmente, que este vídeo para el cliente nuevo iba a ser sensacional y podría serlo si la gente me dejara en paz y me permitiera pulirlo. Tal como está ahora no puedo entregarlo. Necesito más tiempo. Ojalá todo el mundo dejara de importunarme para que entregara mi trabajo antes de que esté a punto. Es posible que todos los demás estén satisfechos con una actuación menos que excelente, pero yo no. Cuando mi nombre aparece en alguna cosa tiene que representar lo mejor de lo mejor de mi capacidad. Me humillaría entregar algo que fuera menos que eso.

ESTRATEGIA

Su objetivo es ayudar a los colegas perfeccionistas a concentrarse en lo que es importante para la empresa, así como para ellos mismos y hacer que sus prioridades encajen con los objetivos de la compañía.

1. *Ayude a los perfeccionistas a enfrentarse a la realidad.* Las organizaciones tienen limitada la cantidad de fondos que distribuyen y el tiempo y el personal asignados a ciertos proyectos. Esta es una lección difícil de entender para todos los buenos trabajadores, pero los perfeccionistas se atragantan con las limitaciones. Si la empresa no puede permitirse un nivel tan alto como el que ellos quieren, eso no debería disminuir la autoestima de los trabajadores.

2. *Tranquilíceles y asegúreles que no todo tiene que ser perfecto.* Algunos proyectos tienen que hacerse a toda prisa o de lo contrario una oportunidad se perdería para siempre. Por lo tanto, la prioridad pasa de hacer un trabajo excelente a un ritmo normal a hacer un buen trabajo rápidamente. Si los trabajadores no producen joyas a cada intento no quiere decir que sean fracasos. Por lo tanto, en ciertos momentos no sólo está bien entregar ciertas cosas que no pueden llegar a las expectativas, sino que se espera que sea así.

3. *Ayúdeles con la gestión del tiempo.* Sugiera que el trabajo puede dividirse en pasos o fases más pequeñas. Los perfeccionistas necesitan disfrutar de una sensación de logro que pueden obtener de la comprobación de más cantidad de tareas terminadas (y menos complicadas) de su lista. Explíqueles que tendrán más tiempo para proyectos importantes si acortan el que invierten en las menos significativas.

CONVERSACIÓN TÁCTICA

USTED: *Luis, ¿te gustaría que habláramos de la parte de vídeo de la presentación del jueves? ¿Tiene algo de particular que te preocupa? Puede que si trabajáramos juntos fuéramos capaces de terminar lo más básico, y si eso no está al nivel de lo que tú quieres podrías pulirlo más para presentaciones futuras más elaboradas.*

O: *Luis, ya sé lo difícil que es entregar un trabajo que no es tan bueno como lo que tienes por costumbre por no haberte dado tiempo sufi-*

ciente. Ya sabes lo que se dice: «Nunca hay tiempo suficiente para hacerlo bien, pero siempre hay tiempo para volverlo a hacer». Pero el hecho es que algunos proyectos se considera que dan poco rendimiento por el esfuerzo invertido, por lo que el director reduce los recursos que van a esos proyectos. Tenemos que distinguir entre éstos y los proyectos que nos permiten brillar. Si te sirve de consuelo, incluso personas que trabajan para sí mismos, a veces, tienen que conformarse con menos de lo ideal.

> **Consejo:** No confunda a los perfeccionistas que se retrasan con los perfeccionistas secretos que, en un clima altamente competitivo, se llevan su trabajo a casa a escondidas para disfrutar del proceso de pulido en su tiempo libre. Sin el adecuado ánimo de sus superiores pueden sufrir estrés, pero no representa ningún problema para usted porque ellos producen las cosas a tiempo. Por otro lado, los perfeccionistas morosos echan a perder el programa de todos los demás. Para moverse más en sincronía con usted y sus colegas necesitan sentir que forman parte del equipo. Así que hable de esfuerzo y competición de equipo y planee alguna recompensa o celebración de equipo para cuando hayan terminado el proyecto.

LOS TARDONES

Los tardones desperdician el tiempo mientras usted espera disponer de su trabajo para completar el suyo propio.

Los tardones llegan tarde al trabajo, a las reuniones y a las citas. Es posible que se sientan inseguros respecto a sus capacidades y estén intentado impedir los resultados al llegar tarde. El problema de ellos se convierte en su problema cuando posponen el darle la información que usted necesita, firmar pedidos que usted solicita o terminar sus informes. Y lo peor es que permiten que usted haga antesala mientras espera su llegada tardía.

Pierden el tiempo en cuestiones triviales, remolonean y se demoran. Los tardones acostumbran a quedarse entre dos aguas porque son incapaces de tomar decisiones. Se dicen a sí mismos que es mejor reunir *todos* los hechos y escuchar a todo el mundo antes de empezar. O es posible que pasen de una tarea a otra sin jamás terminar nada.

Lo que está usted pensando

Esta es la tercera vez en un mes que Alicia nos tiene retenidos porque no procesó los pedidos que ¡todo este tiempo han estado encima de su mesa! No creo que sea perezosa, pero parece distraerse con facilidad. Además, me parece que hace una cantidad nada habitual de comprobaciones antes de dar la conformidad a un pedido. Sospecho que, o bien no se organiza, o está insegura de sí misma, o ambas cosas. De todos modos, si vuelvo a encubrirla seré *yo* quien parezca incompetente.

Los pensamientos de un tardón

Ya sé que me retrasé mucho en procesar los pedidos de Marga y que ella está enfadada conmigo. Pero después del último aviso que me dio el jefe no puedo permitirme cometer otra equivocación. En realidad, el quid del problema es que el programa informático es viejo. Con un programa nuevo podría terminar todos estos pedidos y actualizar rápidamente las listas de precios actuales. Sin embargo, está claro que nadie quiere saber mi opinión, sólo quieren gritarme por no ser fiable.

ESTRATEGIA

Su objetivo es liberarse del comportamiento aparentemente irresponsable de sus colegas. Si también es capaz de dirigir a los Tardones hacia la mejora, eso supondrá una ventaja para todos.

1. *Solicite que aclaren las responsabilidades.* Pida que su jefe repase los plazos límite y los patrones de flujo de trabajo con todo el personal. La responsabilidad de enfrentarse a los trabajadores que no cumplen su cometido es del jefe, que es la autoridad que los ha nombrado. Si sigue usted encubriendo a los tardones jamás podrá eliminar la verdadera raíz del problema.

2. *Ayude a los tardones a organizarse sin criticarles.* En el caso de encargos en los que ambos estén involucrados, pónganse de acuerdo por anticipado en qué cantidad razonable de tiempo será necesaria. Hablen de los obstáculos potenciales y de la manera en que pueden derribarse o sortearse. Hagan juntos sus planes para la tarea y para responsabilizarse de los plazos límite.

3. *Enseñe a los tardones a ser puntuales.* En el caso de los que sean impuntuales crónicos, empiece sin ellos en lugar de comenzar más tarde una reunión de grupo. Fije las citas con ellos en *su* oficina, así, si llegan tarde, no le molestará tanto ya que podrá continuar trabajando hasta que aparezcan. Dígales que la hora de empezar es antes de lo que en realidad es y no modifique otras citas por culpa de los Tardones. Si el hecho de que lleguen tarde significa que no puede terminar con ellos, deténgase cuando termine el tiempo que les tiene concedido y vuelva a programar la cita.

CONVERSACIÓN TÁCTICA

USTED: *Alicia, no puedo seguir encubriéndote. A partir de ahora, si no puedes terminar tu trabajo a tiempo tendrás que solucionar tú sola el problema. En todo esto hay algo que está mal y que tendrás que arreglar con el jefe.*

O: *Jefe, creo que nos ayudaría mucho poder hacer un diagrama de flujo que indicara nuestros plazos límite y que mostrara la forma en que se combinan nuestros papeles individuales en este proyecto.*

O: *Andrés, por favor, dile a Alicia que no pude esperarla más. Tengo que salir ahora o llegaré tarde a otra cita.*

O: *Jefe, Alicia y yo nos pusimos de acuerdo en los plazos límite para evitar retrasos futuros con cosas que he solicitado. Nuestro plan no funciona y necesito que me ayude.*

> **Consejo:** Distinga primero entre las dos clases básicas de colegas tardones: los que se retrasan por culpa de algún defecto del sistema y los que se retrasan en todo. Los primeros necesitan su ayuda para que les sugiera revisiones de procedimientos. Los supervisores deberían preocuparse por esto y solucionar las acciones irresponsables derivadas de esos problemas. En cualquier caso, usted no está ayudando a sus colegas si tapa sus malas costumbres o el mal sistema de la organización.

Los colegas morosos y vacilantes causan a sus compañeros de trabajo un estrés y un agotamiento innecesarios. Es muy frecuente que alguna peculiaridad en sus personalidades les impida cumplir con sus responsabilidades. Van detrás de sus propios objetivos y no ven la conexión entre ayudar a la empresa y ayudarse a sí mismos. Como usted no tiene autoridad sobre sus colegas, si sus intentos de persuadirles personalmente no funcionan, tendrá usted que dejar que sea su jefe el que se enfrente a este problema. Sin embargo, hay ocasiones en que la causa del retraso es un defecto dentro del sistema y, por lo tanto, los morosos no son en realidad culpables sino víctimas. En ese caso, lo que resultaría más útil sería sugerir que se revisara el sistema.

21

Cuando los que causan retrasos son sus subordinados

- Lista de comprobación para enfrentarse a los morosos
- Los que están pendientes del reloj
- Los inútiles
- Los rebeldes

Los subordinados que parecen aburridos, asustados o resentidos y que pierden el tiempo en tonterías en lugar de hacer lo que saben que debe hacerse, crean conflictos entre los demás trabajadores. Si no se pone remedio, la tensión puede crecer hasta dar como resultado una grave pérdida de productividad.

Pero antes de examinar tres tipos comunes que causan retrasos —los que no piensan hacer el trabajo, los que no son capaces de hacerlo y los que buscan venganza— debería usted examinar cuidadosamente la atmósfera de su oficina. Si el ambiente que rodea a los subordinados morosos es demasiado estresante, rígido o frígido, parte del problema no reside en la gente sino en el sistema. Y en ocasiones, una sencilla nota personal de agradecimiento cambia una actitud.

LISTA DE COMPROBACIÓN PARA ENFRENTARSE A LOS MOROSOS

¿Crea usted una buena relación de armonía?

❏ *¿Impide que sus trabajadores se aburran?*

❏ *¿Establece un buen clima emocional en el que se desafíe a los trabajadores a aprender y a producir y a que tengan tiempo para pensar en probar enfoques innovadores?*

❑ *¿Consigue usted que los morosos se sientan a gusto y que se den cuenta de que usted se identifica con sus necesidades?*

❑ *¿Trabajar en su oficina es agradable y, a veces, divertido?*

❑ *¿Evita usted humillar públicamente a los trabajadores o les «regaña» en privado después de cada equivocación permitiéndoles salvar las apariencias?*

❑ *¿Dice primero lo negativo y luego emite alabanzas concretas y positivas?*

❑ *¿Refuerza usted la identidad de los morosos con su grupo por medio de reuniones informales y acontecimientos en la oficina, así como una competición amistosa?*

¿Elimina usted factores contribuyentes?

❑ *¿Comprueba que no haya factores externos que contribuyan a los retrasos: ruidos molestos; mala distribución del espacio, iluminación y ventilación; herramientas equivocadas; maquinaria y equipamientos que funcionen mal y formación insuficiente?*

❑ *¿Tiene el personal suficiente, es decir, no espera usted que una sola persona supervise a demasiados trabajadores?*

❑ *¿Está seguro de que algunas de sus reglas no están completamente envueltas en trámites burocráticos, se solapan o exigen pasos interminables para conseguir el permiso para realizar tareas?*

❑ *¿Se ha preocupado de que los objetivos, instrucciones y marcos temporales sean absolutamente claros?*

❑ *¿Hace cumplir firmemente los plazos límite que ha establecido y ha dejado bien claras las consecuencias del no cumplimiento?*

¿Dedica usted tiempo a motivar?

❑ *¿Se comporta como si los trabajadores ya hubieran desarrollado una capacidad potencial en la que usted se ha fijado?*

❑ *¿Fija usted normas explicando la manera en que sus trabajos contribuyen al esfuerzo total y lo que se espera de ellos, y preparan juntos una lista de las responsabilidades?*

❑ *¿Les confirma usted que tiene confianza en que pueden actuar bien y cuando lo hacen les alaba con honestidad?*

❑ *¿Descubre las necesidades del ego de sus trabajadores y les ayuda a sentirse im-*

portantes vinculando la formación con la ambición personal, así como al problema del trabajo actual?

❏ *¿Mantiene informados a sus trabajadores?*

¿Ha instituido mecanismos y sistemas que sean de ayuda?

❏ *¿Les proporciona formación adecuada?*

❏ *¿Tiene en marcha un plan que permita que las ideas de los subordinados lleguen a lo más alto?*

❏ *¿Vincula los incentivos con la actuación celebrando los logros reales, como por ejemplo, superar un récord anterior o introducir un sistema nuevo?*

❏ *¿Les enseña la manera de dividir sus trabajos en partes lógicas?*

❏ *¿Ha diseñado un sistema para recompensar la finalización de las fases principales de un proyecto?*

❏ *¿Exhibe usted gráficos para mostrar el status, la mejora y la comparación de resultados entre unidades?*

❏ *¿Tiene un sistema para recompensar a los trabajadores con actos de reconocimiento, formación adicional, aumentos de sueldo y ascensos?*

LOS QUE ESTÁN PENDIENTES DEL RELOJ

Los que siempre están pendientes del reloj para ver si ya es hora de irse a casa intentan escaparse sin trabajar. Su actitud dice: «Este trabajo no es para mí».

Estos subordinados son perezosos y despreocupados. Parecen inútiles, rehuyendo el trabajo y haciendo novillos en cuanto a reuniones y proyectos. Los que están pendientes del reloj son personas capaces, pero se niegan a invertir ni una sola gota más de esfuerzo del que es imprescindible para cumplir su cometido.

Con frecuencia, su indiferencia es el resultado de una falta de orgullo en el producto o servicio de la empresa, o en la parte concreta que desempeñan en su producción. No ven relación alguna entre su trabajo y los objetivos de la empresa. Nadie les ha dicho nunca que lo que ellos hacen es importante o se aprecia.

En ocasiones, si usted rebusca debajo de esa superficie apática, se encontrará con subordinados que están frustrados por la burocracia o por la rutina de una especialidad. Si están aburridos, no tienen desafíos o están infrautilizados, pueden retrasar deliberadamente la entrega de su trabajo sólo por tener algo de excitación. Es posible que utilicen los retrasos para crear problemas a fin de que se les otorgue el reconocimiento de haberlos solucionado.

Lo que está usted pensando

No tengo ni idea de lo que puede haberle sucedido a Chema. Cuando llegó a la empresa prometía mucho y estaba muy emocionado por trabajar aquí. Ahora parece que no soy capaz de traspasar esta actitud suya de «y para qué...». Cuando más hablo con él, más despacio trabaja. Como resulta que yo tengo que procesar muchos datos diariamente, cuando Chema no termina tengo que pasar el resto de su trabajo a otros trabajadores más rápidos que, por supuesto, se quejan de la sobrecarga. A ellos les parece que les castigo por trabajar con mayor rapidez y todo esto me está causando un gran problema de moral.

Los pensamientos de uno de los que siempre están pendientes del reloj

Cuando llegué a esta oficina, el jefe me dijo que estaban buscando personas que fueran capaces de poner en práctica los proyectos que nos hicieran avanzar. ¡Ojalá hubiera grabado esa conversación para volver a ponérsela ahora! Me aburro tanto que es una tortura entregar el trabajo que me encargan. Mi talento no se aprovecha y no tengo oportunidad alguna de contribuir a pesar de que estoy seguro de que muchas veces conozco un método mejor que el que están utilizando. La única manera de que se fijen en uno es entregar tarde un trabajo.

ESTRATEGIA

Su objetivo es conseguir que los que siempre están mirando el reloj asuman la responsabilidad de realizar su trabajo puntualmente, lo que le permitirá tratar a todos sus trabajadores de una manera justa e imparcial y distribuir el trabajo equitativamente.

1. *Repase primero sus instrucciones.* Lo que para usted está claro como el cristal puede ser confusión para sus subordinados. Asegúrese de que ha explicado claramente los objetivos concretos y los plazos límite.

2. *Pregunte qué es lo que va mal en lugar de acusar.* Deles la oportunidad de hablar. Pídales sus opiniones y sugerencias y diga que las tendrá en cuenta. Eso no significa que vaya a utilizar sus ideas, sino que *pensará* en utilizarlas.

3. *Inicie un programa de orgullo en la empresa, departamento o trabajo.* Ponga en práctica un enfoque que incluya la involucración individual, como grupos de discusión o círculos de calidad, competición de equipos, sistema de reconocimiento y una canalización mejor de las comunicaciones internas y externas. Busque las ideas de sus subordinados y déjeles que tomen algunas de las decisiones que afectan al resultado de sus tareas.

4. *Cree desafíos, excitación y diversión.* Para dejar lugar a la espontaneidad elimine regulaciones accidentales que inmovilizan a los trabajadores. Utilice ese potencial suyo que no se ha aprovechado, ya que el no hacerlo es desperdiciar un recurso valioso y puede ser la causa principal de la insatisfacción de los trabajadores. Permita que los subordinados aprendan algo nuevo asistiendo a talleres, seminarios, conferencias y programas de formación.

CONVERSACIÓN TÁCTICA

USTED: *Francamente, Chema, me molestó mucho que no terminaras eso a tiempo hasta que se me ocurrió que es posible que no te hubiera dicho claramente la importancia que tenía esta fecha límite.*

O: *¿Por qué crees que tienes problemas para terminar tu trabajo? ¿Existe algún obstáculo del que quieras hablarme? ¿Qué crees que va a suceder si sigues...? ¿Puedes sugerir algo que podamos hacer para volver a ponerte en el buen camino?*

O: *Me parece que algunos de vosotros estáis algo aburridos, así que me gustaría que hablarais entre vosotros y recomendarais maneras nuevas de conseguir que vuestros esfuerzos sean más satisfactorios. Un ejemplo es la rotación de trabajos para que cada uno pueda aprender los aspectos principales de nuestro funcionamiento.*

> **Consejo:** No sermonee. Entérese del motivo por el que los morosos se vayan retrasando. Muchos de los que siempre miran el reloj aspiran a ascender. Son bastante competentes para ello, pero se sienten frustrados porque están inmovilizados o no se enfrentan a reto alguno. Se sienten atascados en un trabajo que no encaja con sus ambiciones y necesidades. Si está pensando en proporcionarles un programa de desarrollo, asegúrese de que otros trabajadores no lo vean como una recompensa como, por ejemplo: «Si trabajo deprisa me cargan con el trabajo que él o ella no termina. Ellos trabajan lentamente y les regalan más formación». Planifique las oportunidades de aprendizaje y de rotación de puestos de trabajo como parte de la imagen general y después de recibir *input* de todo el personal.

LOS INÚTILES

Los inútiles causan retrasos porque no hacen o tienen que rehacer su trabajo. Los proyectos se atascan repetidas veces cuando los inútiles los fastidian y no los acaban. En ocasiones, la carencia de actuación está enraizada en el miedo. Es posible que no tengan el trabajo adecuado, que no sepan cómo hacerlo y estén demasiado avergonzados o tengan miedo de pedir ayuda. Es posible que lo hagan mal y, por lo tanto, lo estén retrasando constantemente intentando encontrar ellos solos la respuesta.

En otras ocasiones, la razón es una indiferencia casual. Puede ser que las actitudes diferentes entre generaciones sean lo que impide una buena comunicación entre usted y sus inútiles. De algún modo, la relajación de las normas que se produce los viernes llegó a sus mentes como una disminución de los niveles de logros. Con sus métodos chapuceros —limitarse a hacer el trabajo rápidamente con escasa atención a los detalles— es frecuente que el resultado sea un producto descuidado.

Como jefe usted se pregunta: ¿Cómo puedo combatir esta indiferencia y negligencia?

Lo que está usted pensando

Es la tercera vez en dos semanas que he tenido que devolverle el trabajo a Félix. Esa actitud indolente y descuidada hace que me parezca que no está interesado o preocupado por la calidad de lo que produce. Creo que el responsable de ese descuido es su escaso entusiasmo. O es posible que sólo esté holgazaneando. En cualquier caso, está retrasando los trabajos y yo debo hacer algo al respecto.

Los pensamientos de un inútil

¿Por qué está el jefe tan obsesionado por cada minuto? Le entregué el diseño de la Web a tiempo y ahora dice que tengo que volverlo a hacer. Está bien, es verdad que me olvidé de un pequeño detalle. ¡Y qué! ¿Quién, aparte del viejo, notará la diferencia?

ESTRATEGIA

Su objetivo es conseguir que los inútiles se atengan, puntualmente, a las normas que usted ha establecido.

1. *Concéntrese en solucionar el problema.* Olvídese de intentar adivinar los motivos de los trabajadores. Llegará más lejos con amabilidad como, por ejemplo, preguntando cuándo algo estará listo en lugar de exigir que esté terminado en un momento determinado.

2. *Aclare sus instrucciones.* Repase el trabajo devuelto punto por punto de una manera no enjuiciadora. Tranquilice a los nútiles temerosos diciéndoles que es importante pedir ayuda en cuanto se necesita, e informe a los inútiles descuidados de lo que usted espera exactamente.

3. *Hable de las consecuencias.* Pregúnteles qué creen que sucederá cuando se retrase un proyecto y por qué motivo cree que siempre llegan tarde. Explíqueles cuál puede ser el resultado del problema. Los inútiles tienen que comprender por qué y cómo afecta esta situación difícil, tanto a la empresa como a ellos personalmente. También deben saber que su intención es ayudarles a mejorar.

4. *Ideen juntos procedimientos nuevos.* Anime a los inútiles a que se sientan con libertad de sugerir o responder. Usted puede rechazar una idea sin rechazar su participación.

5. *Sea consistente.* Debe usted alabar las buenas actuaciones e impartir las consecuencias prometidas si se trabajaba mal.

CONVERSACIÓN TÁCTICA

USTED: *Félix, me trastorna mucho que a pesar de que prometiste tener más cuidado vuelves a descuidar los detalles. ¿Por qué sucede eso?*

FÉLIX: *Yo creí que era un buen diseño.*

USTED: *Tu diseño tiene tres fallos: 1)..., 2)..., y 3)... Lo que necesita concretamente es... ¿Ves la manera de cambiarlo para conseguirlo?*

FÉLIX: *Bueno, supongo que podría ajustarlo un poco aquí, añadiendo...*

USTED. *Sí, eso para empezar. Es importante que nuestros diseños sean exactos hasta el más mínimo detalle. La reputación de nuestra empresa se basa en eso. Si permitimos que haya descuidos de este tipo perderemos nuestra credibilidad. Por lo tanto, no podemos permitirnos tener a ningún empleado que no ponga una atención estricta a los detalles. ¿Te estoy diciendo con la suficiente claridad la manera en que tu trabajo y la empresa se afectan directamente el uno al otro y las consecuencias que se producirán si eso vuelve a suceder?*

FÉLIX: *Me está diciendo que me estoy jugando el trabajo.*

USTED: *Cierto. Está bien, esta es la situación. Me gustaría que pensaras un poco en este problema y que volviéramos a hablar mañana. En mi oficina a las 11 de la mañana. Quiero escuchar tus sugerencias y entonces decidiremos lo que vamos a hacer.*

> **Consejo:** Después de que anime, tranquilice y si es necesario proporcione formación adicional, le toca administrar las consecuencias prometidas en caso de retrasos innecesarios. Ayude a estos inútiles a dedicarse a trabajos que encajen mejor con sus capacidades, talento y temperamento.

LOS REBELDES

Los rebeldes utilizan tácticas dilatorias para vengarse de usted.

Como resulta que tienen miedo de decirle por qué están enfadados, los rebeldes rencorosos quieren vengarse de usted sin correr riesgo alguno. La táctica que eligen es posponer el trabajo, utilizando la negligencia, el descuido o un mal comportamiento deliberado que dé por resultado unos proyectos retrasados y chapuceros.

Es posible que sus acciones sean el resultado del modo en que dijo usted algo, o de una política o procedimiento de la empresa que ellos consideran ofensiva. Fuera lo que fuese, hirió su ego o hizo que se sintieran incapaces y creen que la manera más segura de vengarse es ocasionar una ralentización del funcionamiento de la oficina. Interferir cualquier cosa que usted quiera que se haga les proporciona la satisfacción de conseguir un cierto control sobre usted.

Lo que está usted pensando

Teo hace un buen trabajo a la hora de esconder su hostilidad, pero yo sigo notándola. Sospecho que fue él quien estropeó intencionadamente el informe trimestral para que tuviera que volverse a hacer. Además, Teo me dio alguna excusa tonta cuando estuvo reteniendo esos pedidos importantes sin pasarlos. Siempre que quiero hablar con él está comiendo y va a volver tarde, o está de baja por enfermedad. Debería saber que esas tácticas dilatorias están mal. Tiene un buen trabajo, un buen sueldo y unos buenos beneficios. ¿Por qué está resultando tan problemático? Voy a tener que poner las cosas en su sitio.

Los pensamientos de un rebelde

Durante la entrevista de trabajo me dijeron que este puesto me daría la oportunidad de hacerme notar. En cambio, me encuentro con que se conforman con resultados mediocres y a mi jefa parece que no le importa porque sólo se preocupa de sus favoritos. ¿Por qué tengo que cumplir sus horarios y programaciones temporales estúpidas cuando hay tantos otros factores a tener en cuenta? Aquí no hay sitio para los pensadores imaginativos y creativos que sean capaces de ver que la organización tiene más potencial. Estamos tan atrincherados en los procedimientos que ni siquiera sabemos por qué estamos trabajando. La última vez que hice una sugerencia me rechazaron bruscamente y no tengo ganas de correr el riesgo de que vuelvan a hacerlo. Yo no formo parte de lo que está pasando. Bueno, pues que esperen este maldito informe mientras yo me tomo mi tiempo y lo vuelvo a hacer de la manera correcta. Le enseñaré a la jefa que no me conformo con sus criterios.

ESTRATEGIA

Su objetivo es recuperar el control consiguiendo que los Rebeldes dejen de ocultar su hostilidad. Hasta que no consiga que le hablen honestamente de lo que les preocupa, en lugar de recurrir a retrasar las cosas como venganza táctica, no conseguirá que vuelvan al trabajo.

1. *Culpe al sistema.* El apartar la culpa de ellos permite que los rebeldes salven las apariencias y les proporciona una oportunidad para expresarse. Explique la situación tal como le parece a usted y por qué cree que es un problema. Escuche su respuesta sin interrumpirles.

2. *Haga preguntas.* Olvídese de amenazas y ataques. Hacer averiguaciones con éxito exige un tono ligero y amistoso. Suavice la atmósfera haciendo que les sea fácil ser francos y claros en una discusión particular con usted. De hecho, deles permiso para que suelten su hostilidad en usted.

3. *Siempre que sea posible diga que está de acuerdo.* Sin ponerse a la defensiva, puede manifestar firmemente que no va a permitir que el funcionamiento de su departamento corra peligro o sea amenazado. Ayúdeles a entender por qué retrasan las cosas y luego, juntos, identifiquen maneras potenciales de manejar la situación.

CONVERSACIÓN TÁCTICA

USTED: *Teo, el informe trimestral está terriblemente retrasado y eso representa un problema para nuestro departamento. ¿Cómo sugieres que le explique el retraso al gran jefe?*

O: *¿Por qué crees que tenemos este problema? Teo, sé franco, por favor. De verdad, si criticas algo que yo haya hecho no me molestará y no te lo tendré en cuenta.*

O: *Tienes razón, Teo. Pero como sabes, tenemos que entregar esos informes puntualmente. ¿Qué recomendarías para corregir esta situación?*

Consejo: No asuma que los trabajadores que no critican abiertamente no son críticos. Sin embargo, si proporciona a los rebeldes la oportunidad de aclarar la atmósfera y les permite tener voz en las decisiones que afecten a sus responsabilidad, la mayoría se alegrarán de volver al trabajo.

Cuando sus subordinados pospongan el trabajo no se quede ahí sentado, mordiéndose los puños, hasta que llegue el momento de su evaluación anual. Primero, averigüe qué está causando los retrasos. Si están aburridos, es frecuente que el enojo desaparezca si les proporciona un desafío y voz a la hora de sugerir soluciones. Si lo que les paraliza es el miedo al fracaso, haga que les sea más fácil pedir ayuda inmediatamente. Si están retrasando las cosas para conseguir vengarse, consiga que expresen la hostilidad que han estado ocultando. Para mantener su control es posible que tenga que permitir que sus subordinados se sientan más libres en el trabajo y que tenga que explicarles la manera en que se benefician si se consiguen sus objetivos y los de la empresa.

Octava parte

Cuando se trata con personas rígidas u obstinadas

La rigidez mata la creatividad. Las dos son cosas diametralmente opuestas. Aquellos que exigen que haga usted cosas a su manera, porque ésa es la única forma posible, eliminan cualquier deseo que tenga de ser innovador. La gente rígida tiene problemas para ajustarse a las circunstancias cambiantes. Su tenacidad y persistencia, aunque admirables a la hora de perseguir objetivos, se convierten en perjudiciales cuando van unidas a conceptos pasados de moda y reglas anticuadas.

Desgraciadamente, casi todas las oficinas tienen jefes, colegas y subordinados tozudos que se niegan a plegarse o moverse. Son tan rígidos como las políticas y los procedimientos que insisten que están tallados en piedra. Algunos son severamente estrictos a pesar de la tensión que eso produce.

Esta clase de obstinación puede ser una tapadera, una manera de disfrazar el miedo, la ira o la vergüenza. Lo más probable es que la gente rígida se haya metido a sí misma en un rincón del que no puede salir sin quedar mal. Para llegar a ellos, lo primero que necesita es ganarse su confianza.

22

Cuando su jefe es inflexible

- **Los que cuentan las comas**
- **Los rígidos**
- **Los obstinados**

Hay ocasiones en que los jefes son como caballos de carreras que llevan anteojeras para no tener visión periférica, y en otras, son sencilla y declaradamente tozudos como mulas.

Algunos jefes son tan rígidos en lo que respecta a enfatizar la letra pequeña que son incapaces de ver una pintada en la pared. Otros son obstinados en cuanto a hacer modificaciones incluso cuando las condiciones del momento causan penas o trabajo arduo. Algunos se niegan a cambiar de opinión porque el orgullo no les permite admitir que la postura que adoptan significa que van a tener problemas.

En cualquier caso, jamás llegará usted al círculo de los ganadores diciéndole a sus jefes que se equivocan. No harán más que ponerse a la defensiva y ser aún más intratables, especialmente si les avergüenza delante de otras personas con hechos que demuestran que usted tiene razón. Incluso si están de acuerdo en ello, más adelante se vengarán de usted, consciente o inconscientemente.

En lugar de todo eso, empiece a cultivar unos modales educados, sinceros y relajados. Es mucho más probable que los jefes le escuchen cuando intente demostrarles la manera de conseguir lo que quieren, y a su vez conseguirá lo que usted quiere.

LOS QUE CUENTAN LAS COMAS

Los contadores de comas son personas tozudamente pedantes que exigen la perfección en lo insignificante.

Estos jefes tienen un punto de vista mezquino. Ven las partes microscópicas sin retirarse para conseguir una visión telescópica de la imagen general. Con su excesivo énfasis en los detalles menores, deifican la precisión y la constante conformidad.

El problema para usted es que ellos no correrán nunca el riesgo de probar una manera mejor. Con frecuencia, no sólo carecen de imaginación, sino que tampoco tienen una comprensión *práctica* de lo que implica conseguir hacer su trabajo.

Lo que está usted pensando

Mi jefe es estrecho de miras. Cuando se trata de seguir nuestros procedimientos no se compromete y en cambio se aferra rígidamente a nuestras prácticas de programación. Unos informes recientes con datos de otras organizaciones indican que están sacando más rendimiento de sus instalaciones, ampliando ligeramente las horas y doblando los turnos. Él se niega a escucharlo. Se limita a recalcar la importancia de llevar los registros y de cumplimentar los impresos.

Los pensamientos de uno que cuenta las comas

Alberto está perturbando la armonía y armando mucho alboroto, pero yo me atengo a algo que conozco y de lo que sé que puedo fiarme. El plan de programación que hemos estado siguiendo durante años funciona estupendamente. Será mejor que no le pille ajustando mis reglas o dejando de cumplimentar cada uno de los impresos a tiempo.

ESTRATEGIA

Su objetivo es ayudar a su jefe a tener una visión más amplia, a entender más y mejor aquello en lo que se halla involucrado. Sea franco y directo. Transmita su sinceridad en un tono de voz confiado, tranquilo, y sin embargo, entusiasta.

1. *Entérese de la historia.* Es posible que su jefe se haya quemado antes con este problema. Si es así, hágale saber que *usted* sabe que ha tenido alguna experiencia con esto. Exprese empatía por sus necesidades y preocupación por la manera en que su jefe, personalmente, se vería afectado si se sigue con la práctica actual.

2. *Siempre que sea posible, presente una evidencia autorizada.* Esto es especialmente importante si el jefe cree que usted le está pidiendo que arriesgue su reputación. Recalque los beneficios que serán importantes para él y su organización, demostrándole el motivo por el que el riesgo es mínimo y la manera en que los cambios también beneficiarán emocionalmente al jefe.

3. *Reduzca su solicitud.* Mantenga los cambios y los costes al mínimo. Hable de dar pasos más pequeños, pero a lo largo de períodos de tiempo más cortos.

CONVERSACIÓN TÁCTICA

USTED: *Jefe, lo que me preocupa es que nuestro montaje actual ya no es una manera segura de actuar. El gasto que representa para nuestros recursos es la causa de que...*

O: *He aquí un estudio reciente que muestra lo bien que funcionó este enfoque en varias organizaciones muy respetadas.*

O: *¿Qué le parecería si pensáramos en una tanda de prueba limitada a tres meses? Si no hay mejoras notables o si se presenta un problema nuevo, siempre podemos volver atrás...*

> **Consejo:** Cuando los jefes ignoran grandes tendencias mientras se aferran tozudamente a los detalles menores, contraste el peligro de quedarse a un lado con el beneficio de seguir la corriente. Tranquilice a aquellos que entierran sus cabezas en la arena porque tienen miedo de correr riesgo. Hable de sesiones de prueba en lugar de cambios permanentes.

LOS RÍGIDOS

Son jefes que tienen una voluntad de hierro, que no escuchan ni quieren escuchar a nadie y que se aferran tenazmente a sus propias ideas.

Ellos son los que mandan y no se atreva usted a olvidarlo ni por un momento. Su modo de hacer las cosas es el único porque lo dicen ellos. Imponen de una manera rigurosa e intolerante un rigor y exactitud irrazonables.

Si estos jefes le ocasionan alguna dificultad no acuda a ellos para quejarse porque no quieren oír en modo alguno que si, sólo por una vez, hicieran una excepción, eso le ayudaría mucho a usted. Su rigidez es inamovible, su resolución parece que no puede cambiarse, doblegarse o ajustarse. Los problemas que usted tiene no influirán en ellos para que modifiquen sus opiniones y, de repente, se quedarán completamente sordos a lo que esté usted diciendo, por muy directo o mordaz que sea su comentario. Están demasiado ocupados preocupándose por conservar el control.

Lo que está usted pensando

Quiero que la jefa vea que soy inteligente y que puedo tener buenas ideas, pero me estoy acobardando en lo que respecta a hacer más sugerencias. Es tan difícil conseguir que ella piense tan siquiera en hacer algo de otro modo o en probar algo nuevo. Sólo quiere adoctrinarnos a su modo para que sigamos sus exactamente pasos. Las viejas ideas están tan bien aisladas que las nuevas son incapaces de penetrar el muro de piedra que ella ha levantado.

Los pensamientos de un rígido

Tengo que vigilar más de cerca a Patricia. Creo que está cuestionando mi autoridad y no puedo consentir que cualquier don nadie intente reducir mi poder ideando planes para una dirección más participativa. Sería muy boba de aceptar eso y perder el control que tengo sobre mis trabajadores.

ESTRATEGIA

Su objetivo es conseguir que su jefe rígido permita que un aire amistoso y fresco, pero crítico, envuelva sus políticas y precedentes. Su objetivo es conseguir que haya más conversaciones francas y abiertas.

1. *Comprenda mejor las cosas haciendo ver que es usted el jefe.* Si yo fuera el jefe ¿qué es lo que querría? Comprenda cuál es su posición. Al presentar sus ideas concéntrese en las preocupaciones de la dirección, explique la manera en que su propuesta satisface los objetivos de los

que el jefe está hablando siempre. Indique cuáles serán las consecuencias probables si no se acepta la idea.

2. *Explique los beneficios mutuos.* Explique los beneficios no sólo para el jefe y la empresa, sino también para usted. Deje que el jefe vea lo ansioso que está usted de que este plan funcione y lo que está dispuesto a ceder para conseguirlo (trabajar más horas, por ejemplo). Muestre su buena disposición a agotarse, si es preciso, para que tenga éxito.

3. *Identifique los costes y los obstáculos.* Si es posible y necesario, prepare un presupuesto y haga una lista de sugerencias de personal. Explique la manera en que usted superaría los obstáculos previstos. Sea directo y demuestre una confianza que es posible que no sienta todavía.

4. *Vaya por la puerta de atrás creando mercado.* Empiece por documentar la demanda pidiendo la opinión de aquellos que utilizarán su producto o servicio. Cuando los usuarios hayan sido captados por su idea, sugiérales el modo en que pueden ayudarle a persuadir a su jefe para que la haga realidad.

CONVERSACIÓN TÁCTICA

USTED: *Jefe, siempre le he oído decir lo importante que es para la empresa incrementar nuestro... Supongo que ya ha pensado en consolidar, pero ¿qué le parecería si combináramos...?*

O: *Ya sé que tardaríamos bastante tiempo en idear la logística, pero me encantaría hacerlo junto con mis tareas habituales...*

O: *(A un cliente potencial.) Me alegra que le guste la idea. Me pregunto si estaría usted dispuesto a ayudarme a hacerla despegar. ¿Querría llenar este breve cuestionario para que pudiera llevar sus ideas a mi jefe?*

Consejo: Si su jefe no cede, dele nueva forma a su solicitud y repítala. La gente se niega por un motivo y accede por otro. Cuando los jefes están decididos a mantener el statu quo, practicando un control meditado, ayúdeles a cambiar de opinión uniéndose a ellos en lugar de contra ellos. Aproveche los usuarios potenciales del producto o servicio haciendo que sean ellos los que hagan cambiar la opinión del jefe. A pesar de que usted no ha violado regla alguna, si su jefe le acusa de ser agresivo, pídale disculpas. Es más fácil decir que lo siente después que conseguir permiso de antemano de un autócrata con voluntad de hierro.

LOS OBSTINADOS

Los obstinados se atienen a una línea de acción de una manera ciega, estúpida y tozuda.

Son jefes obstinados, mal informados, que se resisten a cambiar de opinión y además siguen de manera estúpida y persistente cierta línea de acción. No escuchan ni escucharán sus argumentos y usted no será capaz de persuadirles, argumentarles o razonarles porque para conseguir que cambiaran su línea de acción tendrían que admitir que habían cometido una equivocación.

Los obstinados están influidos por algún prejuicio irrazonable que hicieron antes de que dispusieran de los hechos y ahora, a pesar de que los hechos contradicen su opinión inicial, no van a ceder. Usted se siente atrapado porque las directivas obstinadas de su jefe no encajan con las tareas que se supone que usted debe realizar.

Lo que está usted pensando

El jefe no sabe lo que dice. Es demasiado tozudo para escuchar y enterarse de lo que pasa aquí. Me van a hacer responsable de su estúpida idea que yo sé que va a fracasar. Si lo dejo pasar me culparán a mí. Si no lo hago, el jefe me cargará con todas las tareas asquerosas.

Los pensamientos de un obstinado

Es posible que yo no tenga una experiencia real en contactar con clientes nuevos, pero he estudiado el tema y me molesta que Sara discuta conmigo sobre el procedimiento que hay que utilizar. Le he dicho a toda mi gente que insisto en que todo el mundo lo haga de acuerdo con mi plan. Si permito que Sara cambie las órdenes que le he dado será como admitir que su manera de hacerlo es mejor que la mía. No puedo hacer eso, sería demasiado embarazoso.

ESTRATEGIA

Su objetivo es rehusar una orden directa sin causar resentimiento o ser insubordinado. Lo que usted quiere es que las restricciones disminuyan para que pueda hacer su trabajo con un mínimo de interferencias y conseguir la aprobación del jefe.

1. *Presente un plan alternativo al del jefe.* Consiga ideas nuevas de mentores, redes de trabajo, seminarios o bibliotecas y luego vuélvaselo a pedir al jefe. Si no tiene tiempo para preparar un plan alternativo completo aún puede mejorar sus probabilidades de éxito. Deslice algunas sugerencias seguras en la orden detestable del jefe.

2. *Intente solucionar el problema del jefe.* Antes de presentar su idea, pregúntese cómo ayudaría a solucionar las cuestiones de reducción de costes, aumento de ventas, reducción de errores o cualquier otra cuestión de la organización que hace que el jefe esté siempre a punto de un ataque de apoplejía.

3. *Añada un atractivo emocional.* Vincule su idea a un ansia personal. ¿Cree usted que el jefe quiere sentirse más seguro, conseguir mayor reconocimiento, tener más tiempo libre o encontrar un escenario en el que presumir de alguna habilidad?

4. *Compórtese como si esperara aceptación.* Es más probable que su jefe esté de acuerdo si usted lo prevé así, en lugar de hostilidad. Las expectativas positivas animan a dar respuestas positivas. Atribuya al jefe unos rasgos que a él le gustaría que los demás pensaran que tiene.

5. *Si el jefe no cede, obedezca exactamente la orden.* No critique, pero consiga la orden por escrito a fin de protegerse. Documente todas sus acciones para demostrar que usted seguía las órdenes del jefe. Si tiene suerte, ese jefe obstinado podría ser despedido o trasladado. Si no, usted ha seguido haciendo un buen trabajo, armado contra las acusaciones injustas.

CONVERSACIÓN TÁCTICA

USTED: *Jefe, siguiendo su línea de pensamiento parece que dice usted...*
(Inserte su mejora, vale la pena intentarlo.)

O: *Sé que no está usted enterado de la situación porque si lo estuviera no habría permitido que persistiera este declive. ¿Qué sugiere que hagamos? ¿Qué le parecería si...?*

O: *Jefe, yo sé que es una persona razonable y los demás directores deberían reconocer sus esfuerzos para que la empresa fuera más...*

O: *He resumido nuestra conversación en este memorándum para asegu-
        rarme de que procedemos de la manera que usted desea.*

O: *(Usted ha deslizado algunos cambios y el jefe se resiste.) De acuerdo,
        prepararé otro memo para que lo firme corrigiendo los puntos que ha
        señalado. (Una vez que lo firme, el jefe, y no usted, será el respon-
        sable.)*

> **Consejo:** Haga todo lo posible para permitir que su jefe salve las
> apariencias. Apóyele en lugar de decir que está equivocado y
> pregúntele si hacer alguna otra cosa podía serle de ayuda.
> Cuando un jefe obstinado rehúsa ceder y su experiencia e instin-
> tos le dicen que está usted en peligro, la supervivencia exige que
> se proteja. Los documentos escritos y las instrucciones firma-
> das se convierten en un chaleco antibalas.

Concéntrese en lo que quieren los jefes rígidos y obstinados. Si aprieta
usted el botón adecuado, ellos mismos encontrarán justificaciones por haber hecho lo que usted sugiere. Si los jefes creen que es realmente sincero
queriendo ayudarles, que ha unido, de algún modo, su futuro con el de
ellos, empezarán a confiar en usted y los muros de la obstinación comenza-
rán a caer.

23

Cuando los inflexibles son sus colegas

- **Los aguafiestas**
- **Los «capítulo y versículo»**
- **Los cabezones**

Los compañeros de equipo inflexibles ocultan sus emociones y eso les permite tratar a las demás personas como cosas que hay que colocar, postergar o encasillar. Hacen ver que no les importan las potencias o las debilidades que tenga usted y también aparentar que no tienen consideración alguna por sus sentimientos. Su estrechez de miras está centrada únicamente en el concepto, problema o regulación que quieren que usted acepte o siga.

Para conseguir que los colegas tozudos vean que hay otro camino además del que ellos siguen, deje de buscar soluciones de las de «o a tu manera o a la mía». Es de esperar que, juntos, sean capaces de solucionar la cuestión a satisfacción *mutua*. En lugar de que uno gane y el otro pierda, negocie para que ambos consigan aquello que persiguen.

LOS AGUAFIESTAS

Los aguafiestas le dan razones morales u oficiales por las que está mal disfrutar con el trabajo.

Los aguafiestas están tan rígidos que el rigor mortis ya ha aparecido. Están decididos, más bien emperrados, en eliminar el placer de cualquier cosa en la que esté usted trabajando. Sus observaciones hacen desaparecer hasta la última gota de diversión que acostumbraba usted a conseguir trabajando en la oficina.

241

Como resulta que los aguafiestas están enfadados, resentidos o amargados, convierten en pecado el estar alegre. Limitan a sus subordinados de un modo severo e intentan transmitirle a usted, su colega, su rigidez. No permiten que nadie disfrute de un ambiente de trabajo relajado y agradable.

Lo que está usted pensando

Decirle a Sandra que deje de poner tantas restricciones es como decirle que deje de respirar. Por algún motivo se siente terriblemente infeliz y se desahoga con todo el que tiene a su alcance. ¿Es así cómo se enfrenta a la infelicidad? Está bien, parece que tiene algún problema que es abrumadoramente complicado. ¿Significa eso que no puede permitir que las demás personas disfruten mientras ella se siente miserable?

Los pensamientos de un aguafiestas

Se nos paga para producir, no para divertirnos. ¿Qué les pasa a esa gente? Intento decirles cuál es la manera correcta de hacer las cosas y se quedan callados o se marchan. Es muy embarazoso que me dejen ahí sola de pie. En esta oficina me siento muy aislada, nadie me incluye jamás cuando van a comer fuera ni me piden que les acompañe a tomar café. Bueno, por lo menos, ahora me están prestando atención.

ESTRATEGIA

Su objetivo es mejorar el clima de la oficina reduciendo la tensión y devolviendo a los aguafiestas al redil.

1. *Sea amigo suyo.* Su comportamiento rígido hace que usted quiera aislarle y eso le hace ser aún más rígido. Rompa el ciclo. Esté dispuesto a ser un buen oyente, una esponja que absorba todo el enfado y el dolor que rebosa.

2. *Ayúdeles a encontrar respuestas.* Hágales preguntas para conseguir que identifiquen las alternativas viables de que disponen para solucionar su dificultad. Ayúdeles a volver al buen camino.

3. *Utilice la risa y las bromas amables.* Ríase de su solemnidad y rigidez, pero no burlándose sino como si le hiciera gracia. Repita sus pala-

bras. Para ellos será más fácil decir que usted no les ha comprendido que admitir que están equivocados.

CONVERSACIÓN TÁCTICA

USTED: *Sandra, pareces triste. ¿Puedo hacer algo para ayudarte?*

O: *Bueno, ¿cómo crees que podría contrarrestarse? ¿Qué haría falta, Sandra?*

O: *Es posible que no te haya oído bien, pero Sandra, ¿sabes lo que acabas de decir? Has dicho que... ¿Tenías intención de parecer un maestro anticuado que impone su autoridad con una vara?*

> **Consejo:** No debe sufrir con los aguafiestas. Si no tuviera una posibilidad de elección tendría que aceptar por fuerza su dogmatismo. Pero dispone de alternativas que pueden aligerar la tensión. Para ampliar sus opciones fíjese en su necesidad de reducir el estrés y restaure un clima agradable. Aunque vengarse de los guafiestas es una reacción natural, tiene el efecto opuesto al que se busca y aumenta la tensión. Pruebe otra táctica: *Ayude* a los aguafiestas a hacer desaparecer esos nubarrones negros que les rodean.

LOS «CAPÍTULO Y VERSÍCULO»

Estas personas conocen —y citan— cada una de las normas y regulaciones de la empresa.

En su memoria se encuentran todas las políticas y procedimientos y si toca usted cualquier tema, estos colegas sacan a relucir otra orden ejecutiva. Su conocimiento es tan detallado, específico y preciso que son capaces de recitar palabra por palabra cada directiva o prohibición que haya aparecido, alguna vez, en cualquiera de los papeles que ellos mueven cada día.

Los «capítulo y versículo» son rígidamente insensibles. Parecen ser inmunes a cualquier necesidad personal, e inconmovibles e inflexibles cuando se trata de obedecer la ley.

Lo que está usted pensando

Cuando Sebastián está cerca no necesitamos un manual. Él se ha autoproclamado guardián de nuestros procedimientos. ¿Quién le nombró policía para que mantuviera la ley y el orden? Cada vez que la conversación se desvía de nuestras directivas, él está preparado para devolvernos al buen camino. Es posible que alguna vez tengamos buenas recomendaciones que hacer, pero esa mente suya que funciona, únicamente, en una sola dirección nos desanima, así que ni siquiera lo intentamos.

Los pensamientos de un «capítulo y versículo»

Hay una manera correcta y una equivocada de hacerlo todo y yo no puedo comprender por qué no siguen las reglas que se han establecido. ¿Por qué tienen que ser tan tozudos? Mira, sí, aquí está la orden de la que les hablé. Puede que si se la muestro por escrito vean que...

ESTRATEGIA

Su objetivo es trabajar de una manera más relajada consiguiendo que los «capítulo y versículo» reduzcan su obsesión por todas esas reglas.

1. *Consiga que vayan más allá de lo que es hasta llegar a lo que podría ser.* Su murmullo constante sólo se detendrá cuando consiga usted eso y entonces se disipará su resentimiento mutuo.

2. *Apele a la imagen que tienen de ellos mismos.* Hábleles del modo en que se ven a ellos mismos, como si fueran la memoria organizada y eficiente del grupo.

CONVERSACIÓN TÁCTICA

USTED: *Tomás, tú tienes muchos conocimientos que podrían beneficiarnos y estoy seguro de que quieres hacerlo. Ahora, después de que todos exploremos la posibilidad de realineación ¿por qué no nos ayudas a organizar los resultados de esta sesión de* braisntorming*? Tu eficiencia puede convertir todas esas ideas deshilvanadas en combinaciones limpiamente compartimentadas que podemos entregarle al jefe.*

> **Consejo:** No permita que los «capítulo y versículo» le pongan una camisa de fuerza a sus esfuerzos creativos. Gáneselos prometiéndoles utilizar sus ordenadores cerebrales *después* de que usted haya buscado maneras mejores.

LOS CABEZOTAS

Son compañeros de trabajo inflexibles y arrogantes que dicen que siempre han hecho las cosas de este modo y que siempre las harán así.

Estos colegas dogmáticos no necesitan prueba alguna para predicar que sus opiniones son correctas. Son completamente inflexibles en sus creencias y santurrones a la hora de expresarlas.

Los cabezotas se niegan a cambiar, ya que quieren preservar el statu quo, cueste lo que cueste.

Lo que está usted pensando

Marisa cree que si no estoy de acuerdo con ella es que estoy equivocado y me convierto en el enemigo. No ven los sutiles cambios que están teniendo lugar en el mercado, donde ahora hay tendencias y patrones emergentes que Marisa se niega a reconocer. No podemos permitir que sus ideas anticuadas influyan en nuestras decisiones y, en consecuencia que nos impidan el progresar.

Los pensamientos de un cabezota

Si supieran un poco más de los antecedentes de la organización no serían tan rápidos en querer cambiar nuestras políticas. Hemos luchado mucho para llegar a donde estamos ahora. Pasamos por las fases de prueba, de las cuales evolucionaron unas decisiones buenas y apropiadas. Ahora sé que nos encontramos en terreno firme y lo que ellos sugieren es demasiado arriesgado.

ESTRATEGIA

Su objetivo es moverse en la dirección que sea mejor para su organización y para eso harán falta conversaciones con mentalidad abierta y una buena disposición a examinar todas las facetas y puntos de vista.

1. *Aténgase a los temas.* Eleve el nivel de las discusiones cuando lleguen a los ataques personales. Calme los sentimientos heridos de los cabezotas que se toman como un insulto personal el que no se esté de acuerdo con sus opiniones.

2. *Permita que los cabezotas salven su orgullo*. Permítales que salven las apariencias para que *puedan* cambiar de opinión. Deles una salida o vía de escape cómoda.

CONVERSACIÓN TÁCTICA

USTED: *Marisa, por lo que nos has contado de tus experiencias, puedo ver el motivo de que te sientas así. Por favor, explícanos la importancia de mantener...*

O: *Comprendemos que consideres demasiado progresiva la propuesta de Marcos. Concretamente, ¿cómo compararías tu postura con la suya?*

O: *A mí me parece que, en realidad, las dos posturas no están tan alejadas. Todos estamos de acuerdo en 1)..., 2)... y 3)... y no estamos de acuerdo en 1) y 2)... Volvamos a examinar estos dos últimos puntos. Es posible que si juntamos nuestros razonamientos se nos ocurra una posibilidad mejor.*

Consejo: En ocasiones, es necesario dar un masaje suave a los cabezotas para conseguir que actúen de manera cooperativa. Se aferran al statu quo porque les hace sentir seguros. Déjeles sentir que respeta usted sus opiniones y que toma parte en conseguir que el grupo se aparte de la antigua postura.

Cuando los colegas rígidos y obstinados provocan situaciones tensas, es tentador irse o trasladarse a otra parte de la habitación, o mejor aún, decirles que se callen y avergonzarles. Pero esta clase de respuestas no hacen más que empeorar las cosas. Por su propio bien, a fin de que su oficina sea un lugar más confortable en el que estar, manifieste su desacuerdo de una manera agradable y amistosa. Atráigalos hacia usted en lugar de dejarles fuera.

24

Cuando los inflexibles son sus subordinados

- **Los que lo estropean todo en silencio**
- **Los que son tozudos como mulas**
- **Los que se aferran a las cosas**

Los subordinados rígidos y obstinados son absolutamente rebeldes, y hacen un montón de tonterías porque persisten en algún error o se atienen tozudamente a cierto procedimiento a pesar de que usted les ha enseñado una manera mejor de hacer las cosas. Si se oponen a una regla, ignorarán sus órdenes durante tanto tiempo como les sea posible.

Estos subordinados no tienen ganas de escuchar consejo alguno que pueda darles y, si usted no puede dejarles en paz, quieren que sienta lástima de ellos o les felicite, cualquier cosa antes de decirles cómo tienen que hacer su trabajo. Su marrullera y a menudo irrazonable resistencia hace que sean difíciles de manejar.

LOS QUE LO ESTROPEAN TODO EN SILENCIO

Estos subordinados necesitan ayuda, pero son demasiado orgullosos o tozudos para pedirla.

Tienen un falso orgullo y acostumbran a tener vergüenza de pedir ayuda. Temen que el hecho de recibir asesoramiento ponga en peligro, de algún modo, su trabajo.

El resultado es que arruinan sistemáticamente todo lo que se les encarga. Persisten en hacer algo que es posible que esté mal o equivocado porque, antes de hacerlo, no quieren pedir algo más de información. No son capaces de entender que pedir ayuda es inteligente y su mal juicio al insistir tozudamente en que quieren hacerlo solos da como resultado una actuación innecesariamente inepta.

Lo que está usted pensando

Llegar a Alfredo es muy difícil. Se comporta como si la empresa esperara que todo el mundo lo supiera todo de cada una de las fases de funcionamiento. Para cuando, al final, me he dado cuenta de que tenía problemas con su trabajo ya habíamos perdido un montón de tiempo valioso. ¿Por qué ha sido tan tozudo y no ha venido antes a preguntarme?

Los pensamientos de uno de los que lo estropean todo en silencio

El jefe es amable conmigo y odio decepcionarle, pero a veces no hay manera de que yo me imagine qué demonios espera que haga, especialmente en trabajos que no he hecho antes. A veces finjo y sale bien, pero otras es un desastre. Pero si le pido más explicaciones al jefe o le pido a alguien que me ayude, sabrá que no soy tan bueno como pensaba y me devolverá a mi antiguo puesto.

ESTRATEGIA

Su objetivo es elevar el concepto que esas personas tienen de sí mismas, de modo que se sientan lo suficiente seguras para pedir ayuda en cuanto la necesiten. Si tienen miedo o vergüenza, no se franquearán hasta que se sientan menos vulnerables.

1. *Explique claramente sus expectativas.* Demuestre su paciencia y lo razonable que es al prever su crecimiento, además de estar dispuesto, deseoso y capaz de ayudar. Asigne tareas en que puedan desarrollar sus habilidades débiles o incrementar su experiencia de aprendizaje. Plantéeles situaciones ficticias que a ellos les resulte difícil manejar. Sugiera recursos externos de automejora e incremente la frecuencia de su feedback.

2. *Asegúrese de que sus instrucciones son claras como el agua.* Acompañe sus

órdenes verbales con instrucciones escritas e incluya plazos límite para cada paso, excepciones a las reglas, quién o adónde acudir en busca de ayuda, qué equipamiento o datos hay que utilizar y la forma de informar del progreso.

3. *Ayúdeles a aceptar la responsabilidad.* Anímeles a acudir pronto en busca de ayuda, pero cuando lo hagan ponga a trabajar sus mentes. En lugar de decirles lo que han de hacer, pídales que le den ideas sobre la manera de solucionar el problema.

CONVERSACIÓN TÁCTICA

USTED: *Alfredo, de verdad creo que tienes el potencial necesario para llegar a donde quieras en esta organización. Quiero ayudarte porque creo que te mereces el tiempo y el esfuerzo que eso requiere. Sin embargo, si quiero tener éxito en esta cuestión vamos a tener que hacer, los dos, algunos cambios.*

O: *Aquí tienes una carpeta con toda la información que necesitas para tu próxima tarea. Lo primero que vamos a hacer es repasarla línea por línea y comentar la manera en que tú crees que deberías proceder.*

O: *¿Qué es lo que crees que puedes necesitar para terminarlo? ¿Has pensado en hacer...? ¿Crees que te ayudaría que...?*

> **Consejo:** Los que lo estropean todo en silencio necesitan que usted les asegure que saber qué es lo que uno no sabe, admitirlo y conseguir ayuda es una señal de sabiduría. No son haraganes y tampoco quieren causar un desastre. Lo que sucede es que se niegan tozudamente a decirlo claramente hasta que usted les ayude a superar su miedo o su vergüenza.

LOS QUE SON TOZUDOS COMO MULAS

Los que son tozudos como mulas son personas que se apegan rígidamente a lo acordado exagerando su precisión y exactitud.

No son capaces o no intentan comprender las excepciones a la regla o los determinados contextos que puedan mitigarla. Cuando en una oficina cambian las circunstancias, ellos se niegan a seguir la corriente y se aferran tozudamente a la vieja manera de funcionar.

Los que son tozudos como mulas pueden ser unos trabajadores excepcionalmente buenos, pero si usted les permite que dicten la política de la oficina, aumentará el nivel de tensión y las quejas a medida que el resto del personal se lo tomen a mal y se les alteren los nervios.

Lo que está usted pensando

Isabel es, con toda seguridad, la mejor higienista en mi consultorio dental, pero es terriblemente tozuda. Desde que informatizamos nuestra programación se ha negado a introducir las citas previstas con sus pacientes en el ordenador y otro empleado tiene que dejar lo que esté haciendo para meter esa información. Isabel insiste firmemente en que a ella no la contrataron para trabajar con un ordenador, pero lo que le estamos pidiendo que haga es más rápido y más eficiente que las anotaciones en un libro a las que estaba acostumbrada. No es complicado, pero ella no va a ceder. Los demás empleados y empleadas se toman muy mal su actitud y esta situación me está causando un verdadero montón de problemas en el funcionamiento del consultorio.

Los pensamientos de uno de los que son tan tozudos como mulas

El jefe me contrató como higienista y eso es lo que yo hago, y lo hago extremadamente bien. No me contrataron para utilizar ordenadores. Esas máquinas me asustan, tengo miedo porque toque lo que toque, será la tecla equivocada y borraré información importante. Aquí todos los demás están acostumbrados a utilizar ordenadores, los han estado utilizando en su casa durante años y a mí me da mucha vergüenza tener que confesar que estoy tan anticuada. Además, no creo que deban obligarme a seguir un sistema nuevo que no entraba en nuestro acuerdo original cuando me contrataron.

ESTRATEGIA

Su objetivo es reducir la tensión en su consulta, consiguiendo que el que es tan tozudo como una mula ceda o, por lo menos, llegue a un compromiso.

1. *Encuentre un momento para hablar en privado*. El mejor momento probablemente sea después de que todos los demás empleados ya se hayan marchado.

2. *Haga preguntas inquisitivas.* Muéstrese tranquilo, frío y sereno. Entérese del motivo de que el trabajo se esté mostrando difícil. A menudo, estar enojado, enfadado o asustado puede llevar a esta conducta obstinada. Haga que la crítica salga a la superficie para que pueda usted enfrentarse a las percepciones problemáticas.

3. *Vuelva a examinar su manera de proceder.* Es posible que debiera usted haber ofrecido formación antes de empezar la nueva rutina de trabajo. Tal vez, jamás a los que son tozudos como mulas les hayan explicado los beneficios derivados de una situación dada, tanto personales como para la organización.

4. *Bromee amablemente.* Gástese una pequeña broma a sí mismo respecto a su rigidez. No gaste bromas únicamente con la persona rígida.

CONVERSACIÓN TÁCTICA

USTED: *Isabel, confío en que ya sabes lo mucho que admiro y aprecio la calidad de tu trabajo.*

ISABEL: *Gracias por decirlo.*

USTED: *Últimamente pareces estar un poco tensa. Me preocupas. ¿Sucede algo en la consulta que te moleste?*

ISABEL: *Es lo que ya le he dicho antes. Me contrataron para ser una higienista y no para trabajar con un ordenador.*

USTED: *Nunca me olvidaré de la primera vez que me encontré a solas con mi ordenador personal. Estaba convencido de que tocara lo que tocara, rompería algo. Me sentía como un idiota. ¿A ti también te intimida el ordenador?*

ISABEL: *Sí, supongo que sí. Saber que no soy la única a la que le sucede eso hace que me sienta mejor.*

USTED: *Isabel, para controlar tu propia carrera es importante que estés a la altura de lo último en habilidades informáticas. De ese modo, siempre podrás solicitar o aceptar un trabajo mejor, a pesar de que odiaría perderte. Ya sé que preferirías anotar las citas en el libro que introducirlas en el ordenador. Pero ¿qué te parecería si yo trabajara contigo, sólo nosotros dos? Nadie más tiene por qué saberlo. Puedes hacer prácticas tanto tiempo como quieras, hasta que te sientas cómo-*

*da, y no tienes que empezar a introducir la programación hasta que
estés preparada para ello. ¿De acuerdo?*

ISABEL: *Bueno, supongo que podría intentarlo.*

> **Consejo:** Para hacer mover al inamovible, debe usted escarbar
> más allá de esa dura apariencia para descubrir realmente cómo
> es el acusado. Una actitud irrazonable podría surgir de haber es-
> tado alimentando una vieja herida o un miedo exagerado.
> Póngalo al descubierto para librarse de ello.

LOS QUE SE AFERRAN A LAS COSAS

Estas personas se entregan a ideas inadecuadamente pensadas y no
quieren abandonarlas. Se aferran tenazmente a alguna opinión o propuesta y, en su tozuda firmeza, hacen caso omiso de la lógica. Se aferran a una
idea o procedimiento porque se sienten emocionalmente unidos a ella.

Son tozudos e intratables y particularmente difíciles de supervisar,
porque echan chispas al menor intento. Deciden prematuramente y con
una prisa exagerada la línea de acción que van a seguir, sin preparación
adecuada, y luego creen que deben permanecer apegados a esa decisión.

Lo que está usted pensando

Ojalá Ruth analizara los problemas más concienzuda y metódicamente
antes de llegar a una conclusión, ya que se entusiasma exageradamente
con una idea sin comprender del todo lo que implica o lo que está involucrado en ella. En ocasiones, con un poco de suerte resulta bien, pero en
otras, para cuando ella se da cuenta de que se ha movido con demasiada
rapidez ya está metida hasta el cuello. Abandonar sería demasiado embarazoso así que se aferra a ello tozudamente e intenta que funcione. A veces,
consigue que todos nosotros la ayudemos a salvar la situación, pero en
otras ocasiones, la combinación de optimismo nada realista y de obstinado
orgullo resulta un desastre.

Los pensamientos de uno de los que se aferran a las cosas

Ya sé que el jefe cree que me dejo llevar demasiado por algunas de mis ideas, pero si me quedo sentada esperando que se hagan más estudios, jamás llegaré a nada. Si me parece correcto tengo que actuar de acuerdo con mi instinto y correr el riesgo necesario. Si no funciona, siempre acostumbro a poder salvar algo sin tener que admitir que he cometido un error.

ESTRATEGIA

Su objetivo es ayudar a los que se aferran a las cosas a equilibrar su optimismo tomando sus propuestas en consideración de una manera más cuidadosa antes de que actúen.

1. *Sea consistente respecto a lo que espera.* Si algunos subordinados tienen tendencia a simplificar excesivamente los problemas y ponerse en situaciones de las que no pueden escaparse es posible que tenga que mostrarse firme. Exíjales que primero definan claramente el problema y que hagan las suficientes preguntas para aclarar las múltiples facetas de los problemas. Si aprenden a mirar antes de dar el salto se aferrarán menos a ideas precipitadamente mal concebidas.

2. *Comenten las consecuencias con antelación.* Ellos no pueden aprender a ser responsables si asume usted sus obligaciones y les saca de las dificultades. Hablen de lo peor que podría pasar y pregúnteles «qué es lo que harían si...». Consiga que incluyan en su planificación modos de evitar puntos problemáticos o de superar obstáculos. Esto les librará de tener que aferrarse tozudamente a algo malo por orgullo o vergüenza.

3. *Cambie el enfoque.* Pase de estar continuamente rezongando sobre lo que están haciendo mal a decirles lo que necesitan hacer para mejorar. Transmita un tono comprensivo y confiado.

CONVERSACIÓN TÁCTICA

USTED: *Ruth, es posible que tengas algo muy bueno aquí, pero es importante que consigas manejar mejor la situación. Investiga un poco más y prepárate para responder a las preguntas de quién, qué, cuándo, dónde, por qué y cómo, antes de seguir adelante.*

O: *Parece bueno, pero deberíamos estar preparados para problemas po-*
            tenciales. ¿Qué harías si los suministros no estuvieran aquí en la fe-
            cha señalada y el...?

O: *Ruth, tus ideas son atractivas y quiero que sigas acudiendo a mí con*
            ellas. En cuanto les proporciones una base más sólida, serán verda-
            deramente brillantes.

> **Consejo:** Ayude a los que se aferran a las cosas a mantener su
> entusiasmo sin precipitarse. Cuando el optimismo se desborda
> las ideas necesitan la cuidadosa inspección de los pesimistas
> para equilibrarse y conseguir un plan realista. Una vez que los
> que se aferran a las cosas hayan pensado por adelantado en lo
> que podría salir mal, pueden hacer planes para enfrentarse a ello
> o cambiar de trayecto sin tener que aferrarse tozudamente a una
> proposición perdedora.

El miedo, el falso orgullo, el enojo y la ira son en gran parte responsables de que los subordinados se comporten de forma rígida y obstinada.
Podrá enfrentarse mejor a estas actitudes y mejorar el clima de su oficina si
ayuda a sus trabajadores a sentirse más seguros. Ponga mucho más interés y
empeño en la comunicación clara de sus instrucciones y sus expectativas,
ofreciendo un apoyo genuino y un mejor feedback, escuchando atentamente por si aparecen señales de hostilidad y proporcionándoles una vía
de escape cuando creen que su orgullo está vinculado a su tozuda postura.

Novena parte

Cuando se trata con personas calladas, poco comunicativas o taciturnas

Qué exasperante es intentar tener una conversación cuando la otra persona nos contesta con un «sí» o «no» secos y cortantes o se queda completamente muda. La comunicación no puede existir a menos que las dos personas escuchen *y respondan a* lo que han oído o creen haber oído.

Algunos jefes, colegas y subordinados no comunicativos son sencillamente tipos contemplativos que necesitan tiempo para llegar a una conclusión. Es posible que sean personas calladas que se guardan los pensamientos para sí mismos y que no comentan si lo que usted les está diciendo les interesa o no. Sin embargo, es fácil que respondan cuando les hace preguntas relevantes, directas y abiertas.

Más difíciles son los tipos taciturnos que tienen miedo de abrirse. Es posible que haya usted herido sus sentimientos, pero dependen de usted en cuanto a su seguridad. Es posible que les parezca tan importante que tenga buena opinión de ellos que no sean capaces de emitir ni una sola palabra. Algunos son silenciosos y se muestran impertérritos por miedo de que si revelan sus emociones, usted creerá que se han descontrolado. La gente callada no dice ni pío, se muestra malhumorada, mira fijamente o hace muecas para ocultar lo que están pensando. Conseguir que alguno de ellos exprese sus pensamientos es un reto muy difícil.

25

Cuando su jefe no es comunicativo

- **Los icebergs**
- **Los que no dicen ni pío**
- **Los que se evaden**

Uno no sabe cómo le va si esa clase de jefes no se lo dice. La palabra *feedback* parece que no está en su vocabulario. Además, no sabe usted si están callados porque están disgustados con su trabajo pero no quieren armar jaleo. Podría ser que estuvieran enfadados con usted y esperaran que les leyera el pensamiento.

Es posible que el silencio no tenga nada que ver con usted. Quizá se trata únicamente de tipos reservados que se guardan celosamente sus pensamientos porque no quieren tener que defender sus decisiones.

Tanto si los jefes son huraños, insensibles o evasivos, su silencio le hace sentir, por lo menos, incómodo. Algunos de ustedes permiten que su actitud les ataque los nervios hasta que están, literalmente, enfermos de preocupación.

LOS ICEBERGS

Estos jefes son huraños, reservados y se muestran desinteresados en intercambiar pensamientos.

Se muestran tan fríos que, cuando se acercan, usted nota cómo los escalofríos suben y bajan por su columna vertebral. Es cierto que algunos jefes intentan deliberadamente intimidarle utilizando un silencio pétreo, del mismo modo que los abusones utilizan las amenazas en voz alta. Pero los icebergs no pretenden asustarle o doblegarle. Ni siquiera están pensando en usted. Sólo son personas reservadas, introvertidas y calladas que han decidido mantener la boca cerrada.

Es frecuente que se enfrente usted a un solitario, por lo menos en cuanto a lo que respecta a la toma de decisiones. Los icebergs no quieren su input y no tienen ninguna intención de contarle sus planes o justificarlos ante usted. No están interesados en conocer sus argumentos porque ya han tomado una decisión.

Lo que está usted pensando

Si contamos el gruñido diario de «buenos días», el jefe me dirige escasamente dos palabras. No creo que esté enfadado conmigo, sino que probablemente no se da cuenta de que existo. Por mucho que lo intente no consigo ser importante para él. No hay manera de atravesar ese bloque de hielo que le separa de su personal.

Los pensamientos de un iceberg

Parece que todo marcha muy bien. Confío en que ningún empleado quiera verme esta mañana porque tengo que tomar algunas decisiones importantes y no quiero que me molesten.

ESTRATEGIA

1. *Encuentre algún modo de ayudar a su jefe y por lo tanto de ayudarse a sí mismo.* No tienen necesidad alguna de convertirse en los mejores amigos, sólo quiere que el jefe sea amistoso con usted. ¿Qué es lo que necesitan los jefes? Más tiempo, menos trabajo y buenas noticias.

2. *Busque cosas que ahorran tiempo.* Repase qué pasos de su trabajo involucran al jefe. ¿Puede usted hacer que sus informes sean más sucintos? ¿Puede cuantificar y calificar los datos para que al jefe le sea más fácil utilizar la información?

3. *Busque cosas que ahorren trabajo.* ¿Hay alguna tarea que usted puede ofrecerse a hacer porque, en realidad, no exige el alto nivel de toma de decisiones del jefe? ¿Hay cosas que puedan combinarse para que el jefe las revise más fácilmente?

4. *Busque cosas que eleven la moral, la suya y la del jefe.* Acepte al jefe tal como es sin tomarse esa indiferencia suya como una afrenta personal. Si no recibe las últimas noticias a través del jefe, obténgalas de la red de rumores. Cuéntele a su jefe las reacciones positivas que haya observado y estudie sus revistas profesionales o del ramo para extraer de ellas señales o tendencias interesantes, e infórmele.

CONVERSACIÓN TÁCTICA

USTED: *Jefe, creo que podríamos ahorrar bastante tiempo en nuestras reuniones de personal si distribuyéramos de antemano datos de antecedentes sobre los puntos del orden del día...*

O: *Jefe, si usted lo aprueba, me encantaría preparar el resumen ejecutivo para que lo revise y lo firme.*

O: *Gloria, me alegra que hayas podido acompañarme a comer. Quería preguntarte si has tenido alguna suerte en la cuestión de llegar al jefe... ¿Podrías informarme de lo que está sucediendo con...?*

> **Consejo:** Va a tener que pagar un precio para fundir el hielo. Haga más esfuerzos para satisfacer las necesidades que tenga el jefe, sean cuales sean, para desarrollar una comprensión y respeto mutuos. Cuando los jefes iceberg hacen las cosas muy en secreto y se niegan a dejarle tomar parte en sus planes, lo que debe hacer es ganarse su confianza y convertirse en amigo de ellos. A menos que se gane su confianza, la frigidez de los icebergs le mantendrá a distancia.

LOS QUE NO DICEN NI PÍO

Los jefes que no dicen ni pío son insensibles y se niegan a decirle por qué permanecen en silencio.

Estos jefes cierran su boca a cal y canto y no dicen nada. Jamás hablan de lo que usted quiere oír y su silencio le intimida porque no sabe lo que significa. Erosiona la confianza que tiene usted en sí mismo, y suda y sufre por la falta de feedback.

A diferencia de los icebergs, los que no dicen ni pío utilizan su silencio para manipularle. La ausencia de sonido hace que se sienta usted incómodo y usted empieza a hablar sin ton ni son porque quiere eliminar el silencio y así deja escapar información que de lo contrario es probable que no revelara.

Es posible que no ser comunicativo sea el medio que tienen los que no dicen ni pío de evitar el compromiso. Pero no tiene sentido intentar adivinar sus motivos cuando lo que necesita son datos respecto a cómo lo está haciendo usted.

Lo que está usted pensando

He trabajado muchísimo en ese plan y me pareció que era una idea buenísima. Ahora estoy empezando a perder la fe en mi propio juicio. Puede que el jefe necesite más información antes de llegar a una conclusión. Por otro lado, tal vez al jefe no le guste la idea o le moleste que yo tenga ideas. ¿Fue una mala sugerencia o elegí un mal momento? ¿Su silencio dice que mi trabajo es aceptable o que soy un incompetente? ¿Todavía lo está pensando? No tengo ni idea porque el jefe no habla. ¿Cómo puedo conseguir que diga algo?

Los pensamientos de uno de los que no dicen ni pío

El plan de Teresa de hacer las compras de las unidades por Internet tiene cierto mérito, aunque ella no tenga tanta experiencia como yo en tratar este problema. Pero es demasiado pronto para comprometerme. No quiero decir nada ni en un sentido ni en otro hasta que lo haya estudiado mucho más.

ESTRATEGIA

Su objetivo es recobrar su confianza obteniendo algo de feedback, bueno y útil.

1. *Utilice las preguntas para forzar al que no dice ni pío a que hable.* Evite hacer preguntas que puedan responderse con un sí o con no o incluso con un movimiento de la cabeza. Haga preguntas abiertas aunque sin presionarle. Persiga información concreta y detallada.

2. *No mueva ni un músculo hasta que responda.* Haga su pregunta y luego espere sonriendo —sin pronunciar ni una palabra más— hasta que consiga una respuesta. Dé la vuelta a la tortilla y utilice el silencio en

favor suyo. No le apresure porque puede estar pensando profundamente y sopesando sus palabras antes de llegar a una decisión.

3. *Utilice el lenguaje corporal para animarle.* Vaya afirmando con la cabeza para demostrar que está escuchando activamente, pero deje que sea él quien hable.

4. *Reconozca la autoridad del jefe y no le amenace.* Presente sus ideas como consideraciones y pregúntele al jefe cómo debe proceder.

CONVERSACIÓN TÁCTICA

USTED: *Jefe, como todavía no me ha dicho nada sobre mi plan, asumo que necesita más tiempo para evaluarlo. ¿Sobre qué temas desearía más información adicional? ¿Le preocupa..? ¿Qué le parece..?*

O: *Jefe, la semana pasada hizo usted una lista de varios objetivos. Creo que podría utilizar mejor mi tiempo si supiera cuáles considera usted que tienen más prioridad.*

> **Consejo:** Olvídese de psicoanalizar a los jefes que no dicen ni pío. Si no consigue el feedback que necesita, genera algunas respuestas útiles. Deje de comportarse como si estuviera intimidado (aunque lo esté). Si piensa cuidadosamente sus preguntas antes de hacerlas, será capaz de permanecer tranquilo y calmado. El mensaje subyacente que usted debería enviar es: Estamos en el mismo equipo, por lo tanto, ¿qué puedo hacer para ayudarle?

LOS QUE SE EVADEN

Este tipo de jefes no quieren discutir los problemas porque les disgustan las confrontaciones y las evitan.

Son personas amables, pero pueden ser unos líderes melindrosos. No les gustan las discusiones y en consecuencia no comentan, debaten o disputan. Se quedan quietos y callados porque si no dicen lo que están pensando nadie podrá creer que están equivocados.

Algunos se vuelven evasivos después de haberse comprometido excesivamente en lugar de decir no. Al intentar evitar malos sentimientos o una pelea, acabaron por quebrantar sus promesas y causar la fricción que estaban intentando evitar. Se contienen y no critican incluso cuando están enfadados porque algo no se ha hecho del modo que ellos quieren. Enfrentarse al problema podría hacer que pareciera como si no tuvieran el control y para ellos es más seguro estar callados.

Lo que está usted pensando

Le pregunté a la jefa qué pensaba del nuevo método de calcular la depreciación y todo lo que obtuve fueron generalidades y nada concreto con lo que yo pudiera trabajar. ¿Qué debería hacer cuando no consigo la guía que necesito? ¿Debería pasar por encima de ella? ¿Debería jugarme el cuello y tomar mi propia decisión?

Los pensamientos de uno de los que se evaden

Cuando Carlos me pidió mi opinión sobre el nuevo método, no le respondí directamente y me di cuenta de que se estaba muriendo de ganas de empezar una pelea. Bueno, pues puede irse a otra parte a agredir a otro. Además, si hace algo más de investigación y piensa bien en algo él solito, verá cómo su carácter se desarrolla más.

ESTRATEGIA

Su objetivo es obligar al que se evade a salir a campo abierto. Si hay hostilidad, ambos tendrán que enfrentarse a ella y solucionarlo.

1. *Concierte una cita con su jefe.* No dé detalles. Limítese a reservar diez minutos del tiempo de su jefe. No pueden seguir evitándose o escondiendo el hecho de que no se están comunicando.

2. *Vaya directamente al motivo de la reunión.* Después de expresar su deseo de alcanzar sus objetivos mutuos, diga lo que está usted notando. Sea franco pero amigable y tenga mucho cuidado de no mostrar señal alguna de enojo.

3. *Ponga por escrito lo que planea usted hacer.* Si sigue sin recibir respuesta y si no le ponen objeción alguna, hágalo. Muévase lentamente. Si no le paran, avance un poco más pero mantenga informado al jefe. (Por supuesto, si su jefe objeta, deténgase inmediatamente. Pero por lo menos consiguió que el que se evade le diera alguna directriz.)

CONVERSACIÓN TÁCTICA

USTED: *Jefe, ya sé que ambos queremos que nuestro departamento sea lo más eficiente y consciente de los costes como sea posible, así que creo que realmente hemos de hablar de las mejores maneras de alcanzar nuestros objetivos.*

O: *Creo que es posible que le haya disgustado involuntariamente y si es así, le pido disculpas, jefe. De todos modos, no tengo ni idea de qué es lo que he hecho mal o qué es lo que usted puede querer que corrija.*

> **Consejo:** Cuando trate con evasores debe usted forzarles un poco porque harán cualquier cosa para evitar una discusión. Si nota hostilidad tenga mucho tacto y esté especialmente tranquilo a fin de conseguir hablar del tema. Si nota que su jefe tiene miedo de correr riesgos, proporciónele información más concreta o fiable.

Los jefes callados y taciturnos le harán sentir especialmente frustrado porque puede que reaccionen o no, a algo que usted hizo o no. Pero no le conviene seguir trabajando bajo el estrés de la inseguridad. Tiene que conseguir que su jefe se abra y la mejor manera es tomar la iniciativa y hacerle —educadamente y con profesionalidad— preguntas abiertas que pueden indicarle a usted la dirección que está buscando.

26

Cuando los no comunicativos son sus colegas

- **Los escépticos**
- **Los que retienen información**
- **Los que se quedan mirando fijamente**

Usted trabaja codo con codo con colegas que no le dirigen la palabra. Lo intenta, pero no consigue llegar a ellos. A veces tiene la sensación de que desconfían de usted a pesar de que cree haberse comportado de manera honorable. Algunos compañeros de trabajo no cooperan y guardan silencio mientras usted no consigue recordar haberles hecho nada que pueda haberles ofendido. Otros le hacen saber que están enfadados —le envían miradas feroces y ardientes— pero no le dicen el motivo. Se niegan a decir ni una sola palabra.

Ha llegado a la conclusión de que estos colegas están alimentado un resentimiento y parece ser que están enojados o enfadados por algo que usted dijo o hizo.

De todos modos, sus mensajes no son claros y es difícil concentrarse en el trabajo en medio de tantas vibraciones negativas.

LOS ESCÉPTICOS

Estos colegas sospechan siempre de todo, pero buscan alguna prueba antes de sincerarse con usted.

Los escépticos no son hostiles ni fríos, pero tampoco son cálidos. No saben si pueden confiar en usted y eso les hace dudar.

Cuestionan sus intenciones, dudan de su sinceridad y se preguntan si está usted preparando algún complot. Ellos siguen deliberando mientras que el clima de su oficina se va volviendo pegajoso.

Lo que está usted pensando

Me pregunto el motivo de que Raúl reaccione tan lentamente y tan a regañadientes cuando hago una sugerencia o un comentario. Tengo la sensación de que está cuestionando mis motivos, pero no estoy seguro porque raras veces habla conmigo y, cuando lo hace, acostumbra a darme una respuesta de una sola palabra. Creo que si pudiéramos hablar nos sería de gran ayuda.

Los pensamientos de un escéptico

Sigo sin estar seguro de Jaime. No sé qué es lo que se lleva entre manos ni si puedo fiarme de él. Ha sugerido que nos unamos para preparar ese informe, pero si lo hago, ¿me dejará colgado? Será mejor que vaya con cuidado y siga sin comprometerme con él. Cuanto menos le cuente, mejor, al menos de momento.

ESTRATEGIA

Su objetivo es convencer a los escépticos de que su verdadero objetivo es ayudar a su grupo, departamento, empresa. Demuéstreles que sus sugerencias no tienen intención de servirle únicamente a usted.

1. *Proporcione pruebas de su buena fe.* Deje que su buena idea se convierta en «nuestra» en lugar de «mía». Proporcione a los escépticos noticias útiles que probablemente no hayan oído. Cuando termine pronto su trabajo, ofrézcase a ayudarles.

2. *Sea claro y honesto.* Explique los beneficios mutuos más cuidadosamente, pero no oculte los obstáculos. Haga una promesa y cúmplala. Inspire confianza por medio de su actitud tranquilizadora.

3. *Dé codazos suaves, no empuje.* Esté dispuesto a moverse lentamente y con suavidad en lugar de con agresividad. Sea sincero y honesto cuando haga cumplidos y muestre su aprecio.

CONVERSACIÓN TÁCTICA

USTED: *Raúl, he terminado mi trabajo por hoy. ¿Puedo echarte una mano? ¿Te has enterado de la última norma de personal que acaba de salir?*

O: *Ya sé que ves por qué nos ahorraría tiempo, pero tengo que señalarte un par de problemas potenciales. Puede que tú veas la manera de soslayar los bloqueos.*

O: *Tómatelo con calma. No hay prisa. Pero me gustaría mucho saber tu opinión.*

> **Consejo:** La confianza no se gana de la noche a la mañana. Persuadir a los escépticos de que usted dice la verdad es un proceso lento y largo. Si ha estado presionando demasiado, demuestre más paciencia poniendo primero unos buenos cimientos para la confianza que usted quiere que le tengan.

LOS QUE RETIENEN INFORMACIÓN

Estos colegas disfrutan negándole la información que usted necesita.

Se trata de una manera encubierta de estar resentidos. Estas personas acostumbran a saber más que usted sobre un tema dado y les molesta que no haya reconocido su experiencia, como consecuencia, a fin de hacer que usted tenga que acudir a ellos, no le dicen nada de lo que tiene que saber, o sólo una pequeña parte.

No cooperarán con usted hasta que exprese con palabras su reconocimiento y apreciación de su valía. Callarse como muertos es una táctica frustrante, pero no hay duda de que llama su atención.

Lo que está usted pensando

Gemma ha terminado de hacer las últimas proyecciones, pero no me da esa información. Dice que es demasiado pronto para estar segura de que están bien, pero sólo se trata de una excusa para no darnos lo que necesitamos para seguir adelante con nuestra planificación. ¿Podría ser que se esté comportando de un modo infantil y sólo quiera que le supliquemos?

Los pensamientos de uno de los que retienen la información

Si quieren la información que yo tengo podrían demostrarme algo más de respeto. Me quedo hasta muy tarde y repaso mis cifras muy cuidadosamente para asegurarme que son correctas, y luego, vienen exigiéndome mis datos sin dedicar ni un segundo a reconocer mis esfuerzos. Así que como en este área están completamente desinformados me necesitan. A ver si me demuestran algo de aprecio.

ESTRATEGIA

Su objetivo es conseguir que esos colegas le den la información que usted necesitan

1. *Haga honor a la verdad.* Calme los egos heridos y presente su solicitud con más tacto. Sea más generoso con las alabanzas y el aprecio que se merecen.

2. *Entre por la puerta trasera.* Cuando esos colegas no respondan a su solicitud directa, pídales que confirmen sus conclusiones con los hechos limitados que fueron ustedes capaces de recoger. Admita su ignorancia y pídales que le ayuden. Pregúnteles cómo lo harían para solucionar su problema.

CONVERSACIÓN TÁCTICA

USTED: *Gemma, no sé lo que haría esta división sin tu talento. Eres la que nos mantiene en la dirección correcta. Voy a proponerte para empleada del mes.*

O: *Me doy cuenta de que estás preparada para compartir tus proyecciones con nosotros, pero me pregunto si podrías dar un vistazo a esto... Nosotros pensamos que nos enfrentamos a eso. Estamos de acuerdo en que no todos estamos muy enterados del tema, así que puede que tú quieras llenarnos unos cuantos vacíos.*

Consejo: Dé a los que retienen información el crédito que se merecen. Son personas que se enfurruñan y cuando usted hiere sus sentimientos se lo devuelven. Repare el daño que haya hecho y la información que usted necesita empezará a fluir inmediatamente.

LOS QUE SE QUEDAN MIRANDO FIJAMENTE

Esta clase de personas expresa su ira y enfado en silencio por medio de miradas fijas y hostiles.

Se guardan su enfado porque tienen miedo de una pelea. Sin embargo, su lenguaje corporal transmite su ira o indignación. Se comportan como si usted tuviera la obligación de ser capaz de leerles el pensamiento y eso no tiene sentido porque ellos no le dan pista alguna.

En ocasiones, esos colegas están tan profundamente heridos que son incapaces de hablar de lo que lo ha causado, y cuando usted intenta llegar a ellos le rechazan de mala manera.

Lo que está usted pensando

Cuando Lorenzo empezó a mirarme de esa manera tan desdeñosa le pregunté qué le sucedía. Se ha pasado todo el día mirándome como si yo fuera un bicho. Con un puchero infantil me dijo que no sucedía nada, como si yo tuviera que saber qué es lo que le ha puesto así.

Los pensamientos de uno de los que se queda mirando fijamente

Estoy furioso por el modo en que Javier se está aprovechando de mí y soltándome encima todo su trabajo extra. ¿Es que le he dado alguna señal de que estuviera buscando más trabajo? Yo no creo que sea culpa mía, pero no puedo enfrentarme a él sobre este tema. Tengo miedo que se ponga furioso y empiece a gritar y a perder el control. Eso no tendría nada de profesional y yo perdería el respeto de todo el mundo.

ESTRATEGIA

Su objetivo es conseguir que esas personas hablen del problema. Si sus acciones parecen infantiles le toca a usted mantener el control.

1. *Ofrézcales una rama de olivo.* Demuéstreles que quiere hacer las paces intentando sacar a la luz el problema para poder solucionarlo. Sugiera un entorno neutral como, por ejemplo, ir a comer juntos.

2. *Sea persistente, pero con tranquilidad.* Si rechazan su oferta de amistad vuelva a intentarlo y siga haciéndolo así hasta que, al final, le revelen lo que les está molestando.

3. *Prepárese para la siguiente controversia.* Hablen de la manera en que ambos quieren solucionar los desacuerdos futuros.

CONVERSACIÓN TÁCTICA

USTED: *Mira, Lorenzo, estarás de acuerdo en que hasta ahora hemos tenido una relación bastante buena y honesta, ¿no? Quiero preservarla.*

O: *Dices que no sucede nada malo y eso es bueno. Pero creo que quieres descargarte de algo. Si alguna cosa va mal, estoy seguro de que querrás que le pongamos remedio.*

O: *En el futuro, cuando alguno de nosotros se ponga furioso vamos a tener que ser más francos, directos y dispuestos a hablar de la situación, ¿estás de acuerdo?*

> **Consejo:** Aunque el silencio y las miradas penetrantes parecen formar parte de un enfoque juvenil, en ocasiones los que miran de ese modo no están preparados para hablar del problema. Es posible que estén profundamente heridos y que tengan emociones que siguen estando demasiado cerca de la superficie. De todos modos, acostumbran a querer hablar con usted, así que siga intentando hacerles comprender que quiere ser su amigo.

Los colegas que, figurativa o literalmente, dejan de hablar con usted, posiblemente desconfíen de sus motivos o se sientan desencantados, heridos o enfadados por algo que usted ha hecho. Como se niegan a decirle lo que es, concéntrese primero en recuperar su confianza antes de seguir jugando a los detectives.

27

Cuando los no comunicativos son sus subordinados

- Los que hacen muecas
- Los pusilánimes
- Los que se quedan mudos

Usted cree que es un jefe bueno y amable, y le sorprende enterarse de que algunos de sus trabajadores no se sienten cómodos con usted. Intentan ocultarlo, pero tienen miedo. Sea lo que sea lo que usted les pregunta, respondan como respondan a sus preguntas, hagan lo que hagan, tienen miedo de que usted piense que son ignorantes, tontos o incompetentes.

El deseo de causar y mantener una buena impresión cuando piensan que un trabajo es incierto, puede ser tan estresante que les impide hablar con usted de una manera eficaz. Como tienen miedo de fastidiar su mensaje, le dicen tan pocas cosas como les es posible, y algunos llegan a no hablar en las reuniones por culpa de este temor.

Para llegar a los subordinados no comunicativos es importante darse cuenta —y responder— de cuáles son sus percepciones, deseos e intereses antes de intentar llegar a ellos.

LOS QUE HACEN MUECAS

Estos subordinados nunca manifiestan sus objeciones, sino que cuando se les provoca se ocultan detrás de una mueca o una sonrisa forzada.

Es posible que se sientan heridos o que estén enfadados, pero tienen miedo de decirlo porque creen que su trabajo depende de que le complazcan a usted. También es posible que, al tiempo que le ocultan a usted su hostilidad, se la ocultan a ellos mismos. Unos pequeños gestos nerviosos delatores, como mirar fijamente sus zapatos o a través de la ventana, indican que lo que sienten no encaja con la sonrisa y las palabras agradables.

Los que hacen muecas ponen cara de felicidad ante cualquier cosa que usted dice. Son obedientes, no se quejan y siguen pasivos a pesar de que creen que les están presionando demasiado. Usted nota que algo va mal aunque no puede detectar claramente lo que hay de incongruente, pero sabe que al final tendrá que solucionarlo.

Lo que está usted pensando

Le había pedido a Diana que preparara un resumen para antes del miércoles. El martes por la mañana me entregó una lista a la que le faltaba una parte. Le pregunté por qué no estaba terminada y se quedó callada, sin decir nada, sonriendo. Así que le dije «Bueno, ¿necesitas más tiempo?» Respondió «sí» y se marchó. No puedo imaginarme lo que está sucediendo. Diana no dijo que estuviera disgustada o furiosa. ¿Dije algo, sin darme cuenta, que pueda haberla ofendido? Si es así, ¿a qué viene esa mueca-sonrisa y por qué no habla conmigo?

Los pensamientos de uno de los que hacen muecas

El jefe me pidió que preparara ese resumen sabiendo muy bien que tendría que conseguir parte de la información de mi antiguo enemigo, Guillermo. Lo terminé todo excepto esa parte, pero no puedo decirle el motivo a mi jefe porque me corta el cuello. No me siento lo bastante segura para contárselo a mi jefe, así que hasta que sepa que puedo hacerlo con seguridad mantendré la boca cerrada y no le contaré mis verdaderos sentimientos.

ESTRATEGIA

Su objetivo es descubrir la agonía, el enojo o la ira que es la causa de esa actitud de «sonreír en silencio y aguantar».

1. *Permita que los de las muecas se acerquen a usted.* Cuando se presente un problema, demuestre que está usted escuchando y que se siente más

preocupado por la manera en que afecta al trabajo que no por vapulear verbalmente a los trabajadores por tener el problema. Si está enfadado, tranquilícese primero. Luego enfréntese al problema con tacto y de una manera directa.

2. *Haga preguntas abiertas.* Las preguntas o indagaciones que pueden contestarse con un «sí» o un «no» detienen o desalientan la conversación. Elija preguntas que puedan sondear lo que esas personas están pensando y sintiendo a fin de comprender mejor el motivo de su indiferencia e insensibilidad.

3. *Quédese callado y quieto, y espere la respuesta.* No llene el vacío ni siga hablando para romper el silencio. Espere pacientemente hasta que obtenga una respuesta y no demuestre irritación.

CONVERSACIÓN TÁCTICA

USTED: *¿Cuál crees que fue la causa y cómo podemos corregirlo?*

O: *¿Cuánto crees que podemos tardar? ¿Qué otros problemas podemos encontrar?*

O: *¿Qué opinión tienes respecto...?*

O: *¿Qué piensas de?*

O: *¿Crees que es un tiempo exageradamente breve para terminar...?*

> **Consejo:** Escuche lo que no se dice. Si los que hacen muecas no le hablan es que se sienten ansiosos o amenazados por algún motivo. Podría ser que si esperan demasiado para responder —y se limitan a quedarse ahí haciendo muecas o sonriendo falsamente— usted conteste a sus preguntas por ellos.

LOS PUSILÁNIMES

Los pusilánimes se engañan a ellos mismos creyendo que no tener noticia alguna del jefe es una buena noticia.

Se diferencian de los que hacen muecas en que no ocultan sus sentimientos. En vez de eso, se esconden detrás de sus ordenadores para evitar la conversación. Asumir que «si no preguntan, no se lo dirán» podría perjudicar sus carreras porque no les llegan críticas importantes que podrían ayudarles a mejorar su actuación. Y se están perdiendo oportunidades de influir en la dirección de sus trabajos al no encontrar el modo de hablar con usted.

Los pusilánimes no se preocupan, sino que aceptan estoicamente esta falta de comunicación como una señal positiva. Todo debe marchar estupendamente o de lo contrario ya estaría usted aullando exigiendo cambios, ¿no? Pero luego empieza a preguntarse qué sucede y tienen miedo de escuchar una crítica. Ese trabajador que antes era feliz va rebotando de un lado a otro, siendo en ocasiones un cangrejo infeliz y en otras, una vaca contenta.

Lo que está usted pensando

Últimamente he estado terriblemente ocupado pero ahora que ya se ha realizado la fusión será mejor que dedique tiempo a revisar cómo marcha mi personal. Afortunadamente, necesitan que les dirija poco. Sin embargo, creo que Carlos me está evitando, parece estar fluctuando, como si se encontrara en un ascensor emocional. Odio tener que enfrentarme a él, pero debo averiguar qué es lo que le está preocupando. Ya se me han marchado demasiado buenos trabajadores sin decirme el motivo.

Los pensamientos de un pusilánime

Hace mucho tiempo que el jefe no me comenta nada respecto al trabajo que le he ido entregando. Por un lado, el no tener noticias suyas probablemente signifique que está satisfecho. Mi trabajo es bueno y en realidad no necesito feedback alguno al respecto, ¿no? Pero desde la fusión no sé cómo estoy. Les ha dado a todos el mismo y breve mensaje. ¿Y qué pasa si tengo un problema? ¿Y si hubiera estado haciendo algo mal? ¿Se van a librar de mí? Tengo miedo de preguntarle nada, así que será mejor para mi trabajo que le deje en paz.

ESTRATEGIA

Su objetivo es restaurar la confianza de los pusilánimes y volver a concentrar su energía.

1. *Reconozca el impacto del feedback*. Un feedback constante, consistente y constructivo es la cosa más importante que necesitan sus trabajado-

res. Privarles de él es un castigo cruel e injustificado que provoca ansiedad y miedo a preguntar qué es lo que les espera. Permitir que unos lacónicos mensajes de e-mail sustituyan una conversación, deja a los empleados frustrados e inseguros.

2. *Amplíe la dirección del feedback.* A su información descendente y de una sola dirección añada un flujo ascendente para conseguir una verdadera comunicación de doble sentido. Para reducir la ansiedad, el enfado o el resentimiento, averigüe lo que piensan y sienten los empleados por medio de preguntas abiertas. Explíqueles los cambios que están a punto de llevarse a cabo.

3. *Concéntrese en aquello que usted y sus empleados tengan en común.* Hable de conseguir hacer el trabajo. Permita que ellos expresen con qué creen que deberían contribuir y ser responsables. Es probable que esto difiera de la idea que usted tiene, pero le proporcionará una base para trabajar y solucionar sus diferencias. Un poco de flexibilidad por su parte puede ayudar a conseguir que lo acepten cuando lo que manda es su modo de actuar.

4. *Piense en un sistema de calificación de trabajadores para evitar que los empleados tengan que adivinar las cosas.* Cuando los empleados se clasifican de acuerdo con el valor de su actuación en la empresa, saben dónde se encuentran en relación con los demás trabajadores. Los que se encuentran en un grupo de bajo porcentaje comprenden que tienen que mejorar, porque si hay reducciones de personal serán los que tengan que decir adiós. Una tendencia creciente a vincular las primas con estos objetivos relacionados con la actuación ha reducido mucho el número de pusilánimes.

CONVERSACIÓN TÁCTICA

USTED: *Carlos, ahora que ya se ha terminado la fusión habrá algunos cambios. Quiero hablar contigo respecto a cómo puede afectar a su papel. Como sabes, un objetivo es... ¿Cómo crees que podrías ayudarnos a conseguirlo?*

CARLOS: *(Silencio.)*

USTED: *¿De qué crees, concretamente, que deberías ser responsable? (Luego quédese en silencio ya que es posible que Carlos esté pensando una respuesta.) ¿Te pillé desprevenido?*

CARLOS: *Sí, así es.*

USTED: *¿Te preocupa la manera en que yo pueda reaccionar? ¿Qué crees que diré?*

CARLOS: *Tengo miedo de que crea que estoy hasta el cuello. Pero prefiero oír críticas que no saber lo que estoy haciendo.*

USTED: *Bueno, hablemos de esto un poco más para decidir si necesitas formación adicional.*

> **Consejo:** Todo el mundo necesita feedback. Es su oportunidad de alentar la innovación y liberar el talento. Incluso aquellos que jamás le han dado un disgusto lo necesitan. Todos los trabajadores tienen que saber que se les valora. Sin feedback, algunos buenos trabajadores pueden convertirse en desastres emocionales y otros pueden marcharse, sin más. El feedback es especialmente útil cuando su enfoque es atraer suavemente al trabajador que no es comunicativo.

LOS QUE SE QUEDAN MUDOS

Son personas tímidas o que no saben expresarse y parece que son incapaces de manifestar sus sentimientos con palabras.

Están tan exageradamente preocupados porque usted piense bien de ellos que se avergüenzan demasiado como para poder hablar, y aunque sus ideas pueden ser dignas de consideración, tienen miedo de parecer tontos. Usted les pide sugerencias y son demasiado tímidos para responder a las preguntas impersonales.

Algunos temen que no se le comprenda o parecer aburridos o sosos. Hay algunos que piensan que sus opiniones no son ni necesarias ni queridas y sufren con estoicismo en lugar de comprobar sus percepciones.

Otros de los que parece que se quedan mudos temen que se les considere débiles si piden ayuda. Tampoco hacen una pregunta que pueda hacerles parecer ignorantes, especialmente si creen que todos los demás comprenden lo que está pasando.

Lo que está usted pensando

Yo sé que Lucas es capaz de tener una conversación inteligente e incluso animada, porque sin que él se diera cuenta le he oído hablar con sus trabajadores. Pero cuando está cerca de mí parece que se haya quedado mudo. Y cuando tiene que dar una charla preparada o incluso un informe breve, está terriblemente incómodo. Es una lástima. Si pudiera superar su problema para hablar alto y claro, Lucas podría llegar muy lejos en esta organización.

Los pensamientos de uno de los que se quedan mudos

Cuando el jefe nos pide ideas me gustaría hacer comentarios, pero estoy tan asustado que no haré más que ponerme en ridículo. Es posible que los demás me lleven la contraria, incluso puede que me demuestren que estoy equivocado. Tal vez no elija las palabras adecuadas y parezca ridículo. Si hiciera una pregunta y todos menos yo supieran la respuesta quedaría como un imbécil.

ESTRATEGIA

Su objetivo es ayudar a que estos subordinados se sientan cómodos hablando con usted y delante de sus colegas y otros grupos.

1. *Anímeles a hacer preguntas.* Usted puede ayudar a aliviar su timidez en conversaciones privadas, asegurándoles que todos cometemos equivocaciones porque somos humanos y necesitamos más información. Sugiérales que por el momento quizá les fuera más fácil participar en reuniones de personal si pusieran sus preguntas por escrito, y cuando se acostumbren a eso, que añadan un comentario breve antes de la pregunta.

2. *Hágales preguntas directas.* En las reuniones, cuando llegue usted a áreas en las que sabe que tengan experiencia o son especialistas, diríjase a ellos.

3. *Ayúdeles a mejorar su participación en las reuniones.* Dígales que algo que acostumbra a ir muy bien es hacer prácticas en casa con una grabadora para escucharse a sí mismos. Hábleles de la técnica de pensar que se está manteniendo una conversación cuando se está dando una conferencia.

4. *Asígneles pequeños comités.* Las discusiones de grupos más pequeños son tan informales que pueden ser una buenas sesiones de prácticas. Pueden utilizarlas para obtener confianza en la manera de expresarse.

5. *Sugiérales la posibilidad de hacer cursos de oratoria.* Es posible que su empresa tenga un programa de formación que pueda ayudarles. Si no es así, hábleles de recursos que pueda haber en su comunidad.

CONVERSACIÓN TÁCTICA

USTED: *Lucas, sé que eres bueno en identificar el problema verdadero. En las reuniones de personal, cuando haces una pregunta que destaca el verdadero problema, desempeñas un papel más que importante en la solución de los mismos.*

O: *(En una reunión.) Lucas, tú trabajaste en eso el año pasado. ¿Qué opinas de la idea de repetirlo de nuevo?*

O: *Cuando sepas que tienes que informar sobre algo no intentes leerlo. Escríbelo y apréndete de memoria una breve apertura y una frase de cierre. Luego practica en casa partiendo de un esbozo de puntos clave. Cuando se conoce el tema tan bien como tú, puedes hacer la mayor parte del informe respondiendo a las preguntas del grupo. Eso casi elimina la necesidad de que hagas un discurso.*

> **Consejo:** Algunas personas de las que parece se quedan mudos necesitan más cosas que tranquilidad, especialmente si tienen dificultades con una charla preparada. Explíqueles que este problema personal puede impedirles progresar en la empresa y ofrézcales ayuda. Si no puede entrenarles en persona, sugiera lugares donde pueden conseguir ayuda.

Los subordinados no comunicativos acostumbran a tener miedo de hablar. Están demasiado enfadados, preocupados o avergonzados para intentar hacerlo y, por lo tanto, tiene que animarles a hablar con usted sin tener miedo del resultado. Hágales preguntas que desentierren las causas de su preocupación y luego podrá responder a lo que están diciendo. Es posible que tenga que relajar su rigidez proporcionarles un feedback mejor, tranquilizarlos más o, en algunos casos, entrenar a ese mal orador público.

Décima parte

Cuando se trata con gente que critica o se queja

Esperamos que los demás sean insensibles o que tengan mucho estómago mientras que nuestros propios egos son tan frágiles como el cristal. Si usted me da un consejo que yo no he pedido, pienso que me está criticando. Dar y recibir críticas de primera clase es un arte increíblemente delicado.

Básicamente, el que le critica le está diciendo: «Tú y yo deberíamos tener los mismos valores, pero tú no te estás comportando de acuerdo a mis criterios.» Eso está bien, siempre que respete el derecho de la otra persona a tener una opinión y se dedique únicamente a diseccionar los problemas. Los jefes, colegas y subordinados difíciles no han oído hablar jamás de estas reglas.

Para ellos, usted está automáticamente equivocado. Harán picadillo su dignidad e incluso son capaces de salir mal parados cuando le ponen las cosas difíciles a usted. Hay algunos que son muy hábiles en manipularle para que se incrimine a sí mismo. Otros son quejicas consumados que no tienen intención alguna de arreglar lo que está mal y se libran de su responsabilidad hablándole a usted de ella. Así, ahora, ha pasado a ser problema suyo.

De todos modos, como la conducta de los críticos es predecible, usted puede planificar de antemano cómo va a enfrentarse a ellos. También puede aprender a ser selectivo; no todos los problemas merecen que se libre una batalla.

28

Cuando su jefe es un criticón

- **Los que se fijan en pequeñeces**
- **Lista de comprobación para mejorar sus habilidades como oyente y sus respuestas**
- **Los que descargan su culpa sobre los demás**
- **Los jueces de la horca**
- **Las máquinas de picar carne**

Algunos jefes son rápidos en convertirle a usted en su chivo expiatorio. Otros le destrozarán cuando *tenga* usted la culpa y sólo cuando sea usted quien cause el error craso tendrá importancia de quién es la culpa. En ese caso, tiene usted que asumir su equivocación inmediatamente, pedir disculpas y sugerir la acción que ponga remedio.

Señalar con el dedo a otro culpable (el jefe, un compañero de trabajo o un subordinado) no hace más que hacerle parecer débil. En ocasiones, usted no comprende, de verdad, qué es lo que quieren su jefe, los compañeros o los clientes. Tanto si se merecen como si no, las críticas acostumbran a escocer y los jefes se disgustan de manera especial cuando usted puede demostrar que ellos eran los culpables. Eso les obliga a defenderse y a reparar sus egos. Así que olvídese de esa excusa legítima porque cuando los supervisores criticones son manipuladores, tiránicos, mezquinos y temperamentales, puede utilizar otras tácticas para enfrentarse a sus quejas sin perder los papeles.

LOS QUE SE FIJAN EN PEQUEÑECES

Estas personas siempre encuentran los errores más pequeños. Este tipo de jefe disfruta gruñendo por detalles sin consecuencia.

Usted está cumpliendo lo que prometió hacer y ahora, en medio de todo el trabajo, le dicen que tiene que repetir una importante tarea entera.

Si se tratara de un elemento vital está claro que lo haría, pero usted opina que a su jefe, en realidad, le encanta, por no decir que le excita, convertir los granos de arena en montañas.

¿De qué tiene miedo? ¿Por qué no puede confiar en usted? Y lo que es aún más importante, ¿cómo conseguirá quitarse al jefe de encima?

Lo que está usted pensando

¿Por qué está Esteban siempre encima de mí? ¿Por qué no puede dejarme en paz hasta que haya terminado en lugar de fastidiarme con minucias y nimiedades? Se siente impelido a supervisar cada detalle. Él me contrató para hacer un trabajo porque soy una persona capaz y ahora ¡desmonta todo lo que hago! ¿Cómo puedo convencerle para que me deje terminar lo que estoy haciendo antes de que deshaga todo mi trabajo?

Los pensamientos de uno de los que se fijan en pequeñeces

Después de haber examinado los últimos informes, estoy más convencido que nunca de que tenemos que reducir costes. Un solo error y me echarán la culpa a mí, así que no puedo permitirme ni la más ligera equivocación. Sé que tengo un personal con mucho talento, pero tengo que ser aún más diligente en la comprobación del trabajo que están haciendo.

ESTRATEGIA

Su objetivo —poder trabajar de una manera más independiente— exige que tranquilice y confirme a su jefe que puede fiarse de usted.

1. *Evite criticarle directamente.* Un jefe que está obsesionado con el control de cada detalle puede reaccionar despidiéndole.

2. *Saque provecho de las objeciones del jefe.* En lugar de sentir (o peor aún, demostrar) que está comenzando a enfadarse, tenga preparada una respuesta positiva y tranquilizadora. Dé gracias al jefe por llamarle la atención sobre el asunto.

3. *Repase sus habilidades de oyente.* Recupere lo que se haya perdido. Asegúrese de que ha comprendido correctamente, sea extremadamente cuidadoso y compruebe dos veces su trabajo.

CONVERSACIÓN TÁCTICA

JEFE: *Esto no servirá. Tenemos que cambiar la justificación y...*

USTED: *Sí, ya comprendo que quiere usted más énfasis en la reducción de costes. Y gracias por ayudarme a solucionarlo. Yo sé que trabajando juntos encontraremos el enfoque apropiado. Podríamos empezar por... y luego pasar a... ¿Qué le parece?*

JEFE: *Sí, eso es lo que estaba intentando decirle.*

USTED: *Bien. Debería poder realizar todos esos cambios antes del jueves. Volveré a informarle entonces. ¿De acuerdo?*

LISTA DE COMPROBACIÓN PARA MEJORAR SUS HABILIDADES COMO OYENTE Y SUS RESPUESTAS

Muy a menudo demasiado, usted no escucha porque está ansioso de poner su granito de arena. Está pensando en su respuesta en lugar de escuchar lo que le dicen, o bien quiere hablar antes de que a la otra persona se le ocurra un argumento en contra. No se da cuenta de las señales porque no se concentra y oye únicamente lo que espera oír, porque las ideas preconcebidas y los bloqueos emocionales (los suyos y los del que habla) pueden distraerle.

❑ ¿Escucha usted para comprender en lugar de para preparar una respuesta? Si cree que le están atacando, escuche para averiguar la razón que está detrás del ataque. No tiene que estar de acuerdo. Y puede reconocer las cosas sin discutir: «Claro que usted cree que debería obtener lo que quiere, sin embargo...». O si se trata de una calumnia no intencionada puede corregirse fácilmente.

❑ ¿Escucha sin interrumpir? Si interrumpe no escucha todo el mensaje. Preste atención para enterarse de lo que es importante para otros. ¿Qué es exactamente lo que quieren saber? Eso es lo que enfatizará usted luego, cuando sea su turno de hablar. Su objetivo es vincular su objetivo con el suyo.

❑ ¿Escucha las ideas principales en lugar de intentar recordar todos los hechos? ¿Cuestiona usted todas las asunciones que se presentan como hechos?

❑ ¿Es capaz de mantener contacto visual y no apartar la mirada del orador? ¿Sonríe o afirma con la cabeza para demostrar que está interesado y que presta atención?

❏ ¿Se fija en el lenguaje corporal del orador? ¿La cara y los gestos concuerdan con las palabras?

❏ ¿Existe un significado oculto entre líneas?

❏ ¿Hace usted preguntas inquisitivas para conseguir la información pertinente? ¿Intenta sonsacar los pensamientos, en lugar de sugerir respuestas, para obtener el punto de vista de otra persona?

❏ ¿Hace preguntas que aclaren las cosas? Pruebe con preguntas que no sean amenazadoras como: «No lo comprendo del todo. ¿Cómo alteraría eso...? o ¿Tengo razón si digo que su postura es de...?»

❏ ¿Repite lo que ha oído para estar seguro de haberlo entendido? Para estar absolutamente seguro, pruebe: «Esto es lo que yo creo que usted ha dicho...»

❏ ¿Permite que los demás hablen primero para poder comenzar a responder con aquello en lo que están de acuerdo? Luego puede usted expresar sus preocupaciones o explicar sin excusarse.

❏ ¿Escucha con el propósito de volver a examinar su posición? Es posible que pueda haber una manera mejor y querrá usted mejorar su postura. O a lo mejor podrían combinarse algunas ideas. Escuche a fin de encontrar un hilo común que pueda unir ambos puntos de vista o ayudarle a llegar a un consenso.

❏ ¿Deja usted pacientemente que una persona emocional se desahogue antes de hablar? La gente que está enfadada o disgustada no absorbe lo que está usted diciendo. ¿Por qué patear a alguien que ya está en el suelo?

❏ ¿Es capaz de escuchar con respeto y sin emitir juicios? Si quiere que los demás se abran, ellos deben notar que usted quiere, honestamente, enterarse de lo que están pensando y que no va a saltarles encima por lo que le digan.

❏ ¿Escucha usted demostrando su apoyo para poder ofrecer así buenas críticas? Concéntrese en la manera en que puede ayudar a promocionar el orden del día de su jefe. No para elevar su ego, sino para conseguir los resultados deseados.

❏ ¿Se escucha a sí mismo? Pensar en cómo es probable que suene a los demás lo que usted dice se llama el tercer oído. ¿Se da usted cuenta de su tono y ritmo?

> **Consejo:** Los jefes que se fijan en pequeñeces tienen que confiar en usted antes de que le dejen hacer su trabajo en paz. Si se convierte en un oyente mejor, puede hacer que los inseguros piensen que tienen un aliado.

LOS QUE DESCARGAN SU CULPA SOBRE LOS DEMÁS

Estos jefes se las arreglan para hacer que *usted* se sienta culpable sin tener en cuenta en absoluto el motivo real.

Los jefes que descargan su culpa sobre los demás eligen una ruta indirecta para criticar y quejarse. Hacen ver que se les ha herido colgándole sobre su cabeza una espada de Damocles manipuladora que le hace sentirse culpable, o sea, que usted es quien tiene la culpa de sus sentimientos heridos.

El resultado es que usted se reprocha a sí mismo si no hace lo que le han pedido, pero a la vez se enfada con el jefe por pedírselo. Aunque estar enfadado hace que se sienta más culpable, así que hace lo que le piden. Acaba usted de caer en la trampa de la culpa.

Como se han convencido de que no tienen culpa de nada, los jefes que descargan su culpa sobre los demás niegan tener la responsabilidad. Ya le han colgado el problema a usted y a pesar de que la negación aumenta su culpa, son incapaces de pedir perdón o de disculparse. Para sentirse mejor, culpan a otros e insinúan abiertamente que merecen sufrir mientras se revuelcan en autocompasión. Pero rechazan su ayuda al mismo tiempo que le atacan por no ayudarles.

Lo que está usted pensando

El jefe me dice: «Mira lo que nos has hecho. Yo esperaba que mostraras más diligencia. Todo el personal de nuestro departamento ha puntuado siempre más que nadie en ese programa. ¿Qué crees que van a decir ahora los demás directores de mí y de mi departamento? No te sorprendas si me da un ataque al corazón». Me siento exhausto por tener otra de esas conversaciones con mi jefe. No comprendo cómo puede tergiversarlo todo, pero se las arregla para que todos nosotros perdamos de vista los problemas reales.

Los pensamientos de uno de los que descargan sus culpa sobre los demás

Vera me dijo que le sería difícil hacer todo su trabajo habitual y participar en el programa al mismo tiempo, pero accedió a hacerlo. Me prometió que trabajaría muy duro. Debería saber lo mucho que representa para mí tener el respeto y la admiración de todos los directores. ¿Por qué me ha hecho eso? Supongo que es culpa mía por ser tan confiado.

ESTRATEGIA

Su objetivo es salir de la trampa que el maestro manipulador ha preparado para usted.

1. *Manifieste claramente sus sentimientos.* Sea honesto respecto a lo que el jefe ha dicho, si le ha hecho daño o le ha molestado. Usted no está criticándole sino que se limita a manifestar la manera en que *usted* se siente, junto con su deseo de restaurar la relación que aparece perjudicada.

2. *Devuelva la culpa.* Niéguese, educada y tranquilamente, a aceptarla. Señale de una manera directa el papel que haya tenido el jefe en el dilema en cuestión.

3. *Separe claramente los problemas del jefe de los suyos.* Él está mostrando signos de inseguridad, así que tenga mucho cuidado y protéjase de los sentimientos del jefe.

CONVERSACIÓN TÁCTICA

USTED: *Jefe, me sentí muy mal cuando dijo usted que yo no había sido diligente respecto al programa. Siempre le he considerado una persona justa y creo que hasta el momento hemos tenido una relación bastante buena, así que me gustaría aclarar las cosas.*

O: *Puede que se haya usted olvidado de nuestra conversación en la que acordamos 1)..., 2)..., y 3)...*

O: *Ahora bien, si lo que usted quiere es que nuestro departamento participe más en ese programa, puedo sugerirle como una opción adecuada que si ajustamos...*

> **Consejo:** No se marchite a causa de la culpa. Los que descargan su culpa sobre los demás le hacen responsable a usted de su mal juicio o su inseguridad. Critican sus acciones diciendo que son la causa de sus sentimientos heridos para que así usted se sienta culpable y ellos tengan más control. Niéguese a aceptar la visión que tiene el jefe del mundo. Dígale, educadamente, cuáles son los hechos reales y póngase a solucionar el problema.

LOS JUECES DE LA HORCA

Esta clase de jefes le culpan a usted antes de reunir o escuchar los hechos.

La situación es como la de película policíaca. El culpable es su jefe, su compañero de trabajo o puede que fuera un desastre de fuerza mayor. En cualquier caso, usted no es culpable, pero resulta que ni siquiera ha empezado a defender su caso y ya le están condenando.

Al culpar a los demás de los problemas que es posible que ellos mismos hayan creado, los jueces de la horca están buscando chivos expiatorios. Si son culpables de un proyecto que fracasa no son capaces de admitirlo y, en lugar de ello, buscan víctimas vulnerables a las que se pueda intimidar fácilmente. Le eligen a usted como el cordero para el sacrificio porque probablemente piensan que no se vengará de ellos.

Los jueces de la horca no están interesados en encontrar respuestas, sino que lo más importante para ellos es conservar el control, y para hacerlo creen que deben deshacerse de la etiqueta de fracaso. Así que se la cuelgan a usted.

Lo que está usted pensando

¡Uf, el jefe está como loco! ¡Todas esas acusaciones y todas esas palabrotas e insultos! Si intenta intimidarme lo está consiguiendo, pero en realidad fue él quien ocasionó la catástrofe. Si le descubro se mostrará resentido conmigo, pero si no lo hago me culparán a mí injustamente. Estoy realmente atrapado.

Los pensamientos de un juez de la horca

Le dije a Judith que se asegurara que el equipo incluía una mezcla mul-
tiétnica. También le dije que esperara una semana antes de añadir alguien
nuevo. Pero ahora, ¿qué voy a hacer? Alguien debe haberse quejado al
gran jefe por no estar representado. Le mandaré una reprimenda a Judith
y le diré que solucione este lío inmediatamente y haré llegar una copia a la
dirección. Eso hará que sepa que estoy al tanto de la situación.

ESTRATEGIA

Su objetivo es dejar de ser el chivo expiatorio del jefe. Tiene que defenderse a sí mismo mientras le demuestra que puede serle más útil como alia-
do que como víctima.

1. *Olvídese de sus sentimientos heridos.* Quédese quieto y callado hasta que
   disminuya su enfado. Para conseguir algo de objetividad, retroceda
   un poco y haga ver que se trata del problema de otra persona. Lo más
   probable es no sea usted el único al que el jefe trata de ese modo.

2. *Enfréntese a la hostilidad del jefe.* Demuestre que no es usted la víctima
   débil y vulnerable que el jefe pensaba. Para manifestar sus objeciones
   utilice preguntas en lugar de acusaciones.

3. *Critique sin poner en duda la autoridad.* Si el jefe cree que está usted
   cuestionando sus acciones se pondrá a la defensiva y será inamovible.
   No culpe a *nadie*. Mantenga su desacuerdo en un alto plano profesional para evitar una confrontación. Demuestre cooperación y respeto
   y aténgase a los problemas.

4. *Proporciónele una salida amable.* Después de que se haya tranquilizado y
   se comporte racionalmente, comente los objetivos y sugiera opciones. Encuentre algunos puntos en los que esté sinceramente de
   acuerdo con el jefe y pueda felicitarle. Ayúdele a incrementar su propia autoestima.

CONVERSACIÓN TÁCTICA

USTED: *Jefe, no le culpo por estar disgustado. ¿Qué orden quería usted que
         siguiera? (En lugar de: «Yo seguí sus órdenes al pie de la letra».)*

O: *A mí me parece que en este caso no nos comprendimos en absoluto.
         Quizá podamos evitarlo en el futuro si...*

O: *Tiene razón en eso, jefe. Una representación justa e imparcial es cru-*
            cial. Ahora que comprendo cómo quiere proceder, estoy seguro de que
            verá que soy un buen jugador de equipo.

> **Consejo:** Cuando le culpen de algo y no sea responsable, no se
> ponga a gritar: «Falta». Siga jugando incluso a pesar de que el
> jefe cambie las reglas a mitad del partido. Pero regrese de una
> manera educada y directa, y también fuerte. Es poco probable
> que el jefe vuelva a elegirle en cuanto se dé cuenta de que es us-
> ted más valioso como apoyo que como chivo expiatorio.

LAS MÁQUINAS DE PICAR CARNE

Esta clase de personas son exageradamente espontáneas. Sus críticas cortantes le reducen a usted a tiras.

Esta vez *ha sido* culpa suya. No hay manera de ocultar este traspié que puede destruir todas sus posibilidades de progreso profesional y el pánico se apodera de usted. Mientras, la jefa, siempre severa y estricta, está furiosa y no cesa de acusarle con todas sus fuerzas. Pero, en esta ocasión, tiene todo el derecho a estar furiosa.

No responda a las acusaciones, quédese quieto, como petrificado. Diga: «Vuelvo enseguida» y abandone la habitación o cuelgue el teléfono. Ahora respire profundamente unas cuantas veces y recuerde que todo el mundo comete equivocaciones. Lo que influye en el futuro de uno es la manera cómo se enfrenta a una equivocación. Además, tenga bien presente que los jefes tienen derecho a criticar su trabajo, pero que eso no incluye el derecho a infligirle golpes crueles y destructivos a su ego.

Lo que está usted pensando

Ya sé que la jefa me dijo que me ocupara del pedido antes de hacer ninguna otra cosa. Yo pensé que podía esperar porque tenía muchísimas cosas por hacer que yo consideraba más importantes. Estaba equivocado. El del pedido llamó, le gritó a la jefa y ésta me ha vapuleado con sus reprimendas. No sólo está furiosa sino que creo que ha perdido completamente la confianza que tenía en mí. Es un desastre del que sólo yo tengo la culpa. Si no me cuesta el puesto de trabajo, lo estaré pagando durante años.

Los pensamientos de una máquina de picar carne

Esta vez, Marcos la ha fastidiado de verdad. Ha hecho que perdamos ese cliente, pero va a ser el último que pierde. Se cree muy listo y que sabe más que yo. Ya no puedo fiarme de él y no quiero escuchar sus excusas. ¡Vaya día! Primero la pelea en casa, luego ese idiota en el aparcamiento y ahora esto. ¿Por qué no podría Marcos seguir mis órdenes? Ahora que ya es demasiado tarde es posible que comprenda que yo tenía razón.

ESTRATEGIA

Su objetivo es poner remedio inmediatamente a su equivocación y recuperar el favor del jefe.

1. *Admita su error de una manera enfática y rápidamente.* Tan pronto como se dé cuenta de que usted, o alguien que está a su mando, ha metido la pata, diga que tiene la culpa. En la mente del jefe, eso significa: «Ajá, ahora ve que yo tenía razón al criticarle, así que supongo que después de todo no es tan tonto. Veamos qué más tiene que decir». Negar su equivocación sólo le hará quedar como débil de carácter y el retraso le producirá dificultades innecesarias.

2. *No ponga excusas ni muestre una coartada.* Si el que metió la pata fue su subordinado, sigue usted teniendo que aceptar la responsabilidad. Vaya al grano sin suavizar el desastre. Se ha equivocado y lo lamenta. Una coartada no haría más que conseguir que el jefe se pusiera más furioso porque implica que le ha acusado injustamente.

3. *Sugiera un modo de mejorarlo.* Sugiera el plan que tiene usted para corregir el error. Vuelva a expresar la crítica de su jefe, transformando cada negativa en un objetivo positivo. Si después de tener tiempo para calmarse, el jefe sigue lanzándole insultos, conserve la dignidad proclamando que acepta la crítica, pero que el hecho de que sea innecesariamente duro está retrasando la solución de las cosas.

4. *Busque el acuerdo respecto al plan.* Sea lo que sea lo que ideen, asegúrese de que están de acuerdo antes de que usted se marche. Si el jefe tiene que hacer venir a otra persona para que limpie su trabajo sucio, su relación no va a mejorar.

CONVERSACIÓN TÁCTICA

JEFA: *(Gritando.) ¡Nunca sigues las órdenes!*

USTED: *Jefa, tomé una mala decisión al no ocuparme del pedido tal como me había dicho que hiciera. Fue un error estúpido. Me equivoqué y lo siento muchísimo.*

O: *Jefa, a partir de ahora sus órdenes se procesarán...*

O: *Creo que todavía podremos conservar al cliente si le digo que hemos vendido demasiada cantidad del producto nuevo y... ¿De acuerdo, entonces? Iré a verle esta tarde y lo arreglaré.*

> **Consejo:** Deje de predecir el día del Juicio Final porque haya cometido una equivocación. Todo el mundo comete equivocaciones. El verdadero peligro está en aumentar el error no diciendo que lo lamenta o no pidiendo perdón con la suficiente rapidez.

Culpar a otra persona es una situación en la que tal vez puede ganar. Pero en una confrontación con la jefa, si gana usted ahora perderá más tarde. No culpe a nadie, a menos que esté pidiendo disculpas en su propio nombre. Sea como sea, póngase rápidamente en movimiento para poner remedio a la situación.

La prevención es la mejor defensa contra las críticas de los jefes, tanto si son válidas como si no. Manténgales informados porque no les gustan las sorpresas. Intente involucrarlos en su tarea, especialmente en la fase de planificación, y evite herir sus sentimientos. Le devolverán el golpe de manera instintiva si parece que está usted cuestionando su autoridad o atacando a su vaca sagrada. Tenga puesta la antena para encontrar maneras de ayudarles a alcanzar sus objetivos personales. Es menos probable que los jefes le critiquen si usted les ayuda.

29

Cuando los criticones son sus colegas

- **Los chivatos**
- **Los supersensibles**
- **Lista de comprobación para tratar con los supersensibles**
- **Los chistosos**
- **Los aguafiestas**

Los colegas críticos son unas verdaderas piedras preciosas que hay que apreciar en su justo valor cuando le ayudan a desarrollar su perspicacia y a descubrir nuevas posibilidades. Pero muchos de sus colegas no escuchan para apoyar o no se preocupan por suavizar sus comentarios. Es posible que no tengan nada en contra suya personalmente, pero se quejan en general. Otros, si creen que usted les está criticando, reaccionan con resentimiento.

Habitualmente, los colegas criticones quieren que usted admita que ha cometido un error de juicio. Como es posible que usted no esté de acuerdo, es muy difícil tragarse la píldora sin endulzarla. El resultado es que se hieren los sentimientos de ambas partes, el espíritu de equipo queda gravemente lesionado y la productividad se resiente.

Para su propia protección dé la cara por usted mismo, pero intente hacer amistad con sus críticos antes de que intenten perjudicar sus otras relaciones como, por ejemplo, con su jefe.

LOS CHIVATOS

Los chivatos son quejicas crónicos que gruñen por todo, tanto en público como en secreto.

Lo que a usted le hace rechinar los dientes es su dura y cruel manera de corregirle. Por una infracción menor le ridiculizan delante de todo el personal, y además de gruñirle a usted, atacan a otros colegas mientras se pregunta usted cómo responderles.

Aún más destructiva es la manera en que envuelven las quejas en información «confidencial» y luego le dejan atado de pies y manos haciéndole jurar que guardará el secreto. En lugar de solucionar el problema con una conversación franca que llegue al meollo del asunto, se queda usted boxeando con las sombras.

Lo que está usted pensando

Según Elena, Pablo está a punto de apuñalarme por la espalda porque cree que su unidad de personal, y no mi unidad de planificación, debería llevar todos los aspectos de la orientación. Su fuente de información le hizo jurar que le guardaría el secreto por lo que Elena dice que si yo le digo algo a Pablo, ella negará que me lo ha dicho y mi gente estará en un atolladero. Elena insiste en que me lo dijo para que pudiera defenderme. ¿Cómo puedo protegerme de un ataque cuando no tengo toda la información y no puedo hablar con el supuesto atacante?

Los pensamientos de un chivato

Eva y Pablo me han eliminado de la orientación. Ignoraron completamente mi experiencia en formación y las buenas sugerencias que podría ofrecerles. Bueno, no creo que confíen ya tanto el uno en el otro. Y lo irónico es que Eva creerá que me debe una por haberla apartado también a ella. Una vez que los dos empiecen a reñir, dejaré que el jefe sepa que estoy disponible para manejar el proyecto.

ESTRATEGIA

Cuando le ataquen, su primer objetivo debe ser reducir los daños al mínimo, y el segundo, intentar convertir a su enemigo en un amigo.

1. *Haga un repaso rápido.* Pase revista a los hechos que han dado lugar a esta situación. ¿Fue usted quien provocó el problema sin darse cuenta? ¿Ha asumido que cuenta con el apoyo de los colegas sin haberse preocupado de comprobarlo?

2. *No juegue con ellos a «tengo un secreto».* Niéguese a prometer guardar el chisme o rumor de su colega. Ponga el tema sobre la mesa a fin de poder solucionarlo.

3. *Hable para disolver la tensión.* No puede usted permitir que las heridas producidas por las observaciones cortantes se infecten. Enfréntese educadamente con su acusador y luego examine el sistema que permitió que sugiera el problema. Discutan las opciones. Si un colega le critica injustamente en una reunión de personal, reúnase más tarde con él o ella en privado para aclararlo.

4. *Póngase en contacto regularmente con los problemáticos potenciales.* Tenga a sus colegas informados de sus proyectos. Involúcreles coordinando segmentos apropiados. Antes de que se chiven al jefe sobre usted, escúcheles, compréndales y muéstrese cooperador con sus quejas. Sugiera la realización de presentaciones conjuntas con las modificaciones que acuerden. Y asígneles los papeles estelares.

5. *Insista en que le respeten a usted y a sus colegas.* Lo que debe hacer sencillamente es negarse a seguir una conversación a menos que todo el mundo se comporte educadamente. Si un colega se queja a usted de otro colega no puede salirse del atolladero quedándose quieto y callado. Para un chivato, *si usted se queda en silencio quiere decir que está de acuerdo.* Si cree que la tercera parte está, verdaderamente, ocasionando un problema, decida la manera en que van a enfrentarse a ello. Si no está de acuerdo, hable claramente y diga el motivo por el que no se siente bien.

CONVERSACIÓN TÁCTICA

USTED: *Lo siento, Elena, pero si guardo tu secreto no puedo solucionar el problema. Voy a hablar con Pablo sin mencionar el nombre de nadie. Ya sé que no lo entiendes, Elena, pero alguien te está utilizando para crear problemas. Supongo que no quieres estar involucrada en eso, ¿no?*

O: *Pablo, he oído por ahí que estabas preocupado porque la unidad de personal no estaba manejando toda la orientación. Siempre hemos trabajado bien juntos y estoy seguro de que tienes alguna idea buena para solucionarlo.*

O: *Puedo entender el motivo de que estuvieras disgustado, Pablo. ¿Por qué no pensamos en cuál es el mejor enfoque y luego vamos juntos a ver al jefe? Tú le explicas el acuerdo al que hemos llegado y yo te respaldaré.*

O: *De verdad, no quiero discutir por esto. Volveré cuando puedas hablar*
            con tranquilidad.

O: *Lo que dices respecto a Arturo es posible que sea cierto, pero mi expe-*
            riencia con él ha sido precisamente la opuesta. Me he podido fiar
            completamente de él. Por ejemplo, cuando yo estaba ocupándome de
            la Conferencia de Primavera...

O: *Espera un minuto, Elena. Durante el último cuarto de hora no has*
            dejado de quejarte. ¿Por qué no descansamos un poco y hablamos
            únicamente de cosas agradables durante lo que queda de nuestra
            hora de comer. ¿Estás de acuerdo?

> **Consejo:** El problema con los chivatos es que ellos se chivan de-
> masiado y usted no habla lo suficiente. Cuando le ataquen, en-
> fréntese a su acusador y solucione el asunto. Consultarles y coor-
> dinar las cosas con ellos periódicamente, acostumbra a quitarles
> las ganas de morder.

LOS SUPERSENSIBLES

Los supersensibles son personas extremadamente susceptibles y que se toman todos los comentarios como una afrenta personal.

Lo que hacen sus colegas en sus propias jurisdicciones es asunto de ellos, hasta que le afecta a usted. Entonces le corresponde hablar de su preocupación mutua. Pero los supersensibles se ponen tensos, quisquillosos y nerviosos. Sin que usted les critique se ponen a la defensiva y, diga lo que diga, se convierte en una afrenta de usted contra ellos.

¿Cuál es el motivo de esa reacción irracional a una crítica imaginada? Los supersensibles carecen de confianza en ellos mismos y se sienten inferiores a usted, por eso se les hiere con excesiva facilidad. Usted y sus colegas, después de haber perdido la paciencia por culpa de su conducta inmadura, les evitan como a la peste y ellos no saben el porqué. Pero ahora tiene usted que hablar.

Lo que está usted pensando

Todo lo que le dije a Bárbara fue que quería hablar con ella sobre el retraso en la transmisión de los artículos de alta prioridad. Pero ella me saltó instantáneamente al cuello porque, según ella, yo decía que el retraso era culpa suya. Empezó a recitar sus virtudes: es la primera que llega al trabajo, hace muchas más horas que yo, no es perezosa como otros directores, etc. Jamás llegamos a hablar del problema de transmisión.

Los pensamientos de un supersensible

Cuando Enrique vino a hablarme del retraso ya me di cuenta de que es lo que intentaba hacerme. Iba a criticar el modo en que llevo mi división y dar a entender que no soy tan eficiente como él. Bueno, pues su actitud superior me molesta, supongo que conseguí bajarle los humos.

ESTRATEGIA

Su objetivo es superar, o al menos, reducir el resentimiento de los supersensibles. Lo que usted quiere es solucionar una dificultad o dar un feedback negativo sin tener que meterse en un lío interminable. Cuando tenga problemas para hablar con los supersensibles, las tácticas que aparecen en la lista siguiente le ayudarán.

LISTA DE COMPROBACIÓN PARA TRATAR CON LOS SUPERSENSIBLES

❑ *¿Les ayudo a desarrollar la confianza en ellos mismos?* Pídales que repasen su trabajo y que sugieran cambios. Su gratitud elevará el nivel de respeto que sienten hacia ellos mismos.

❑ *¿Les ayudo a equilibrar sus sentimientos? ¿Hago que expresen lo que les ha herido de manera directa y honesta?* Si ha contribuido usted a herir sus sentimientos, pida perdón. Si sus sentimientos parecen irracionales, pídales que vuelvan a examinar los hechos.

❑ *¿Protejo su orgullo?* Si habla de un problema delante de otras personas se sentirán humillados. Hable de ello en privado.

❑ *¿He reconocido sus necesidades?* Reconozca sus exigencias sin asumir la culpa. Limítese a añadir qué es lo que usted también necesita y el motivo.

❑ *¿Suavizo la dureza de las críticas?* Coloque la crítica entre dos cumplidos. Hable como miembro de un equipo en el que trabajan juntos. Diga «lo que hemos hecho» en lugar de «lo que has hecho».

❏ *¿Dejo que sea el jefe el que se ocupe de su mala actuación?* Si no hacen bien su trabajo es responsabilidad del jefe y no suya. Cuando usted mete las narices en el terreno de otra persona, ésta tiene derecho a molestarse.

❏ *¿Me salto los prólogos largos?* Vaya directo al grano. De lo contrario, ellos se darán cuenta de que algo se les viene encima, y eso les hace sentirse ansiosos y exagera la importancia de la discusión.

❏ *¿Identifico los problemas basándome en los hechos?* Tenga preparados los nombres, lugares, cifras, fechas y frecuencia concretas. Utilice preguntas para poner al descubierto problemas subyacentes.

❏ *¿Hago que la conversación sea positiva?* Después de que reconozca sus sentimientos, aténgase a los hechos, objetivos, obstáculos y tácticas. Sáltese la charla sobre actitudes, motivo o de quién es la culpa.

❏ *¿Nos ponemos de acuerdo en un plan?* Prepare fases o tareas específicas que hay que llevar de aquí hasta allí. Si los pasos son complicados siga siendo optimista mientras ambos desarrollan un esbozo.

CONVERSACIÓN TÁCTICA

USTED: *Bárbara, ¿te importaría echar un vistazo a este gráfico que he diseñado? ¿Ves algún paso que se pueda eliminar?*

O: *Por favor, dime con franqueza qué es lo que yo he hecho o dicho que parece haber herido tus sentimientos.*

O: *Comprendo que tú necesitas... Pero tengo un programa muy apretado que exige... De verdad, no estoy intentando rebajarte, sólo quiero hacer mi trabajo un poco mejor.*

O: *Nos topamos con este lío unas tres veces a la semana. ¿Hay algún modo real de que podamos soslayar ese bloqueo?... ¿Entonces por qué no preparamos un nuevo programa?*

> **Consejo:** Reduzca el resentimiento de los supersensibles ayudándoles a enfrentarse honestamente con sus sentimientos. Lo habitual es que hayan estado aislados por culpa de su tonto comportamiento. Necesitan recuperar el respeto por sí mismos y saber que con capaces de contribuir a la empresa. Tienen que distinguir entre los ataques imaginados y los hechos reales. Usted puede marcar una gran diferencia haciendo amistad con estos críticos.

LOS CHISTOSOS

Estos colegas se dedican a hacer bromas y contar chistes frívolos, ingeniosos y sarcásticos sobre sus defectos.

En el caso de los supersensibles es obvio que están disgustados. Con los chistosos, usted se queda sin saberlo. Estos colegas son muy rápidos con agudezas, sarcasmos y desaires que disfrazan su antagonismo. Conocen bien sus fallos y es posible que sospechen que ha sido usted el causante del error, pero no se presentan directamente y lo dicen. Su falta de explicitud le deja confundido.

Los chistosos disfrutan dando puñetazos sutiles e indirectos, especialmente si hay un público que aprecie su ingenio y les proteja. Puede que usted se esté enfrentando a una situación difícil, pero sin embargo, a ellos les parece que tienen libertad para criticarle porque no tienen responsabilidad alguna hacia usted o sus sentimientos. El conflicto soterrado y sin solucionar deja a su alianza en un terreno más bien inseguro.

Lo que está usted pensando

Cuando Esteban hizo esa observación respecto a que yo cargo todas esas comidas de negocios en la cuenta de la empresa no estaba bromeando. Tenía la intención de atizarme un buen golpe. ¿Cómo puedo reírme de sus observaciones y seguir ignorando el hecho de que me ridiculiza? Incluso si fuera cierto, no hay manera de que pudiera haber respondido sin avergonzarme. Tengo que encontrar la manera de impedirle que me rebaje continuamente delante de los compañeros.

Los pensamientos de un chistoso

¿Por qué tendría Juan que salirse con la suya con todas esas largas y caras comidas? Me molesta mucho que el jefe siempre le esté pidiendo que hable con los clientes potenciales cuando yo puedo, con toda seguridad, representar a la empresa tan bien o mejor que Juan. Mis pequeños chistes y bromas harán que Juan sepa que no le quito el ojo de encima.

ESTRATEGIA

Su objetivo es reducir al mínimo el efecto de las observaciones de los chistosos y si es posible, poner freno a su resentimiento u hostilidad.

1. *Confiese una equivocación.* Si su error se expone ante un grupo, admítalo, pida disculpas y explíquese brevemente. Asuma que aceptarán su explicación. Si se explica punto por punto, parecerá como si esperara que le encontraran culpable y es casi seguro que lo harán.

2. *Haga ver que se toma a la ligera un «ataque» público.* Sin ponerse a la defensiva, aleje el tema de sí y hable de políticas o de procedimientos. Si continúan las bromas disfrazadas, busque el apoyo de sus colegas preguntando si los demás están de acuerdo. Empiece a ser usted el que gasta bromas a los chistosos. Es muy probable que a las demás víctimas que se encuentren en el grupo les encante unirse a usted.

3. *Haga prácticas en su casa para pasar a la ofensiva.* Grabarse para escucharse a sí mismo le ayudará a desarrollar un tono confiado y coloquial. Haga prácticas con un amigo fingiendo la misma situación y pruebe a mantener contacto visual directo, así como a adoptar una actitud sincera y relajada.

4. *Cuando estén solos, haga salir la hostilidad a la superficie.* Los chistosos insistirán en que sólo estaban bromeando, pero siguen burlándose de usted. Sin demostrar emoción alguna, dígales cómo se siente y pídales que sean francos con usted. Luego solucione el problema real.

5. *Desarme a sus atacantes.* Tenga informados a sus colegas. Deles la oportunidad de creer en su proyecto o propuesta. Consiga que le expresen su pensamiento, sugerencias y que le digan también aquello con lo que no están de acuerdo en las primeras fases, en lugar de presentar el producto acabado al grupo e invitar a los chistosos.

CONVERSACIÓN TÁCTICA

USTED: *Esteban, algo que dijiste ayer me molestó de verdad y me gustaría solucionarlo.*

O: *Puede que para ti sólo se tratara de una broma, pero para mí fue como si un camión de dieciséis ruedas me hubiera pasado por encima y me hubiera matado.*

O: *Esteban, realmente nos ayudaría a ambos que tú te sinceraras con-*

migo y me dijeras lo que te está reconcomiendo para que pudiéramos solucionarlo.

> **Consejo:** Los chistosos van mucho más lejos de las bromas amistosas durante sus actuaciones públicas. La malicia acecha detrás de ese humor. En lugar de ponerse a la defensiva, cambie de canal y hable de lo que hay de malo en el sistema. Luego, pase a la ofensiva y empiece a bromear con los bromistas. Más tarde, en privado, enfréntese abiertamente a su hostilidad.

LOS AGUAFIESTAS

Los aguafiestas son personas que echan agua, rápidamente, sobre las llamas siempre que sus colegas están ardientes de entusiasmo o creatividad.

Aunque la mayoría estamos de acuerdo en que la crítica constructiva es esencial para evaluar una idea, los aguafiestas no quieren pasar por ese proceso, y sin examinar los factores ya han decidido que «¡no va a funcionar!».

Con demasiada frecuencia, esta declaración detiene inmediatamente la discusión, por lo que sólo se necesitan unos cuantos escépticos para ahogar un ambiente saludable en el lugar de trabajo. Cuando en los momentos de mayor ímpetu ciertas personas ponen obstáculos constantemente, algunos trabajadores con talento no tienen ganas de luchar contra su efecto y se marchan. Otros se desaniman y ralentizan el buen ritmo de su trabajo.

¿Cómo puede usted contrarrestar la convicción de un aguafiestas de que si sigue usted adelante, el cielo se le caerá encima y que no hay nada que pueda usted hacer para impedirlo? Ellos creen —y le hacen creer a usted— que la situación está fuera de su control. Pero no tiene por qué aceptar *su* realidad.

Lo que está usted pensando

Creía que era una buena idea hablarle al jefe de la rotación de nuestros programas, ya que eso nos permitiría tener a cada uno una semana de cuatro días trabajando en la oficina y un día haciéndolo en casa. Creo que los demás podían haber estado de acuerdo, pero Fernando se entrometió como siempre. Desde luego, sabe muy bien la manera de destrozar cualquier propuesta, a lo cual no tengo nada que oponer, pero no ofrece ayuda alguna para mejorarla. Dice que tenemos que limitarnos a dejarlo estar porque no va a funcionar. Suelta unas cuantas generalidades y nuestro humor se desinfla como un globo.

Los pensamientos de un aguafiestas

Menos mal que yo estaba allí para quitarles esa idea loca de la cabeza. Saben que el jefe no estaría nunca de acuerdo en algo así. Quiere tener contacto instantáneo con todos nosotros y no confiaría en que hiciéramos un trabajo que él no pudiera supervisar directamente. Hace unos cuantos años rechazó mi solicitud de hacer un proyecto especial en casa. Ya lo he intentado antes y no funcionó, así que tampoco funcionará ahora.

ESTRATEGIA

Su objetivo es reducir la influencia pesimista de los aguafiestas desbrozando el camino para poder hacer una planificación realista.

1. *Prepare bien su plan antes de presentarlo.* Guárdese sus conclusiones hasta que el grupo haya examinado los diversos elementos. Cuando sea posible, señale ideas similares relevantes que en el pasado hayan funcionado con éxito.

2. *Reconozca que existen áreas con problemas.* No se puede cambiar la personalidad de los aguafiestas, pero esto le permitirá a usted alterar el resultado. En lugar de discutir, admita que es posible que deba modificar sus ideas originales y pídale sus objeciones concretas. Además, pregúntele qué es lo peor que podría pasar si siguiera usted adelante con su idea.

3. *Mantenga el control de la conversación.* Los aguafiestas tienen la costumbre de interrumpir para ir intercalando su pesimismo. No se lo permita. Interrumpa al que interrumpe y siga hablando.

4. *Sugiera sinceramente modos de ayudar a los aguafiestas en sus carreras.* Haga que se den cuenta de que lo negativo puede impedirles avanzar. Explíqueles la importancia de ser justo y de escuchar toda la propuesta sin interrumpir antes de entregar una sentencia de muerte.

CONVERSACIÓN TÁCTICA

FERNANDO: *Esta idea tiene más agujeros que un colador. El jefe nunca nos dejará llevarlo a cabo.*

USTED: *Sí, Fernando, hay algunas señales de peligro, así que veamos más de cerca qué es lo que podemos hacer antes de decidir cualquier cosa definitiva. ¿Qué es concretamente lo que te preocupa? ¿Qué es lo peor que podría suceder si sigo adelante con ella?*

FERNANDO: *Sabemos que no va a funcionar, así que por qué invitar al jefe a que la examine. ¿Recuerdas hace unos cuantos años cuando le dije al jefe que podría terminar aquel proyecto más rápidamente, sin interrupciones y ahorrando el tiempo del viaje si pudiera hacerlo en casa? No, tiene que ver cómo trabajamos para creerse que lo estamos haciendo.*

USTED: *En realidad no es lo mismo que la situación que tú recuerdas. Mira, ahora tenemos teléfonos móviles y, por lo tanto, puede contactar con nosotros al instante. A mí me parece que se parece más a esa ocasión del año pasado en que Catalina se rompió la pierna y fue capaz de enviar sus informes trabajando desde su casa con el ordenador. De todos modos, como iba diciendo, el plan tendría que...*

FERNANDO: *(Interrumpiendo.) No dices más que tonterías. No hay manera de que el jefe pueda aprobar eso cuando...*

USTED: *(Interrumpiéndole.) Perdona, Fernando, déjame terminar este punto y luego podemos hablar de cualquier dificultad especial que tú preveas. Creo que vale la pena probar la idea. ¿Qué os parece al resto? ¿Estáis conmigo?*

O:

USTED: *(En una conversación privada.) Fernando, ya sé que nuestra unidad te importa mucho y que estás intentando protegernos. De todos modos, no creo que te des cuenta del efecto que produces. Cuando esparces ese sentimiento de «no hay esperanza alguna» cada vez que se propone una idea, haces que los demás te consideren un pesimista y eso puede impedir que progreses. A la gente no le gusta trabajar con pesimistas y, por lo tanto, no querrán trabajar contigo. Además, los jefes buscan trabajadores*

que sean positivos y capaces de desarrollar ideas nuevas. ¿Te
importaría que te diera unos cuantos consejos que he ido apren-
diendo a lo largo de los años?

Consejo: Evite que le embauquen y le hagan creer que no hay alternativas viables. No tiene por qué aceptar las profecías pesimistas de los aguafiestas sólo porque ellos lo digan. Examinando
las cosas y planificándolas cuidadosamente puede reducir al mínimo los problemas potenciales y reforzar los beneficios del intento.

Cuando los colegas encuentran fallos o critican, puede aceptar el hecho
de que alguien no está de acuerdo con usted sin aceptar la propia crítica. Si
está de acuerdo en que *tiene* la culpa, pida disculpas inmediatamente y sugiera un remedio. Pero cuando considere que la observación es injusta,
puede decir que todos tenemos derecho a tener nuestras opiniones y ex-
ponga sus argumentos.

No se deje llevar por los chismosos que le hagan prometer guardar el secreto, o por los excesivamente sensibles que libran batallas innecesarias, o
por los colegas bromistas que enmascaran sus dardos, o por los colegas que
infunden pesimismo. De acuerdo, sus acciones no son amistosas, pero a *usted* le interesa mantener la amistad y fomentar un buen espíritu de equipo.

30

Cuando los criticones son sus subordinados

- **Los que traspasan la culpa**
- **Los quejicas**
- **Los que se reprenden a sí mismos**
- **Los mártires**

Si sus subordinados se están quejando constantemente es probable que la línea del feedback esté obstruida. Usted, especialmente, necesita un sistema de comunicación continuado y fluido que conecte su pensamiento con el de sus trabajadores cuando se enfrente a subordinados criticones que le culpan de sus errores, se chivan de sus colegas o se echan ellos mismos la culpa de todos los errores.

Es muy fácil inventar explicaciones de los actos de los demás, así que no asuma motivos siniestros. El trabajador que parece que está holgazaneando posiblemente se vea a sí mismo como un empleado tremendamente consciente a pesar de que está enfermo. El ayudante que le puso la etiqueta de negrero no le ha dicho jamás que se siente sobrecargado de trabajo. Usted no sabe lo que piensa la gente a menos que se lo digan y la mejor manera de averiguarlo es preguntar.

Esa clase de diálogo le hace avanzar hacia el objetivo común de una actuación mejor. La mayoría de la gente quiere hacer mejor las cosas y usted, al ser su jefe, también lo quiere. Aprenda a sacar partido de sus críticas utilizándolas como trampolín para la discusión.

LOS QUE TRASPASAN LA CULPA

Estos subordinados le culpan de sus propios estúpidos disparates.

Son personas que le pasan la responsabilidad a los demás. En cuanto le informan de un problema grave el dolor de cabeza es para usted, ya que ellos ya se han lavado las manos de cualquier responsabilidad futura. Cuando se produce el desastre previsto ellos ya le han pasado la culpa a usted, su chivo expiatorio. Todo es culpa suya.

Los que traspasan la culpa tienen dificultades para enfrentarse a la presión. Si les parece que usted les critica tienen que aliviar su herida, su miedo o su preocupación, y por lo tanto, se quitan la culpa de encima traspasándosela a usted. No les ayude a hacerlo prometiendo pensar en un asunto que le muestren, ya que con eso no hará más que cargarse con más preocupaciones por tareas que deberían haber sido delegadas.

Lo que está usted pensando

Tina debería haber reunido ya todos los datos para la aplicación. Dice que hace unas semanas me informó de que estaba teniendo problemas para encontrar la información. Insiste en que yo le dije que le explicaría lo que podía hacer, y es probable que se lo dijera, pero con tantas cosas como tengo en la cabeza, ¿no debería haberlo comprobado ella? Ahora no tenemos tiempo suficiente para hacer un trabajo concienzudo. Estoy enfadado por no poder fiarme de Tina aunque ella se comporta como si yo fuera totalmente responsable de haber desaprovechado esta oportunidad.

Los pensamientos de uno de esos que traspasan la culpa

Estaba preocupada por no llegar a tiempo, así que le dije al jefe que tenía problemas para encontrar la información para la aplicación. Se suponía que tenía que darme algunas instrucciones y todavía sigo esperando a que «me diga algo». Ahora me da la culpa de que no haya terminado lo que me encargó. En este trabajo no se puede ganar. Los jefes siempre tienen que tener a alguien a quien culpar de sus equivocaciones y la crítica sólo fluye en una dirección: hacia abajo.

ESTRATEGIA

Su objetivo es que los que traspasan la culpa acepten la responsabilidad de su propio comportamiento. Empiece por reducir la carga emocional.

1. *Déjeles que den rienda suelta a su enfado o a su frustración.* Muéstrese empático y ansioso de saber lo que piensan. Escuche sin responder a las acusaciones. Los que traspasan la culpa intentarán convertirle en su víctima. Incluso si ha contribuido usted a un malentendido, eso no le libra de sus obligaciones.

2. *Sugiérales que tengan pronto una reunión.* Ambos necesitan algo de tiempo para recuperar la compostura. Si resultara que las quejas de los que traspasan la culpa fueran legítimas, corrija su acción, y cuando la atmósfera vuelva a estar en calma empiece a solucionar la dificultad.

3. *Defina el problema real.* Empiece por felicitarles por cosas concretas que hayan hecho bien. Luego, señale los puntos problemáticos. La conversación debe ser impersonal.

4. *No haga usted el trabajo de sus subordinados.* Hágales responsables de encontrar la solución y terminar el trabajo y explíqueles las consecuencias a las que se enfrentarán si no lo hacen. Pídales que concreten las tareas que han de hacerse y establezca unas fechas límite razonables. Y luego, ¡déjeles en paz! Ya hay un plan y una fecha, así que, hasta entonces, olvídese del tema.

CONVERSACIÓN TÁCTICA

USTED: *Tina, es posible que no hablara con suficiente claridad... Pero ahora tengo un asunto grave que solucionar y creo que ambos necesitamos algo de tiempo para poner en orden nuestros pensamientos. Por favor, vuelve a las 3 de la tarde.*

O: *Tina, aprecio lo mucho que has trabajado, pero no puedo fiarme de personal que me entrega el trabajo y luego me entero de que falta algo por hacer. ¿Qué sugieres que hagamos al respecto?*

O: *Ahora que disponemos de algunas ideas para cambiar los procedimientos, ¿qué necesitarías para salvar la aplicación? ¿Qué clase de ayuda necesitas?*

O: *Está bien, aunque pongo a Catalina y a Tomás a ayudarte, debes comprender que tienes toda la responsabilidad de tenerlo hecho a tiempo y debes ser consciente de lo que sucederá si no cumples el plazo límite. Ven a verme el viernes para contarme cómo estáis progresando.*

> **Consejo:** Contrarreste a los que traspasan la culpa y que intentan convertirle en su víctima al pasarle sus equivocaciones y responsabilidades. No contribuya a sus manipulaciones prometiendo darles una respuesta más adelante. Ayúdeles hablando del problema y dejándoles sugerir maneras de solucionarlo. Después, esté muy al tanto del asunto por medio de procedimientos de información claramente definidos.

LOS QUEJICAS

Los quejicas son llorones que manifiestan protestas prolongadas por todo lo que no es importante.

Impulsados por una inseguridad infantil, los quejicas se quejan cuando en realidad todo marcha bien. Les encanta exagerar unas cargas de trabajo imparciales, informes atrasados, reglas rotas, cualquier cosa de la que puedan echar la culpa a otra persona. A pesar de que su trabajo es bueno, sólo están interesados en el éxito de su propia unidad. Causan discordia y destruyen el espíritu de equipo contando chismes sobre sus colegas.

De vez en cuando, dan con un problema que tiene su origen en el sistema, y eso debe ser discutido una y otra vez y solucionado. Pero habitualmente los quejicas no tratan de problemas legítimos y, sin embargo, son capaces de ser tan persuasivos que usted acaba defendiéndose a sí mismo y sintiéndose después estúpido. Cuando los quejicas le advierten que prevén problemas, su intención es la de establecer una excusa antes de que se produzca un fracaso que temen. Si la queja involucra a sus colegas, quieren que usted haga de árbitro y decida en favor suyo.

Lo que está usted pensando

No puedo creerlo. Con todas las decisiones críticas que me están agobiando, Sara aparece por aquí quejándose de que Marga sigue sin dejar en paz el termostato, que el aire frío le va directamente al cogote y que todo el mundo está incómodo. Cuando le he dicho que eso era cosa de ella y Marga, me ha dicho que ésta la ha insultado y que se han peleado. Ahora quiere que yo sea el árbitro. ¿Cómo me he metido en este embrollo? Y lo que es más importante, ¿cómo salgo de él?

Los pensamientos de un quejica

Le dije a Marga que bajar el termostato era algo muy egoísta y que sólo se preocupa de sí misma. No tiene consideración alguna por nadie más. La avisé que si no dejaba de comportarse así se lo diría al jefe, y me alegro de haberlo hecho. Ya es bastante malo que no reciba el reconocimiento que me merezco como para tener que sufrir también incomodidades físicas.

ESTRATEGIA

Su objetivo es mejorar el espíritu de equipo ayudando a los quejicas a comportarse de una manera más madura y profesional.

1. *Tranquilice a los quejicas.* Es posible que estén utilizando unas quejas nimias para conseguir que usted les diga algo amable. Pruebe a facilitarles feedback con más frecuencia para reconocer sus logros, calmar sus miedos e inseguridades y ofrézcales su apoyo. Siga haciendo comprobaciones para ver si las cosas van bien antes de que los asuntos de poca importancia pasen a ser quejas a gran escala.

2. *Diríjales hacia un comportamiento más apropiado.* Pregúnteles cómo se sienten después de que se comporten de cierto modo (inadecuado) y si creen que su comportamiento tuvo algo que ver con el resultado de la situación. Puede usted mostrar su empatía, no ser crítico, y seguir ayudando a los quejicas a darse cuenta de que han sido parte de la causa y deberían ser parte de la solución.

3. *Niéguese a ser el árbitro.* No tome partido, ya sea en altercados sin importancia como si el asunto sube de tono y toda la oficina es un avispero. Cuando la cosa se ponga así de mal tiene usted que intervenir, pero antes de hacerlo averigüe los hechos. No culpe a nadie ni permita que se vuelvan a lanzar acusaciones. Para restaurar el trabajo de equipo consiga que reconozcan que todos tienen necesidades individuales y que todos deben concentrarse en la manera en que pueden satisfacerse.

4. *Distinga entre el llanto exagerado de un quejica y una queja común.* Si está preocupado porque la crítica puede ser más compartida de lo que se dio usted cuenta al principio, utilice las reuniones de personal para

solucionar el problema. Haga que el grupo realice un ejercicio para encontrar soluciones.

CONVERSACIÓN TÁCTICA

USTED: *Sara, me gustaría que reservaras cada jueves de 9 a 9.15 para reunirte conmigo. Estoy iniciando un momento aparte de «¿Cómo van las cosas?» con cada empleado mío, así que prepárate para hablar de cualquier problema o de cualquier idea sobre la que quieras llamar mi atención.*

O: *Sara, comprendo que estés disgustada. A mí también me molesta que no hayas sido capaz de solucionar el problema con Marga. ¿Qué resultado esperabas?... ¿Cómo te sentiste después de que le dijiste a Marga que parara?... ¿Crees que el modo en que se lo pediste pudo haber provocado su reacción?... ¿Qué opciones te quedan ahora para conseguir lo que quieres?*

O: *Os he hecho venir a las dos porque la situación actual no puede continuar. Está afectando a toda la oficina y quiero que se solucione el problema. ¿Y qué pasa con vosotras? Todos sabemos lo que ha llevado las cosas hasta este punto, así que no volvamos a ello. Definamos lo que queremos conseguir. Bueno, ¿cuáles son vuestras necesidades?... ¿Cómo podría impedirse?... Habéis empezado bien, pero ya no me necesitáis más para encontrar una posible respuesta. El viernes decidme qué habéis decidido vosotras dos.*

> **Consejo:** Las llamadas de atención de los quejicas son infantiles, pero su necesidad de que se fijen en ellos es real. Para incrementar su sensación de seguridad, ayúdeles a concentrarse en objetivos y a aprender a llevarse bien en lugar de ser un chismoso, especialmente respecto a sus iguales. No caiga en su trampa haciendo de árbitro. Si lo hace, tan pronto como haya solucionado una queja los quejicas ya tendrán otra preparada.

LOS QUE SE REPRENDEN A SÍ MISMOS

Son personas que se riñen a sí mismas y creen que todo lo que va mal, sea lo que sea, es culpa suya.

Al igual que los quejicas, están buscando que les tranquilicen, pero en lugar de rezongar a sus colegas se lo hacen a sí mismos. Son exageradamente críticos con su propio trabajo. Exageran lo mal que lo están haciendo hasta llegar al drama para que usted les contradiga. Se echan la culpa de cualquier cosa que haya ido mal confiando en que usted les concederá la absolución. En realidad, actúan bien, pero son tan inseguros que tienen que suplicar cumplidos.

Al tener una autoestima tan baja, los que se reprenden a sí mismos están siempre ansiosos y prácticamente invitan a la gente a que se aproveche de ellos. Su manera de evitar que los demás les hieran es herirse ellos mismos antes de que pueda hacérselo otra persona. A usted le resulta difícil criticarles porque ya se han atacado ellos mismos más severamente de lo que usted lo hubiera hecho nunca.

Lo que está usted pensando

Aunque sólo sea para detener el chantaje emocional me siento tentado a ceder a las súplicas de cumplidos que me hace Damián. A veces creo que me atacaría menos los nervios tranquilizarle una vez y otra, y otra, y decirle: «Sí, estás haciendo un trabajo estupendo.» Es como si se estuviera preparando para que le hieran o le reprendan. En lugar de eso, cuando le felicito no es capaz de aceptarlo como debe. Su exigencia es insaciable.

Los pensamientos de uno de los que se reprenden a sí mismos

Ese informe que le di al jefe es probable que no valga nada o ya hubiera tenido noticias suyas. Supongo que después de que me hayan vapuleado tantas veces he de llegar a la conclusión de que no soy capaz de hacer nada bien. A lo mejor el jefe me está evitando. ¿Qué otra cosa he hecho mal? Soy tan ignorante. Debería haber invertido más tiempo en ese informe y, si al jefe no le gusta, es culpa mía.

ESTRATEGIA

Su objetivo es salvar a los buenos trabajadores ayudando a los que se reprenden a sí mismos a volverse más maduros emocionalmente. Una vez que hayan adquirido la suficiente confianza, abandonarán esa costumbre fastidiosa de rebajarse.

1. *Siga dándoles trabajos de los que hacen bien.* Ofrézcales ayuda si la necesitan y déjeles en paz si no la necesitan. Permítales experimentar un montón de pequeños éxitos para que se sientan más seguros y aumentar así su confianza en el buen trabajo que con capaces de realizar.

2. *Consiga que hablen de lo que les preocupa.* En cuanto sean capaces de hablar de lo que les hace sentirse ansiosos y verlo tal como es podrán enfrentarse a ello. Pero mientras cubran sus miedos culpándose ellos mismos seguirán poniéndose como trapos para contrarrestar las posibles críticas.

3. *Explíqueles lo que supone que supliquen constantemente que les tranquilicen.* Reconozca el buen trabajo, pero no refuerce su costumbre de obtener afirmaciones repetidas o seguridad cuando lo pidan. Déjeles bien claro el efecto negativo que tiene eso en los demás.

CONVERSACIÓN TÁCTICA

DAMIÁN: *Supongo que mi informe era bastante malo.*

USTED: *Damián, espera a haberla fastidiado tantas veces como yo lo he hecho antes de rebajarte. En realidad, el informe era agudo e incisivo.*

DAMIÁN: *Dices eso para ser amable, pero en realidad no lo piensas, ¿verdad?*

USTED: *Yo no digo cosas que no pienso y me disgusta mucho que alguien dude de mi palabra. El martes quiero presentar unos extractos del informe a mi comité de dirección que tú puedes destacar.*

DAMIÁN: *¿De verdad quiere que lo haga? No sé si voy a ser capaz...*

USTED: *Yo sé que sí lo eres, así que haz el favor de decirme qué es lo que te preocupa de verdad.*

O: *Me alegra que tengamos esta charla, Damián. Si lo que quieres es estar continuamente apoyado por garantías o afirmaciones repetidas, te vas a perder muchas buenas oportunidades. Pero, en fin, toma una decisión y ven a verme mañana para decírmelo.*

Consejo: No mime a los que se reprenden a sí mismos proporcionándoles cumplidos en cuanto los pidan. Si se somete usted a su chantaje emocional no hace más que retrasar su crecimiento. Cuando lloren pidiendo que les tranquilicen, asígneles los trabajos que pueden manejar y el reconocimiento que se merecen. Haga cualquier cosa que sea razonable para ayudarles a aumentar la confianza que deben tener en sí mismos y ayúdeles a que identifiquen y se enfrenten a sus preocupaciones reales.

LOS MÁRTIRES

Los mártires se quejan de lo mucho que se han sacrificado cuando usted ni siquiera les ha pedido ayuda.

Estas mulas de carga crean resentimiento porque se quejan constantemente de que están sobrecargados de trabajo, pero se niegan a aceptar ayuda. Quieren que usted sienta que depende de ellos, pero si aceptan las ofertas de ayuda, otros trabajadores podrían aprender sus habilidades y los mártires podrían encontrarse al descubierto.

Son unos obsesivos adictos al trabajo que lo utilizan para ahogar algún problema personal. Cuando fracasan la culpa no es nunca suya. De hecho, a los mártires se les explota porque ellos se ofrecen voluntarios para trabajar como esclavos. A pesar de que se quejan de la injusta distribución del trabajo, en realidad disfrutan sufriendo mientras ven cómo otros no consiguen llegar a su alto nivel de actuación.

Lo que está usted pensando

José no engaña a nadie que no sea él mismo. Insiste en hacerse cargo de los casos más difíciles, pero luego se le amontonan y se niega a aceptar que les ayuden. A mí me parece bastante obvio que está ofendido con sus colegas porque está haciendo parte de su trabajo, pero a pesar de que él intenta evitarlo, ellos se dan cuenta de lo que sucede y como se niega a aceptar su ayuda, ellos se enfadan con él en lugar de estarle agradecidos. El ritmo frenético y la actitud contradictoria de José están haciendo que todo el mundo esté tenso. ¿Cómo puedo hacer que este tiovivo se detenga?

Los pensamientos de un mártir

Todos son un puñado de ingratos. Me quedo todas las noches hasta tarde para solucionar los casos peores y no aprecian lo que estoy haciendo por ellos. ¿Es que no saben que si yo no lo hiciera no conseguirían hacerlo? Al menos, no se haría tan bien. Y sin embargo, a nadie le importa lo sensacional que es mi trabajo. Ni el jefe ni ninguna otra persona me otorga el reconocimiento adecuado. Pero voy a ser el pequeño y buen jugador del equipo y no voy a decir nada al respecto.

ESTRATEGIA

Su objetivo es eliminar la tensión innecesaria solucionando una crítica legítima, un desequilibrio en la carga de trabajo. Si consigue controlar a los mártires, todo el mundo puede volver a trabajar a un ritmo razonable.

1. *Presente un plan para volver a distribuir el trabajo.* Cuando los mártires protegen su carga de trabajo como si se tratara de gallinas cluecas, arañando a todos los demás en el proceso, ha llegado el momento de cambiar la distribución. Si da a cada empleado trabajos nuevos impedirá que estén sobrecargados y también conseguirá que los mártires aflojen su puño, eliminando así los motivos de resentimiento.

2. *Rechace educadamente una ayuda excesiva.* Al cabo de unos segundos, los mártires compulsivos volverán a ofrecerse voluntarios. No lo acepte. Mantenga su trabajo dentro de los límites que usted ha establecido. Los mártires tienen un problema personal y deben encontrar algún modo de solucionarlo que no sea volviendo locos a todos los de la oficina.

3. *Sea más generoso con su reconocimiento.* Utilice el talento de los mártires, reconociendo su excelencia y persuadiéndoles para que le ayuden a entrenar a otros trabajadores.

CONVERSACIÓN TÁCTICA

USTED: *Estamos haciendo algunos cambios que hacían mucha falta por aquí para que haya una distribución más justa de la carga de trabajo. Esta nueva hoja de distribución de trabajo...*

O: *Gracias, José. Muchas gracias por querer hacerte cargo de más trabajo, pero quiero que hagas algo más importante. Te darás cuenta de que te he anotado para que asistas a una reunión de planificación conmigo. Quiero que encabeces una unidad nueva porque necesito tu experiencia especial para que me ayude a entrenar...*

Consejo: Aférrese a limitar la cantidad de trabajo que permite que hagan los mártires. Deles más reconocimiento por su actuación tan dedicada y aunque eso no les hará ser menos compulsivos, debería producir una atmósfera más feliz en su oficina. Esta clase de subordinados es buena cuando le obliga a dejar de ir en círculos y a empezar a avanzar hacia una actuación mejor. Ayude al desarrollo de sus trabajadores permitiéndoles ser responsables de sus propias acciones. Enséñeles la manera de convertir su enfado y su ira en energía y nuevas respuestas.

En ocasiones necesitará tener conversaciones privadas para descubrir la fuente de la frustración y hablarlo a fondo le ayudará a encontrar la manera en que hay que proceder. De todos modos, si los choques proceden de normas o directrices malas puede utilizar grupos de comunicación, reuniones de personal y otras sesiones de *brainstorming* para devolver algunos problemas a su gente. Luego tome en consideración sus recomendaciones. Hablar entre sí —escuchar y responder— y por último solucionar las críticas conduce a una lealtad y productividad mayores.

Resumiendo

Veintiséis frases diplomáticas para ayudarle a enfrentarse a gente difícil

Diez directrices importantes que debe recordar

VEINTISÉIS FRASES DIPLOMÁTICAS PARA AYUDARLE A ENFRENTARSE A GENTE DIFÍCIL

Cuando usted sabe que deberían enfrentarse a algo o a alguien, tiene tendencia o bien a atacar ferozmente o a portarse como un estúpido. O bien se convierte en perro de presa o sufre en silencio. El truco consiste en conseguir que sus palabras sean impersonales. He aquí algunas útiles frases de inicio para conseguir lo que quiere al tiempo que mantiene la dignidad profesional.

Cuando no esté de acuerdo:

❏ A mí me parece que el problema es...

❏ Me preocupa que puede que no tengamos suficiente...

❏ Por favor, explíquemelo. Parece que hay un error...

❏ A pesar de que no estoy de acuerdo con su conclusión, tiene usted todo el derecho a tener su opinión.

❏ ¿Sería posible que volviera usted a comprobar...?

Cuando le interrumpan:

❏ Perdone, no he terminado. Deme unos segundos para completar lo que estaba diciendo.

Cuando tropiece con alguien que se ha descontrolado:

❏ Es obvio que está demasiado disgustado para que hablemos de ello ahora. Hablaré con usted más tarde.

❏ No tenemos necesariamente que estar de acuerdo, pero ¿hay algún motivo para que no seamos educados el uno con el otro?

❏ Ya veo el motivo de que pueda sentirse así...

❏ Usted tendría todo el derecho a sentirse así, si ése fuera el caso.

❏ Comprendo que tiene usted un problema con eso, pero yo espero que me traten con cortesía, respeto y la profesionalidad que me he ganado.

❏ Por favor, dígame con franqueza qué es lo que he hecho para ofenderle.

Cuando le presionen:

❏ No me siento del todo cómodo (con eso) (hablando de eso)...

❏ ¿No cree que sería una buena idea si lo pospusiéramos hasta que..?

Cuando sermonee:

❏ ¿Qué pasos sugeriría para corregir eso?

❏ Estoy seguro de que no se da usted cuenta de ello, pero...

❏ Quizá no comprendió usted las consecuencias que podrían ocasionarse si...

❏ Es posible que no consiguiera expresarme con claridad...

Cuando quiera expresar su enfado:

❏ Me veo obligado a decirle que me siento ofendido por esa observación.

❏ Me disgusté cuando me di cuenta de que la decisión estaba basada en...

❏ Cuando no me informaron por adelantado del cambio, me pareció que me trataban mal.

Cuando quiera usted aclarar alguna confusión:

❏ Le agradecería mucho que me ayudara en esta negociación tan complicada. ¿Es cierto que dijo usted...?

❏ Cuando se hayan reunido y comprobado todos los hechos, se verá claramente que...

❏ Parece que haber seguido este sistema ha hecho que nuestras señales se confundieran. De todos modos, podemos...

❏ Quizá lo haya entendido mal. ¿Está usted diciendo que...?

❏ Veamos si lo entiendo. ¿Sería correcto que asumiera que a usted le parece...?

DIEZ DIRECTRICES IMPORTANTES QUE DEBE RECORDAR

La manera en que debe manejar a un jefe, colega o subordinado concreto que en la actualidad le esté haciendo la vida imposible, depende del resultado que usted quiera conseguir. De todos modos, hay varias directrices generales que pueden ayudarle.

1. *Mire a las personas problemáticas desde la perspectiva adecuada.* Para ellos usted no es nada más que algo en lo que piensan de pasada, así que no se tome su manera de comportarse como algo personal. Usted no les preocupa porque están demasiado ocupados preocupándose por sí mismos. Lo que sucede es que, o bien es usted un obstáculo, o un ingrediente esencial para conseguir lo que quieren. Tiene usted que averiguar la manera de librarse de su control.

2. *Elija: positivo o negativo.* No puede usted concentrarse en alternativas creativas y constructivas mientras se aferra a unos sentimientos negativos. Vaya a alguna parte para airear sus emociones y enfriarse. Piense en el resultado que realmente quiere obtener, o sea, la consecuencia o producto que más le beneficie. Esto le ayudará a olvidarse de las heridas.

3. *No espere que las personas difíciles lleguen a cambiar.* No lo harán, y eso es bueno en cierto modo, ya que su comportamiento acostumbra a ser predecible y eso le permite hacer planes por adelantado preparando las tácticas que utilizará la próxima vez. Es posible que los problemáticos no cambien, pero si elige usted un enfoque mejor puede hacer cambiar el resultado.

4. *Aprenda a responder así como a escuchar.* Tenga en cuenta que nadie es capaz de leer su mente, así que dé un paso adelante y manifieste que se siente enfadado, disgustado o furioso. A veces, la ofensa fue total-

mente involuntaria y puede ser solucionada fácilmente si se le permite subir a la superficie. Haga preguntas en lugar de acusaciones. Si deja que los demás no pasen vergüenza, les deja espacio para que cambien de opinión.

5. *Dé y solicite un feedback frecuente.* Sin que importe para nada el puesto que ocupe usted en la organización, tiene que conocer las percepciones de su jefe, colegas y trabajadores. No se torture por lo que alguna otra persona pueda estar pensando, ¡pregunte! Utilice preguntas abiertas para que la gente emotiva pueda dar rienda suelta a sus sentimientos antes de que usted intente razonar con ellos y explorar opciones. Cuando vincule sus objetivos con lo que quieren otras personas, no sólo tendrá su atención sino que ambos saldrán ganando algo.

6. *Fíjese primero en las políticas y procedimientos.* Eso hace que la discusión empiece en un nivel profesional e impide echarle la culpa a la actitud desagradable de una persona o a un motivo inconfesable. No culpe a nadie a menos que la equivocación la haya cometido *usted,* en cuyo caso pida disculpas rápidamente y siga adelante. Si ambos prestan atención a las necesidades de cada uno a la hora de identificar las opciones —su postura puede depender del lado de la mesa en que se siente— cada uno puede creer que está ejerciendo un cierto control. Hay ocasiones en que todo lo que se necesita es un sencillo cambio en el sistema.

7. *Trate directa y discretamente con esas personas.* Prefiera las conversaciones cara a cara en lugar de los mensajes escritos o electrónicos posiblemente mal construidos, llamadas telefónicas que pueden ocultar las reacciones faciales, o embajadores que hablan por usted. No debe usted querer tener público para los desacuerdos personales. Enfréntese a sus acusadores oponiéndose a ellos enérgicamente cuando intenten atropellarle, pero con tacto. Vaya directo al grano, un preámbulo compuesto por excusas o como precalentamiento le robará la eficacia.

8. *Documéntelo todo como medida de autoprotección.* Consiga que le entreguen por escrito los acuerdos verbales potencialmente problemáticos para impedir que la otra parte reniegue de ellos. Cuando se trate de trabajos que usted tenga miedo de que puedan ser peligrosos para su carrera, tenga siempre informado al jefe a través de informes periódicos de progreso. Envíe copias a todos los demás que puedan estar afectados como prueba por si se produjera un malentendido.

9. *Sea franco, directo y no demuestre emotividad.* Cuanto más tranquilo esté y más desapasionado y práctico se muestre, más pronto ganará la confianza de otra persona. La gente quiere notar que se está usted poniendo a su nivel y que pueden confiar en usted y recuerde que el respeto de los demás se obtiene empezando por respetarse uno mismo. No continúe una conversación con nadie, incluso con su jefe, que se niegue a demostrarle la cortesía que usted se merece. Puede reaccionar pidiendo educación o saliendo de la habitación.

10. *Sea amable.* La rudeza de otra persona no le da derecho a ser rudo. Saque provecho de una mala situación desarmando a los ofensores, tratándoles con la amabilidad que a usted le gustaría que le mostraran, compartiendo el reconocimiento y dejando que los demás se sientan importantes. Haga amistad con sus enemigos porque nunca se sabe cuándo puede necesitarles. Los demás no tendrán que atropellarle para encumbrarse ellos si es amable demostrando aprecio y concediéndoles reconocimiento. Cuando su propio ego está sano usted es rico, así que puede permitirse ser generoso.

Sobre la autora

Muriel Solomon es una asesora en comunicación de negocios con cuarenta años de experiencia profesional. Su columna sobre la gestión de los conflictos dentro de las organizaciones empezó en el periódico *The Miami Herald* y se ha publicado durante muchos años en Estados Unidos, Canadá y también en Europa. A través de publicaciones periódicas de ámbito nacional, conferencias y apariciones en los medios de comunicación, Solomon enseña a las empresas su propio método de «Conversaciones estratégicas» para conseguir resultados deseados y ha sido citada en *Quién es Quién de las mujeres norteamericanas*. La señora Solomon es autora de *What Do I Say When... A Guidebook for Getting Your Way with People on the Job; Getting Praised, Raised and Recognized* y *Getting What You Want and Deserve*.